한 권으로 끝내는

고등 영단어

2304

빅그
북스

한 권으로 끝내는 고등 영단어 2304

초판 1쇄 발행 2011년 9월 5일

지은이	피그북스 컨텐츠 기획팀
펴낸이	신성현, 오상욱
기획 · 편집	이성원, 강다현, 이진희
디자인	오미정, 박란
일러스트	조소영
영업관리	장신동, 조신국, 정진희, 장미선
펴낸곳	도서출판 피그북스
	153-802 서울시 금천구 가산동 327-32 대륭테크노타운 12차 1116호
대표전화	02-6343-0997~9
팩스	02-6343-0995~6
출판등록	2010년 7월 15일
	제 315-2010-000035호
ISBN	978-89-964933-9-6 53740

한 권으로 끝내는 고등 영단어 2304는 수능에 재빠르게 적응하는 동시에 고득점을 달성할 수 있도록 수능에 출제될 가능성이 있는 단어들을 면밀하게 분석하고 출제 빈도가 높은 단어들 중심으로 구성한 수능에 최적화된 어휘교재입니다.

보통 수능 외국어 영역의 점수가 잘 오르지 않는다고 고민하는 수험생들의 경우는 흔히 어휘 능력 부족, 독해 능력 부족을 가장 큰 이유로 들고 있습니다. 단어 학습은 외국어 영역 학습의 기본 골격을 다지는 일입니다. 그에 따라 본서에서는 단어 학습을 효과적으로 할 수 있도록 단어의 기본 뼈대를 담고 있는 구(句)를 익히고, 그것을 토대로 다양한 예문을 반복적으로 연습할 수 있도록 하였습니다.

무조건 단어를 많이 와운다고 수능 외국어 영역 점수가 향상되는 것은 아닙니다. 어휘 학습은 외국어 공부의 기본으로 어휘 실력을 근간으로 외국어 실력을 계속해서 쌓아나가야 고득점에 도달할 수 있습니다. 따라서 어휘 학습은 짧은 시간에 효과적으로 공부하는 것이 중요합니다. 빈도수 낮은 어휘 암기에 시간과 에너지를 낭비하지 말고, 꼭 나오는 어휘만을 모은 본서로 효율적인 학습을 하여 수능에서 고득점으로 향하는 초석을 다지길 기원합니다.

이 책의 구성

1. Part별로 교육부 지정 어휘를 모두 학습한다.

수능은 교육부 지정 어휘 2,067 단어를 기본으로 3,000 단어를 내게 되어 있습니다. 이에 수능 영단어 책은 최다 빈출 2,004 단어를 엄선하여서 중요도에 따라서 Part 별로 배치하였습니다. Part 1에는 꼭 익혀야 하는 수능 영단어, Part 2에는 혼동될 수 있는 단어, Part 3에는 수능 만점에 도전하는 단어, Part4에서는 10종 교과서 단어, Part 5에는 필수 수능 영·숙어를 배치하여 보다 효과적으로 학습할 수 있도록 하였습니다.

2. 구(句)를 통해 단어의 명쾌한 뜻을 파악한다.

알고 있었던 단어 같지만, 그 뜻이 정확하게 떠오르지 않는다면, 그것은 단어 학습이 제대로 되지 않은 것입니다. 단어의 정확한 의미를 빠른 시간에 효과적으로 익히기 위해서 구(句)의 형태로 학습할 수 있도록 구성하였습니다. 예를 들어, ability '능력'이라는 뜻의 단어를 financial ability '재력'이란 형태로 학습하게 함으로써, 학습의 효율성을 높이고, 문맥에서 그 뜻을 정확하게 파악할 수 있도록 하는 것입니다. 수능 외국어 영역의 고득점의 관건은 정확한 의미 파악과 시간임을 생각할 때, 이러한 학습법은 점수 향상에 큰 도움이 될 것입니다.

3. 수능에 등장할 만한 예문으로 단어를 다시 한 번 연습한다.

수능에서 나왔던 문장을 예문으로 들어 수험자의 입장에서 최대한 효율적인 학습이 될 수 있도록 구성하였습니다. 수능에서 출제되었던 문장의 경우는 수능 기출이라고 별도로 표시하였고, 수능에 출제되었던 문장을 변형해서 제시한 경우는 수능 응용이라고 표시하였습니다. 신뢰도 높은 문장을 통해, 단어 학습을 쉽고, 명쾌하게 할 수 있을 것입니다.

4. 몇 개의 단어를 외우고 있는지 확인하고, 반복해서 복습한다.

단어마다 부여된 번호를 통해, 자신이 몇 개의 단어를 학습했는지 쉽게 확인할 수 있도록 하였습니다. 단어 하나에 오랜 시간을 들이기보다는 빠르게 읽어가면서, 반복적으로 여러 번 읽는 것이 더욱 더 효과적인 학습법이 됩니다. 매일매일 일정 분량을 정해서 꾸준히 학습하고, 며칠에 한 번씩은 그 전에 외운 단어를 복습하면서 몰랐던 단어의 번호를 체크하여서 그 의미를 꼭 외우고 지나갈 수 있게 구성하였습니다.

5. 단어와 함께 숙어도 모두 정복한다.

2,004개의 수능 필수 영단어 외에도, 수능에서 자주 볼 수 있는 숙어 300개를 별도로 제공하여서 한 권으로 단어장과 숙어장의 역할을 모두 하도록 하였습니다. 단어의 의미는 알지만 숙어의 의미를 몰라서, 독해가 되지 않는 경우도 있으므로, 단어 학습과 더불어 Part 5에 구성되어 있는 숙어도 하루에 몇 개씩 정해서 함께 외우도록 합니다.

이 책의 특징

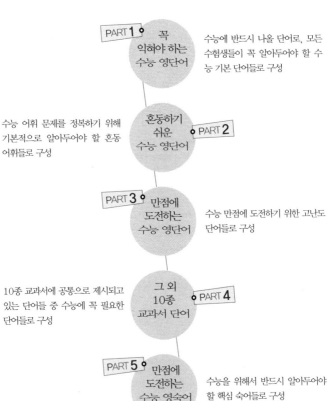

PART 1 ○ 꼭 익혀야 하는 수능 영단어

수능에 반드시 나올 단어로, 모든 수험생들이 꼭 알아두어야 할 수능 기본 단어들로 구성

수능 어휘 문제를 정복하기 위해 기본적으로 알아두어야 할 혼동 어휘들로 구성

혼동하기 쉬운 ○ PART 2 수능 영단어

PART 3 ○ 만점에 도전하는 수능 영단어

수능 만점에 도전하기 위한 고난도 단어들로 구성

10종 교과서에 공통으로 제시되고 있는 단어들 중 수능에 꼭 필요한 단어들로 구성

그 외 10종 교과서 단어 ○ PART 4

PART 5 ○ 만점에 도전하는 수능 영숙어

수능을 위해서 반드시 알아두어야 할 핵심 숙어들로 구성

단어마다 부여된 고유번호를 통해 매일 학습 진도를 체크할 수 있도록 하였습니다.

익혀야 하는 **수능 영단어**

· financial ability 재
· a concluding remark 끝
· manage a child 아
· accept a proposal 제
· polar explorers 극
· exhaust a money supply 통

구(句)를 통해 문맥 속에서 쓰인 단어의 의미를 유추하며 단어에 대한 감을 형성하도록 하였습니다.

단어를 읽어보고 단어의 뜻을 보며 암기하고 잘 외워지지 않는 어휘는 체크박스에 따로 표시할 수 있도록 하였습니다.

☐ **manage**
[mǽnidʒ]

동 木
Pare
부모들

☐ **accept**
[əksépt]

동 수

polar bear's thick fur
극곰의 무성한 털은 천연 보호 장치이

동 다 써버리다, 소진시키다

They all reached the beach t
exhausted but safe. 07 수능
그들은 모두 두 시간 후에, 지쳤지만 안전

수능에 출제되었던 지문 속에서 추려낸 예문을 통해 수능에 대한 감각을 향상시킬 수 있도록 하였습니다.

이 책의 차례

Part 1/
꼭
익혀야 하는
수능 영단어

단어 외우기 | 교육부 지정 2067 * 최다 빈출 단어 2004

0001	· financial **ability**	재력
0002	· a **concluding** remark	끝맺는 말
0003	· **manage** a child	아이를 잘 다루다
0004	· **accept** a proposal	제안을 받아들이다
0005	· **polar** explorers	극지 탐험가
0006	· **exhaust** a money supply	통화 공급량을 고갈시키다

□ **ability**
[əbíləti]

몡 할 수 있음, 능력, 수완

She is lacking diplomatic ability.
그녀는 외교적 수완이 부족하다.

□ **conclude**
[kənklúːd]

동 끝내다, 결론짓다

They concluded that it makes little difference
whether a person habitually sleeps during the day
or during the night. **수능 응용**
그들은 사람이 습관적으로 낮에 자든 밤에 자든 거의 차이가 나지 않
는다고 결론지었다.

□ **manage**
[mǽnidʒ]

동 이럭저럭 해내다, 경영하다

Parents must know how to manage their children.
부모들은 그들의 아이들을 다스리는 법을 알아야 한다.

□ **accept**
[əksépt]

동 수락하다, 받아들이다

Whether the judgement is accurate or not, you must
accept it. **수능 응용**
그 판단이 정확하든 그렇지 않든 간에, 당신은 그것을 받아들여야 한다.

□ **polar**
[póulər]

혱 남극의, 극지의

The polar bear's thick fur is a natural camouflage.
북극곰의 무성한 털은 천연 보호 장치이다.

□ **exhaust**
[igzɔ́ːst]

동 다 써버리다, 소진시키다

They all reached the beach two hours later,
exhausted but safe. **07 수능**
그들은 모두 두 시간 후에, 지쳤지만 안전하게 해변에 다다랐다.

0007	· equality of **opportunity**	기회 균등
0008	· the **fundamental** rules of mathematics	수학의 **기본적인** 규칙들
0009	· **combine** two companies	두 회사를 **합병하다**
0010	· **cancel** an order	주문을 **취소하다**
0011	· the **breakdown** of a marriage	파경
0012	· a monthly **publication**	월간**물**

☐ **opportunity**
[àːpərtʃúːnəti]

몡 기회

Having the opportunity to work on a farm may give you a greater sense of community. **05 수능**

농장에서 일할 기회를 가져보면 당신은 공동체에 대한 좀 더 확실한 개념을 갖게 될 것이다.

☐ **fundamental**
[fʌ̀ndəméntl]

혱 기본적인, 중요한

That is a fundamental change in the economy.

그것은 경제의 근본적인 변화이다.

☐ **combine**
[kəmbáin]

툉 결합시키다, 겸하다

Hydrogen combines with oxygen to form water.

수소는 산소와 화합하여 물이 된다.

☐ **cancel**
[kǽnsəl]

툉 취소하다, 중지하다

The man cancelled his subscription to the society.

그 남자는 사회 기부를 취소했다.

☐ **breakdown**
[bréikdàun]

몡 고장, 몰락, 쇠약

She had a nervous breakdown. **97 수능**

그녀는 신경 쇠약에 걸렸다.

☐ **publication**
[pʌ̀bləkéiʃən]

몡 출판물, 간행물

My wife and I have enjoyed receiving your publication for years. **11 수능**

제 아내와 저는 귀사의 간행물을 수년간 즐겁게 받아보고 있습니다.

0013	· **wrap** paper round a thing	물건을 종이로 싸다
0014	· follow **tradition**	전통을 따르다
0015	· **diminish** in value	가치가 떨어지다
0016	· a computer **manual**	컴퓨터 설명서
0017	· an expert in **navigation**	항해 전문가
0018	· an **entire** day	꼬박 하루

☐ **wrap**
[rǽp]

[동] 싸다 [명] 싸개, 덮개

I handed some astonished child a beautiful wrapped gift. [수능 응용]
나는 다소 놀란 아이에게 아름답게 포장된 선물을 건네주었다.

☐ **tradition**
[trədíʃən]

[명] 전통, 관례

By tradition, people play practical jokes on April Fools' Day.
전통적으로, 사람들은 만우절에 짖궂은 장난을 친다.

☐ **diminish**
[dimíniʃ]

[동] 줄이다, 감소하다

The earth's forests are expected to diminish. [94 수능]
지구의 숲들은 감소할 것으로 예상된다.

☐ **manual**
[mǽnjuəl]

[명] 설명서 [형] 손의, 수동의

Why don't you follow the instructions on a car repair manual?
자동차 수리 설명서의 지침을 따르지 그러니?

☐ **navigation**
[næ̀vəgéiʃən]

[명] 항해, 항공

By next year, all the fleets of trucks will be equipped with satellite-based navigation systems.
내년까지, 모든 트럭에 위성 항공 시스템을 장착할 예정이다.

☐ **entire**
[intáiər]

[형] 전체의, 완전한

Checking the entire document for mistakes was a laborious business.
실수를 찾아내기 위해 전체 서류를 다 검토하는 것은 힘든 일이었다.

0019	· physical **labor**	육체 노동
0020	· a long **tongue**	긴 말(수다)
0021	· a **fragrant** flower	향기로운 꽃
0022	· a **victim** of circumstances	환경의 희생자
0023	· a **capable** teacher	유능한 교사
0024	· a **fruitless** attempt	결실 없는 시도

☐ **labor**
[léibər]

명 노동, 수고 동 노동하다

High achievers are hard-working people who bring work home and labor over it until bedtime.
성취도가 높은 사람들은 집으로 일거리를 가져가서 잠 잘 시간까지 그 것에 매달리는 성실한 사람들이다.

☐ **tongue**
[tʌ́ŋ]

명 혀, 말

Shut your eyes and stick your tongue out of your mouth. **95 수능**
눈을 감고 당신의 입 밖으로 혀를 내미세요.

☐ **fragrant**
[fréigrənt]

형 향기로운

The flowers are fragrant and require diligent watering.
그 꽃들은 향기롭고 공들여서 물을 주어야 한다.

☐ **victim**
[víktim]

명 희생자, 희생

The fund will help the flood victims recover some of their losses. **04 수능**
그 기금은 홍수 피해자들이 손실의 일부를 만회하도록 도울 것이다.

☐ **capable**
[kéipəbl]

형 유능한, 능력이 있는

She was too young to be capable of deceit.
그녀는 너무 어려서 사기를 칠 수 없었다.

☐ **fruitless**
[frú:tlis]

형 무익한, 효과가 없는

It is a sin to waste your time on such a fruitless work.
그런 헛된 일에 시간을 낭비하는 것은 잘못이다.

0025	· operating **expense**	운영비
0026	· food easy to **digest**	소화가 잘되는 음식
0027	· harvest **barley**	보리를 거둬들이다
0028	· the **origin** of a word	어떤 말의 유래
0029	· **shed** bitter tears	쓰라린 눈물을 흘리다
0030	· the **average** life span	평균 수명

□ **expense**
[ikspéns]

몡 지출, 비용, 경비

National Galleries in Washington are maintained at public expense. 03 수능
워싱턴의 국립 미술관은 공공 비용으로 유지된다.

□ **digest**
[didʒést, dai-]

동 소화하다, 잘 이해하다, 요약하다

Old people cannot digest meat easily.
노인들은 고기를 쉽게 소화시킬 수 없다.

□ **barley**
[bá:rli]

몡 보리

Barley grows best in cool climates.
보리는 선선한 기후조건에서 가장 잘 자란다.

□ **origin**
[ɔ́:rədʒin]

몡 기원, 태생

It's a book about the origin of life.
이것은 생명의 기원에 관한 책이다.

□ **shed**
[ʃed]

동 (피·눈물 등을) 흘리다, (빛·소리·냄새를) 발하다

The duck's feathers shed water easily.
오리털은 물이 쉽게 흘러내린다.

□ **average**
[ǽvəridʒ]

형 평균의, 보통 수준의 몡 평균

The average number of students per class was the largest in 1994. 04 수능
한 학급당 평균 학생 수는 1994년에 최대였다.

0031	· a **festive** season	명절, 축제 계절
0032	· the **author** of a book	책의 저자
0033	· **donate** blood	헌혈하다
0034	· two **odd** volumes of an encyclopedia	짝이 안 맞는 백과사전 2권
0035	· **overhead** lighting	머리 위의 조명
0036	· **notice** the difference	차이점을 알아채다

☐ **festive**
[féstiv]

형 축제의

They all could feel a festive atmosphere.
그들 모두는 축제 분위기를 느낄 수 있었다.

☐ **author**
[ɔ́:θər]

명 저자

Sometimes an author may vary his or her style by presenting the incidents out of their natural order.

94 수능

때때로 작가는 자연적인 순서에서 벗어나서 사건들을 기술함으로써, 자신의 스타일을 다양하게 할 수 있다.

☐ **donate**
[dóuneit, dəunéit]

동 기부하다

An anonymous benefactor donated two million won to a charity organization.
한 익명의 후원자가 자선 단체에 2백만 원을 기부했다.

☐ **odd**
[ɑːd]

형 이상한, 기묘한, 한 짝만의

The work of art is an odd-looking structure of balls and rods.
그 예술 작품은 공과 막대기로 된 이상한 모양의 구조물이다.

☐ **overhead**
[óuvərhéd]

형 머리 위의 부 머리 위에

Oxygen masks will drop from the overhead lockers in an emergency.
비상시에는 머리 위의 사물함에서 산소마스크가 내려온다.

☐ **notice**
[nóutis]

동 주의하다, 알아채다 명 통지, 주의

Walking down the street, you may not even notice the trees.
거리를 걸을 때, 당신은 가로수가 있는 것을 알아채지도 못할 것이다.

0037	· the possibility of an eventual **reunion**	궁극적인 재회의 가능성
0038	· my **twin** brother	내 쌍둥이 형
0039	· a **fashionable** dress	유행하는 여성복
0040	· the **textile** industry	섬유 산업
0041	· **form** an alliance	동맹을 맺다
0042	· a **minimum** price	최저 가격

□ **reunion**
[ri:júːniən]

명 재결합, 재회, 화해

There will be an emotional reunion between the two sisters.
두 자매간의 감동적인 상봉이 있을 것이다.

□ **twin**
[twin]

명 쌍둥이(의 한 사람)

Critics argue that they could explain the similarities between identical twins reared apart.
비평가들은 서로 다른 곳에서 양육된 일란성 쌍둥이의 유사성을 설명할 수 있다고 주장한다.

□ **fashionable**
[fǽʃənəbl]

형 최신 유행의, 사교계의

It is very fashionable to wear big watches now.
큰 시계를 차는 것이 현재 크게 유행하고 있다.

□ **textile**
[tékstail]

형 직물의 명 직물, 섬유 산업

He wants to buy shares in a textiles and a retailing group.
그는 섬유업과 소매업 회사의 주식을 사고 싶어 한다.

□ **form**
[fɔːrm]

명 방식, 유형, 서식 동 형성하다, 붙이다

The form says he was educated in America.
그 양식에 따르면 그는 미국에서 교육받았다.

□ **minimum**
[míniməm]

형 최소의 명 최소한도

Looking after an elephant costs a minimum of $200,000 a year.
코끼리 한 마리를 돌보는 데 연간 최소 20만 달러가 든다.

0043	· an **even** contest	공정한 경쟁
0044	· **warn** of danger	위험을 경고하다
0045	· a **cannon** ball	대포알
0046	· **aisle** seat	통로 쪽 좌석
0047	· **volunteer** to help old people	노인 돕기를 자청하다
0048	· **laboratory** work	실험 작업

☐ **even**
[íːvən]

㉿ 한층, 더욱, ~까지도 ㉿ 평평한, 고른, 짝수의, 동일한, 공평한

Mars was so bright that even the lights of the city didn't get in the way. **04 수능**

화성의 빛이 너무 밝아서 도시의 빛들조차 그 빛을 막을 수 없었다.

☐ **warn**
[wɔːrn]

㉿ 경고하다, ~에게 통지[통고]하다

Scientists have warned of the looming global disater.

과학자들은 다가오는 전지구적 재난에 대해 경고해 왔다.

☐ **cannon**
[kǽnən]

㉿ 대포 ㉿ 대포를 쏘다

The sound of the cannon echoed through the forest.

대포 소리가 숲 전체에 울려 퍼졌다.

☐ **aisle**
[ail]

㉿ 통로, 측면의 복도

The boy ushered me along the aisle to my seat.

그 소년이 복도를 따라 나를 내 자리까지 안내했다.

☐ **volunteer**
[vɑ̀ləntíər]

㉿ 지원자 ㉿ 자진하여 하다

A volunteer will take your call.

자원봉사자가 당신 전화를 받을 것이다.

☐ **laboratory**
[lǽbərətɔ̀ːri, ləbɔ́rətəri]

㉿ 실험실

The director sent a specimen to the laboratory for analysis.

책임자는 분석을 위해 견본을 실험실에 보냈다.

0049	· the **stream** of history	역사의 흐름
0050	· **manufacture** tables	테이블을 만들다
0051	· **lean** against a wall	벽에 기대다
0052	· a **yacht** basin	요트 정박소
0053	· **altogether** false	전적으로 거짓인
0054	· a character in Greek **legend**	그리스 전설상의 인물

□ **stream**
[striːm]

[명] 흐름, 시내, 개울

The water for the fields is taken from a number of small ponds or streams. [95 수능]
밭을 위한 물은 다수의 작은 연못이나 개천에서 가져온다.

□ **manufacture**
[mæ̀njufǽktʃər]

[명] 제조, 생산, 상품 [동] 제조하다

Oil is used in manufacture of many goods.
석유는 많은 제품의 제조에 사용된다.

□ **lean**
[líːn]

[동] 기대다, 의지하다

They had to lean on their colleagues for help.
그들은 동료들의 도움에 의지해야 했다.

□ **yacht**
[ját / jɔ́t]

[명] 요트

He is responsible for the location of the sailing yacht.
그는 출항한 요트의 위치 파악을 책임지고 있다.

□ **altogether**
[ɔ̀ːltəgéðər]

[부] 전적으로, 완전히

The car went slower and slower until it stopped altogether.
그 차는 점점 더 느려지더니 완전히 섰다.

□ **legend**
[lédʒənd]

[명] 전설

According to legend, a storm hit an island in northwestern England.
전설에 따르면, 영국 북서부 지방에서 폭풍이 한 섬을 강타했다.

0055	· a **satellite** state	위성 국가
0056	· the local darts **league**	지역 다트 연맹
0057	· works at the **pharmacy**	약국에서 일하다
0058	· **ashamed** of one's behaviour	자기 행동을 수치스러워 하는
0059	· **pet** shop	애완동물 가게
0060	· **advertise** a house	집을 광고하다

satellite
[sǽtəlàit]

명 위성

The satellite can measure minute movements of the earth's surface.

이 위성은 지표면의 작은 움직임까지 측정할 수 있다.

league
[líːg]

명 연맹, 동맹, (야구 등의) 경기 연맹

The team was bottom of the league last season.

그 팀은 지난 시즌 리그에서 꼴찌였다.

pharmacy
[fáːrməsi]

명 약국, 조제술

They called the pharmacy for headache pills.

그들은 약국에 전화해서 두통약을 주문했다.

ashamed
[əʃéimd]

형 부끄러워, 수치스러워

As youth, we need not feel ashamed of making mistakes.

젊었을 때, 우리는 실수하는 것을 부끄럽게 느낄 필요가 없다.

pet
[pet]

명 애완동물 형 애완의

Her pet is a playful cat.

그녀의 애완동물은 놀기 좋아하는 고양이이다.

advertise
[ǽdvərtàiz]

동 광고하다

We need to advertise for sales manager.

우리는 영업부장 구인 광고를 내야 한다.

0061	· **delay** writing	편지 쓰기를 뒤로 미루다
0062	· **persuade** a person	남을 설득하다
0063	· be **accustomed** to bed early	일찍 자는 것이 버릇이 되다
0064	· take the scenic **route**	경치가 좋은 길을 가다
0065	· **blame** for the mistake	실수에 대해 비난하다
0066	· academic **poetry**	전통적인 시

☐ **delay** [diléi]

[동] 늦추다, 미루다 [명] 지연

Flights are subject to delay after the heavy rain.
폭우 뒤에는 비행기가 연착되기 쉽다.

☐ **persuade** [pərswéid]

[동] 설득하다, 확인시키다

I tried to persuade my parents, but with little or no effect.
나는 부모님을 설득하려고 애썼지만, 거의 효과가 없었다.

☐ **accustom** [əkʌ́stəm]

[동] 익히다, 익숙해지다

We all soon became accustomed to hard work.
우리 모두는 곧 힘든 일에 익숙해졌다.

☐ **route** [rú:t, ráut]

[명] 길

Sue had a newspaper route in her neighborhood.
Sue는 그녀의 동네에 신문 배달 구역을 맡았었다. [01 수능]

☐ **blame** [bléim]

[동] 나무라다 [명] 비난

Don't blame her.
그녀를 책망하지 말아라.

☐ **poetry** [póuitri]

[명] 시

She enjoyed playing the organ and writing poetry.
그녀는 오르간 연주와 시 쓰기를 즐겼다. [03 수능]

0067	• a **rational** decision	<u>이성적인</u> 결정
0068	• a **slice** of profits	이익의 <u>일부분</u>
0069	• a credit **union**	신용 <u>조합</u>
0070	• zero **gravity**	<u>무중력</u>
0071	• the **sum** of 4 and 2	4와 2의 <u>합계</u>
0072	• **acknowledge** it as true	그것을 진실이라고 <u>인정하다</u>

☐ rational
[rǽʃənl]

⟨형⟩ 이성이 있는, 제정신인

Humanity is the most unfit for a rational mastery of its own future.
인류는 자신의 미래를 합리적으로 지배하기에 가장 부적합하다.

☐ slice
[slais]

⟨명⟩ 얇게 썬 조각, 일부분 ⟨동⟩ 얇게 베다

Please give me a slice of beef from the roast.
구운 소고기 덩어리에서 고기 한 점을 잘라 주세요.

☐ union
[júːnjən]

⟨명⟩ 결합, 연합

The union leaders claimed that some of their members had been victimized.
노조 지도자들은 몇몇 노조원이 희생됐다고 주장했다.

☐ gravity
[grǽvəti]

⟨명⟩ 중력, 진지함

All things fall to the ground because of gravity.
모든 물체는 중력 때문에 땅으로 떨어진다.

☐ sum
[sʌm]

⟨동⟩ 총계하다, ~의 개요를 말하다 ⟨명⟩ 총계, 개요

His insistence may be summed up in the following few words.
그의 주장은 다음 몇 마디로 요약될 수 있을 것이다.

☐ acknowledge
[æknálidʒ]

⟨동⟩ 인정하다, 사례하다

The boy acknowledged that he had been at fault.
그 소년은 자신이 실수했다는 것을 인정했다.

0073	· the divided **peninsula**	분단된 **한반도**
0074	· **minute** differences	**사소한** 차이
0075	· a mosquito on the **ceiling**	**천장**의 모기
0076	· the water's **edge**	**물가**
0077	· **civil** society	**시민** 사회
0078	· **issue** a challenge	도전을 **제기하다**

☐ **peninsula**
[pənínsjulə]

명 반도

Rough mountains run through the peninsula.
험난한 산들이 그 반도를 종관하고 있다.

☐ **minute**
[máinjuːt]

형 미세한, 하찮은

The system uses special crystals that generate
minute electric currents.
그 시스템은 미세한 전류를 발산하는 특수 수정을 사용한다.

☐ **ceiling**
[síːliŋ]

명 천장, 최고 한도

They were warm droplets falling from the ceiling.
그것들은 천장에서 떨어지는 따뜻한 작은 물방울들이었다.

☐ **edge**
[edʒ]

명 가장자리, 끝

The edge of the sea is a strange and beautiful
place. 94 수능
바다의 가장자리는 이상하고 아름다운 곳이다.

☐ **civil**
[sívəl]

형 시민의, 문명의

The citizens have civil rights and duties.
시민들은 시민의 권리와 의무를 갖고 있다.

☐ **issue**
[íʃuː/ísjuː]

동 발행하다, 공표하다 명 주제, 쟁점, 발행(물)

Police should issue some additional warnings or
take other preventive actions. 02 수능
경찰은 부가적인 경고들을 발하거나 다른 예방 조치를 취해야 한다.

0079	· **include** tax	세금을 <u>포함하다</u>
0080	· **exclude** a person from a club	남을 클럽에서 <u>추방하다</u>
0081	· **deliver** an ultimatum	최후통첩을 <u>전하다</u>
0082	· **hitch** a lift	지나가는 차를 <u>얻어 타다</u>
0083	· western **civilization**	서양 <u>문명</u>
0084	· a **terrible** affair	<u>무서운</u> 사건

☐ **include**
[inklú:d]

(동) 포함하다

Prices include 10% VAT.
가격에는 10%의 부가가치세가 포함되어 있다.

☐ **exclude**
[iksklú:d]

(동) 못 들어오게 하다, 제외하다, 배제하다

When you photograph people, you should exclude unwanted objects.
인물 사진을 찍을 때에는, 원치 않는 물건들을 배제시켜야 한다.

☐ **deliver**
[dilívər]

(동) 배달하다, 전하다, (의견을) 말하다, 출산하다

The judge directed the jury to deliver a verdict of guilty.
판사는 배심원단에게 유죄 평결을 전하라고 지시했다.

☐ **hitch**
[hítʃ]

(동) 히치하이크하다

We spent the summer hitching around Europe.
우리는 여름 내내 차를 얻어 타며 유럽을 돌아다녔다.

☐ **civilization**
[sìvəlizéiʃən]

(명) 문명

The earliest civilizations were established at the edge of the water.
초기 문명들은 물가에 형성되었다.

☐ **terrible**
[térəbl]

(형) 무서운, 끔찍한

The animal smells terrible.
그 동물은 지독한 냄새가 난다.

0085	· a moral **dilemma**	도덕적 딜레마
0086	· **bait** a hook	낚싯바늘에 미끼를 달다
0087	· a political **witch**-hunt	정치적 마녀 사냥
0088	· take the **focus**	초점을 맞추다
0089	· a secret **vote**	무기명 투표
0090	· **deprive** a man of his life	목숨을 빼앗다

☐ **dilemma**
[dilémə]

명 진퇴양난

I fall into a dilemma very often.
나는 자주 진퇴양난에 빠진다.

☐ **bait**
[beit]

명 미끼 동 미끼를 달다

People use earthworms as bait when they go fishing.
사람들은 낚시 갈 때 지렁이를 미끼로 쓴다.

☐ **witch**
[wítʃ]

명 마녀 동 마법을 쓰다

The witch transformed men into frogs.
마녀는 사람들을 개구리로 변하게 만들었다.

☐ **focus**
[fóukəs]

동 초점을 맞추다, 집중시키다 명 초점

The most effective way to focus on your goals is to
write them down. 05 수능
목표에 집중하는 가장 효과적인 방법은 그 목표들을 적는 것이다.

☐ **vote**
[vout]

동 투표하다 명 투표, 투표권

Many electors won't vote tomorrow because of the
bad weather.
날씨가 나빠서 내일 많은 유권자들이 투표하지 않을 것이다.

☐ **deprive**
[dipráiv]

동 빼앗다

The man was deprived of reason.
그 남자는 이성을 잃었다.

0091	• win by a **score** of 3 to 1	3대 1의 **점수**로 이기다
0092	• **trunk** of morning glory	나팔꽃 **줄기**
0093	• be filled with **compassion**	**동정심**에 차 있다
0094	• a political **party**	**정당**
0095	• a **colony** of artists	예술인 **마을**
0096	• **impure** water	**더러운** 물

☐ **score**
[skɔːr]

명 득점, 점수 동 득점하다

His test score was above average.
그의 시험 점수는 평균 이상이었다.

☐ **trunk**
[trʌŋk]

명 줄기, 여행용 큰 가방

The trunk was mantled with vines.
나무 줄기에 온통 포도 넝쿨이 휘감겨 있었다.

☐ **compassion**
[kəmpǽʃən]

명 측은히 여김, 동정

The plight of the homeless arouses our compassion.
노숙자들의 곤경은 우리의 동정심을 불러일으킨다.

☐ **party**
[páːrti]

명 파티, 모임, 당파

The party was under the mire of conflict.
그 당은 분쟁의 수렁 하에 있었다.

☐ **colony**
[káləni]

명 식민지, 거류지

The ancient Greeks established colonies in Sicily.
고대 그리스인은 시실리에 식민지를 건설했다.

☐ **impure**
[impjúər]

형 더러운, 순수하지 않은

They are washed many times to remove any impure materials.
그것들은 어떠한 불순물들을 제거하기 위해 여러 번 세척된다.

0097	· the change in **climate**	기후 <u>변화</u>
0098	· **room** for doubt	의심의 여지
0099	· synthetic **stuff**	합성 **물질**
0100	· **imply** agreement	동의를 <u>암시하다</u>
0101	· **improve** in accuracy	정확성이 <u>향상되다</u>
0102	· **freezing** temperatures	<u>몹시 추운</u> 기온

□ **climate**
[kláimit]

명 기후

Mexico has a mild climate for tourists. `94 수능`
멕시코는 관광객들이 즐길만한 따뜻한 기후를 가지고 있다.

□ **room**
[rú:m, rúm]

명 방, 공간, 여지, 기회

Is there enough room for me in the car?
그 차에 내가 탈 공간이 있을까?

□ **stuff**
[stʌ́f]

명 재료, 소질, 물건, 소지품 동 ~에 채우다

Don't forget your stuff in the hall.
현관에 놓인 소지품을 잊지 마시오.

□ **imply**
[implái]

동 의미하다, 암시하다

I assume that your answer implies consent.
당신의 대답이 동의를 뜻하는 것으로 알겠어요.

□ **improve**
[imprú:v]

동 개선하다, 나아지다

It needs to be remembered that we should have efforts to improve our lives.
우리의 삶을 개선하려는 노력을 해야 함을 기억해야 한다.

□ **freezing**
[frí:ziŋ]

형 어는, 몹시 추운

The winters are freezing with a lot of snow.
겨울에는 눈도 많이 오고 몹시 춥다.

0103	· a **contrary** opinion	반대 의견
0104	· **secure** a position	지위를 얻다
0105	· **construct** a house	집을 짓다
0106	· ancient **sculpture**	고대 조각
0107	· an **attitude** of flight	비행 자세
0108	· **shallow** water	얕은 물

☐ **contrary**
[kántreri]

형 반대의, 적합하지 않은 명 정반대

Contrary to expectations, he won the election.
예상과는 반대로, 그가 선거에서 우승했다.

☐ **secure**
[sikjúər]

형 안전한, 튼튼한 동 확보하다, 안전하게 하다

The old man lived a secure life.
그 늙은 남자는 안정된 삶을 살았다.

☐ **construct**
[kənstrʌ́kt]

동 건설하다

The army constructed fortresses along the shore.
군대는 해변 일대에 요새를 건설했다.

☐ **sculpture**
[skʌ́lptʃər]

명 조각, 조각품

The overall effect of the sculpture wasn't bad.
그 조각품의 전반적인 인상은 나쁘지 않았다.

☐ **attitude**
[ǽtitjùːd]

명 태도, 사고방식

A passive attitude won't help you in this profession.
수동적인 태도는 이 직업에는 도움이 되지 않는다.

☐ **shallow**
[ʃǽlou]

형 얕은

Shells are found in shallow water along seacoasts.
조개는 해안을 따라 얕은 물에서 발견된다.

0109	· a **minor** fault	<u>사소한</u> 잘못
0110	· environmental **pollution**	환경 <u>오염</u>
0111	· **unite** against aggression	침략에 대비하여 <u>협력하다</u>
0112	· **risk** one's health	건강을 <u>위태롭게 하다</u>
0113	· smoked **salmon**	훈제 <u>연어</u>
0114	· milking **barn**	젖 짜는 <u>헛간</u>

☐ **minor**
[máinər]

형 작은, 사소한 명 미성년자

How many of us would be willing to be give up some minor convenience? **96 수능**
사소한 편리함을 포기하려고 하는 사람들이 우리 중에 얼마나 되겠습니까?

☐ **pollution**
[pəlú:ʃən]

명 공해, 오염

The air pollution is becoming a cause for concern.
대기 오염이 근심거리가 되어 가고 있다.

☐ **unite**
[ju:náit]

동 결합하다, 하나가 되다

We must unite for the common purpose.
우리는 공동의 목적을 위해 하나가 되어야만 한다.

☐ **risk**
[risk]

명 위험 동 위태롭게 하다

Motorcyclists are advised to wear helmets to reduce the risk of head injury.
오토바이를 타는 사람들은 머리 부상의 위험을 줄이기 위해 헬멧을 쓰라는 권고를 받는다.

☐ **salmon**
[sǽmən]

명 연어

The falls upstream are full of salmon.
그 폭포 상류에는 연어가 많다.

☐ **barn**
[bá:rn]

명 헛간, 광

A barn is not fit for human dwelling site.
헛간은 사람의 주거지로는 적당하지 않다.

0115	· an air-**raid**	공습
0116	· profound **sympathy**	마음으로부터의 동정
0117	· **spread** abroad	널리 퍼지다
0118	· **unify** the nation	나라를 통일하다
0119	· **widespread** wings	한껏 펼친 날개
0120	· **deck** cargo	갑판 적하물

☐ **raid**
[réid]

동 침입하다, 급습하다 명 습격, 급습

Acting on information received, customs officers raided the house.
접수된 정보에 따라, 세관직원들은 그 집을 덮쳤다.

☐ **sympathy**
[símpəθi]

명 공감, 동정

She noticed his mock sympathy.
그녀는 그의 거짓 동정을 눈치쳤다.

☐ **spread**
[spréd]

동 펴다, 덮다, 펼쳐지다, 퍼지다

Golf spread slowly to other countries, reaching America in 1890. **01 수능**
골프는 서서히 다른 나라들로 퍼져나갔고, 1890년에 미국에 이르렀다.

☐ **unify**
[jú:nəfài]

동 하나로 하다, 단일화하다

The new leader will manage to unify his warring party.
새 지도자는 서로 싸우는 자기 당을 어느 정도 통합할 수 있을 것이다.

☐ **widespread**
[wàidspréd]

형 널리 보급된, 넓게 펼쳐진

He noticed a widespread hunger for reading in the community. **05 수능**
그는 그 지역사회의 독서에 대한 광범위한 욕구를 알아차렸다.

☐ **deck**
[dek]

명 갑판

We have to clear the decks for action.
우리는 전투 준비를 위해 갑판 위를 정리해야 한다.

0121 · **fit** for duty 직무에 적합한
0122 · **float** on the water 물에 뜨다
0123 · **decorate** a room 방을 장식하다
0124 · **entertain** children 어린이들을 즐겁게 하다
0125 · **sigh** with relief 안도의 한숨을 쉬다
0126 · **modern** city life 현대의 도시 생활

□ **fit**
[fít]

[동] ~에 맞다, 맞게 하다 [형] 적당한, 꼭 맞는

It is not easy to learn to fit into a group.
집단에 맞추는 것을 배우기란 쉽지 않다.

□ **float**
[flóut]

[동] 뜨다, 띄우다, 퍼지다

The raft floated down the stream.
뗏목은 개울을 떠내려갔다.

□ **decorate**
[dékərèit]

[동] 장식하다, ~에게 훈장을 주다

The room was decorated in dark greens.
그 방은 어두운 녹색으로 치장되어 있었다.

□ **entertain**
[èntərtéin]

[동] 즐겁게 하다, 대접하다

My parents used to entertain relatives on a large scale.
우리 부모님은 큰 규모로 친척들을 환대하시곤 했다.

□ **sigh**
[sái]

[동] 한숨 쉬다

She posted them the next morning, and gave a sigh of relief. [98 수능]
그녀는 다음날 아침 그것들을 우편으로 부치고는 안도의 한숨을 내쉬었다.

□ **modern**
[mádərn]

[형] 근대의, 현대식의

Modern science believes that the universe has come into existence about fifteen billion years ago.
현대 과학은 우주가 약 150억 년 전에 생겨났다고 믿는다.

0127	· **weed**-grown gardens	**잡초**가 무성한 정원
0128	· **wipe** the table	테이블을 **닦다**
0129	· alkaline **soil**	알칼리성 **토양**
0130	· **overseas** trade	**해외** 무역
0131	· a **torrent** of questions	질문 **공세**
0132	· **seek** a remedy	치유책을 **찾다**

☐ **weed**
[wíːd]

명 잡초 동 ~의 잡초를 없애다

We need time to kill the weeds.
우리는 잡초를 제거하기 위한 시간이 필요하다.

☐ **wipe**
[wáip]

동 훔치다, 닦다 명 닦음

Wipe off the excess dirt with a wet rag.
젖은 헝겊으로 과도하게 쌓인 먼지를 닦아내어라.

☐ **soil**
[sɔil]

명 흙, 땅 동 더럽히다

After planting a tree, press the soil flat with the back of a spade.
나무를 심은 후에, 삽 뒷부분으로 흙을 평평하게 누르세요.

☐ **overseas**
[òuvərsíːz]

형 해외의 부 해외로

The group enjoyed their overseas journey.
그 무리는 해외 여행을 즐겼다.

☐ **torrent**
[tɔ́ːrənt]

명 급류, 억수, 빗발침

The animals were carried away by the torrent.
동물들은 급류에 떠내려갔다.

☐ **seek**
[síːk]

동 찾다, 구하다

What they seek is not so much knowledge as information.
그들이 찾는 것은 지식이라기보다 오히려 정보이다.

0133	· **tremble** from the cold	추위로 떨다
0134	· a high school **diploma**	고교 졸업장
0135	· a **murder** mystery	살인 미스터리
0136	· **predict** the outcome	결과를 예측하다
0137	· **slip** on the ice	얼음 위에서 미끄러지다
0138	· **gamble** at cards	내기 카드 놀이를 하다

□ **tremble**
[trémbl]

통 덜덜 떨다

Her hands trembled with anger.
그녀의 손은 분노로 파르르 떨렸다.

□ **diploma**
[diplóumə]

명 졸업 증서

This is my diploma in education.
이것은 나의 교육학 학위 증서이다.

□ **murder**
[mə́:rdər]

명 살인 통 죽이다

The murder of a young boy in Liverpool provoked public outrage.
리버풀에서 일어난 어린 사내아이 살해 사건은 대중의 격분을 불러 일으켰다.

□ **predict**
[pridíkt]

통 예언하다

It is difficult to predict his reaction because he is so young.
그는 너무 어리기 때문에 그의 반응을 예측하기 힘들다.

□ **slip**
[slíp]

통 미끄러지다 명 미끄럼, 실수

She slipped and fell in the bathroom. 03 수능
그녀는 욕실에서 미끄러져 넘어졌다.

□ **gamble**
[gǽmbl]

명 노름, 모험 통 노름을 하다

Today they are used in gamble and other games of chance. 00 수능
오늘날 그것들은 도박과 다른 확률 게임에 사용된다.

0139	· a man of **passion**	열정적인 사람
0140	· **overtake** the train	열차를 따라잡다
0141	· **particle** physics	소립자 물리학
0142	· everlasting **fame**	불후의 명성
0143	· keep **watchful** guard	빈틈없이 경계하다
0144	· a **hasty** departure	갑작스러운 출발

□ **passion**
[pǽʃən]

[명] 열정

He has a passion for sports.
그에게는 스포츠에 대한 열정이 있다.

□ **overtake**
[òuvərtéik]

[동] 따라잡다

His car accelerated to overtake the bus.
그의 차는 버스를 추월하기 위해 가속했다.

□ **particle**
[pá:rtikl]

[명] 극소량, 입자

The famous scientist has discovered many new atomic particles.
그 유명한 과학자는 새로운 원자 입자들을 많이 발견했다.

□ **fame**
[féim]

[명] 명성

She has achieved worldwide fame as a scholar.
그녀는 학자로서 세계적인 명성을 얻었다.

□ **watchful**
[wátʃfəl, wɔ́:tʃ-]

[형] 주의 깊은, 빈틈없는

The teacher kept a watchful eye on the students.
교사는 학생들을 계속 주시했다.

□ **hasty**
[héisti]

[형] 급한, 성급한

Hasty eaters broke tiny branches off trees to pick out the hot food from the pot.
성급한 사람들은 솥에서 뜨거운 음식을 집어내기 위해 나무에서 작은 가지를 꺾었다.

0145	· clear **profit**	순이익금
0146	· a **generous** giver	아낌없이 주는 사람
0147	· **amuse** the children	아이들을 즐겁게 하다
0148	· tobacco **fumes**	담배 연기
0149	· **divide** evenly	균등하게 나누다
0150	· in **summary**	요컨대

profit
[práfit / prɔ́f-]

명 이익, 이득 동 이익을 얻다

Greenpeace is an international non-profit organization.
그린피스는 비영리 국제 단체이다.

generous
[dʒénərəs]

형 아끼지 않는, 관대한

A wealthy sponsor offered me a generous offer.
한 부유한 후원자가 내게 후한 제의를 하였다.

amuse
[əmjúːz]

동 재미있게 하다, 즐겁게 하다

His joke never amused us.
그의 농담은 우리를 즐겁게 한 적이 없었다.

fume
[fjúːm]

명 연기, 김, (자극성의) 발연

It is dangerous to inhale exhaust fumes.
배기 가스를 들이마시는 것은 위험하다.

divide
[diváid]

동 나누다, 분리하다, 분류하다

They divided the money into four equal parts and took a fourth each.
그들은 그 돈을 4등분하여 각자 4분의 1씩 가졌다.

summary
[sʌ́məri]

명 요약

He must condense a long report into a brief summary.
그는 긴 보고서를 간결한 요약문으로 압축해야 한다.

0151	· trained **staff**	훈련받은 **직원들**
0152	· **require** medical care	의학적 치료를 **필요로 하다**
0153	· a **concrete** example	**구체적인** 예
0154	· a **pedestrian** tour	**도보** 여행
0155	· **conceal** the intention	의도를 **감추다**
0156	· X-**ray** therapy	엑스레이(**선**) 요법

□ **staff**
[stǽf, stáːf]

몡 직원

Just follow our staff member's directions. **96 수능**
그냥 우리 직원의 지시 사항들에 따르시오.

□ **require**
[rikwáiər]

통 필요로 하다, 요구하다

Fluency in English and Japanese are required for this job.
이 직업에는 유창한 영어와 일본어가 요구된다.

□ **concrete**
[kánkriːt]

휑 구체적인 몡 콘크리트

They produced two reports, neither of which contained any concrete proposals.
그들은 두 가지 보고서를 내놓았는데, 그 중 어느 것도 구체적인 제안을 담고 있지 않았다.

□ **pedestrian**
[pədéstriən]

몡 보행자 휑 도보의

One day a truck hit a pedestrian on the street. **97 수능**
하루는 트럭이 도로에서 보행자를 치었다.

□ **conceal**
[kənsíːl]

통 숨기다, 감추다

The bank employee manipulated the account to conceal his theft.
그 은행원은 자기의 도둑질을 감추기 위해 장부를 조작했다.

□ **ray**
[réi]

몡 광선

Exposure to the ultraviolet rays of sunlight can be harmful to your health. **96 수능**
자외선 노출은 건강에 해로울 수도 있다.

0157	· **overcome** an obstacle	장애를 극복하다
0158	· **apologize** unreservedly	거리낌 없이 사과하다
0159	· mammalian **species**	포유동물 종
0160	· an **emergency** call	비상 소집
0161	· an **individual** difference	개인차
0162	· **defeat** an enemy	적을 무찌르다

☐ overcome
[òuvərkʌ́m]

[동] 이기다, 극복하다

Her natural optimism helped her to overcome the crisis.
그녀는 타고난 낙관론으로 그 위기를 극복했다.

☐ apologize
[əpɑ́lədʒàiz]

[동] 사과하다

We apologize for any incovenience.
불편을 드리게 된 것에 사과드립니다.

☐ species
[spíːʃi(ː)z]

[명] 종

The tiger is an endangered species.
호랑이는 멸종 위기에 처한 종이다.

☐ emergency
[imə́ːrdʒənsi]

[명] 비상(사태) [형] 비상용의, 긴급한

The emergency exit is at the front of the theater.
비상구는 극장 앞쪽에 있다.

☐ individual
[ìndəvídʒuəl]

[형] 개개의, 개인의 [명] 개인

The groups which encourage individual members to think creatively will prosper. [04 수능]
개인 구성원들로 하여금 창조적으로 생각하도록 장려하는 그룹은 번영할 것이다.

☐ defeat
[difíːt]

[동] 쳐부수다, 패배시키다 [명] 패배

The trip had completely defeated the father's purpose. [03 수능]
그 여행은 아버지의 목적을 완전히 좌절시켰다.

0163	· an **enormous** house	거대한 집
0164	· **achieve** true happiness	진정한 행복을 얻다
0165	· **capture** a town	도시를 점령하다
0166	· false **modesty**	가장된 겸손
0167	· a **rude** remark	무례한 발언
0168	· a **flame** projector	화염 방사기

☐ **enormous**
[inɔ́:rməs]

[형] 거대한

We can sense an enormous tension from the fans on both sides.
우리는 양쪽 팬들로부터 엄청난 긴장감을 느낄 수 있다.

☐ **achieve**
[ətʃí:v]

[동] 이루다, 성취하다

They achieve their goal through different approaches.
그들은 다른 접근법으로 그들의 목표를 이룬다.

☐ **capture**
[kǽptʃər]

[동] 붙잡다 [명] 포획

I liked the way the movie captured the mood of the period.
나는 그 영화가 그 시대의 분위기를 포착하는 방식이 마음에 들었다.

☐ **modesty**
[mάdəsti]

[명] 겸손

The head has the saving grace of modesty.
그 수장은 겸손할 줄 안다는 장점이 있다.

☐ **rude**
[rú:d]

[형] 무례한, 버릇없는

His rude manner injured my pride.
그의 무례한 태도는 나의 자존심을 상하게 했다.

☐ **flame**
[fléim]

[명] 불꽃, 불길 [동] 타오르다, 불끈 화를 내다

The apartment perished in flames.
그 아파트는 불길 속에 싸여 사라져 버렸다.

0169	· **divorce** papers	이혼 서류
0170	· **brilliant** jewels	번쩍거리는 보석
0171	· a **dock** strike	부두 노동자 파업
0172	· **swear** by God	신에게 걸고 맹세하다
0173	· a natural **philosopher**	자연 철학자
0174	· put on **perfume**	향수를 바르다

□ divorce
[divɔ́:rs]

(동) 이혼시키다 (명) 이혼

His second marriage was annulled because he
never divorced his first wife.
첫 부인과 이혼하지 않아서 그의 두 번째 결혼은 무효가 되었다.

□ brilliant
[bríljənt]

(형) 빛나는, 찬란한, 머리가 명석한

I knew him as the most brilliant theoretical physicist.
나는 그분을 가장 뛰어난 이론 물리학자로 알고 있었다.

□ dock
[dák /dɔ́k]

(명) 선창, 독

The docks were strikebound for three days.
부두가 3일 동안 파업에 묶여 있었다.

□ swear
[swɛər]

(동) 맹세하다, 단언하다

I swear that I will carry out this oath to the best of
my ability.
나는 나의 능력을 다해 이 서약을 지킬 것을 맹세합니다.

□ philosopher
[filásəfər]

(명) 철학자

Philosophers have thought about time and space
for centuries.
철학자들은 시간과 공간에 대해 수세기 동안 생각해 왔다.

□ perfume
[pə́:rfju:m]

(명) 향수, 향기

The perfume of flowers fills the air as the grass
dances upon a breeze.
풀밭이 미풍에 맞춰 춤을 출 때 꽃의 향기가 대기를 가득 채운다.

0175	· prehistoric **monsters**	선사시대의 괴물
0176	· marine **mammals**	해양 포유동물
0177	· near **sight**	근시
0178	· **deposit** in a bank	은행에 예금하다
0179	· a **dental** clinic	치과
0180	· **athletic** sports	운동 경기

☐ **monster**
[mɑ́nstər]

(명) 괴물

The child's imagination transformed shadows into monsters.
그 아이의 상상력이 그림자들을 괴물들로 변모시켰다.

☐ **mammal**
[mǽməl]

(명) 포유동물

Mammals, birds, reptiles, amphibians and fishes have the backbone.
포유류, 조류, 파충류, 양서류, 그리고 어류는 등뼈를 가지고 있다.

☐ **sight**
[sáit]

(명) 시각, 봄

They are enjoying the sight of birds singing.
그들은 새들이 노래하는 것을 보며 즐기고 있다.

☐ **deposit**
[dipɑ́zit]

(명) 예금, 보증금, 전셋돈 (동) 두다, 맡기다

He had to pay a $300 deposit to the landlord.
그는 집주인에게 300달러 보증금을 내야 했다.

☐ **dental**
[déntl]

(형) 이의, 치아의

My wife was hit with a big dental bill.
나의 부인은 엄청난 치과 청구서에 놀랐다.

☐ **athletic**
[æθlétik]

(형) 경기의, 체육의

He is a member of the Amateur Athletic Association.
그는 아마추어 체육 협회 멤버이다.

0181 · **participate** in profits 이익에 한몫 끼다
0182 · **recognize** an old friend 옛 친구를 알아보다
0183 · Aesop's **Fables** 이솝 이야기
0184 · **frustrate** a plan 계획을 좌절시키다
0185 · house **chores** 집안 일
0186 · **hydrogen** bomb 수소 폭탄

☐ **participate**
[pɑːrtísəpèit]

[동] 참여하다, 관여하다

All candidates are asked to participate.
모든 후보들이 참가 요청을 받았다.

☐ **recognize**
[rékəgnàiz]

[동] 인정하다, 알아주다

I recognize that he is right.
나는 그가 옳다는 것을 인정한다.

☐ **fable**
[féibl]

[명] 우화

Fables can be read several ways.
우화는 여러 가지 뜻으로 읽힐 수 있다.

☐ **frustrate**
[frʌ́streit]

[동] 좌절시키다

Do we really want to frustrate their opportunities for self-expression? [98 수능]
우리는 정말로 그들의 자기표현에 대한 기회를 좌절시키길 원하는 것인가?

☐ **chore**
[tʃɔ́ːr]

[명] 자질구레한 일

She always do the chores without complaining.
그녀는 불평없이 항상 허드렛일을 한다.

☐ **hydrogen**
[háidrədʒən]

[명] 수소

The hydrogen bomb is one of the powerful nuclear weapons.
수소 폭탄은 강력한 핵무기의 한 종류이다.

0187	· **male** bee	숫벌
0188	· **female** student	여학생
0189	· a **loan** from bank	은행에서의 대출
0190	· **whisper** in a person's ear	~에게 귀엣말하다
0191	· the **scenery** of the city	도시 풍경
0192	· dressed in **rags**	누더기를 입고 있는

☐ **male**
[méil]

명 남자, 수컷 형 남자의, 수컷의

The male peacock has brightly colored plumage.
수컷 공작의 깃털은 눈부신 색깔이다.

☐ **female**
[fí:meil]

명 여성, 암컷 형 여성의, 암컷의

More than two-thirds of the questionnaires were returned by the female respondents. 98 수능
설문지의 3분의 2 이상이 여성 응답자들로부터 되돌아왔다.

☐ **loan**
[lóun]

명 대부, 대여 동 대부하다, 빌려주다

The standard loan period is 21 days. 07 수능
보통 대출 기간은 21일이다.

☐ **whisper**
[hwíspər]

동 속삭이다, 살랑살랑 소리를 내다 명 속삭임

A breeze whispered through the pine trees.
소나무 사이로 산들바람이 살랑거리며 불어왔다.

☐ **scenery**
[sí:nəri]

명 풍경, 무대면, 배경

This is the best place to relax and enjoy the scenery.
이곳은 휴식을 취하고 경치를 즐기기에 최적의 장소이다.

☐ **rag**
[rǽg]

명 넝마, 넝마 조각, 헝겊

My father plugged the hole in the pipe with a blue rag.
나의 아버지는 파란 헝겊으로 파이프의 구멍을 틀어막았다.

0193	· **imitating** art	<u>모조품</u>
0194	· **violent** reaction	폭력적인 반응
0195	· **separate** cream from milk	우유에서 크림을 <u>분리하다</u>
0196	· a **unique** design	독특한 디자인
0197	· a **serious** illness	중병
0198	· a sailing **vessel**	범선

☐ **imitate**
[ímitèit]

(동) 모방하다, 모사하다

The comedian is good at imitating the sounds of animals.
그 코미디언은 동물의 울음소리를 잘 흉내낸다.

☐ **violent**
[váiələnt]

(형) 격렬한, 난폭한, 폭력적인

The film proved to be too violent for teenage audiences.
그 영화는 10대 관객들에게 지나치게 폭력적인 것으로 드러났다.

☐ **separate**
[sépərèit]

(동) 분리하다, 갈라놓다

Call an antique dealer to help you separate the valuable from the worthless junk.
쓸모없는 쓰레기로부터 귀중품을 골라내도록 골동품 업자를 불러라.

☐ **unique**
[juːníːk]

(형) 유일한, 독특한

The introduction of unique products alone does not guarantee market success. 06 수능
독특한 제품의 출시 그 자체만으로는 시장에서의 성공을 보장하지 못한다.

☐ **serious**
[síəriəs]

(형) 진지한, 중대한

Serious results may arise from carelessness.
부주의로 인해 심각한 결과가 생길지도 모른다.

☐ **vessel**
[vésl]

(명) 배, 그릇

The vessel drifted in the waves for six days.
그 배는 6일간 파도를 따라 표류했다.

0199	· **depress** me	나를 우울하게 하다
0200	· a **fascinating** story	매혹적인 이야기
0201	· **bump** a train	열차에 충돌하다
0202	· an **appetite** for reading	독서욕
0203	· **express** regret	유감의 뜻을 나타내다
0204	· the **sphere** of influence	세력권

□ depress
[diprés]

[동] 낙담시키다, 우울하게 하다, 침체시키다

The recession has depressed the housing market.
경기침체로 주택 시장이 부진하다.

□ fascinate
[fǽsənèit]

[동] 매혹하다

They are fascinated by the beauty of these plants.
그들은 이 식물의 아름다움에 매혹되었다.

□ bump
[bʌ́mp]

[동] 부딪치다, 마주치다 [명] 충돌

I always dream to bump into an old friend of mine.
나는 항상 나의 오래된 친구와 우연히 만나기를 꿈꾼다.

□ appetite
[ǽpitàit]

[명] 식욕

The patient has completely lost her appetite since the operation.
그 환자는 수술 후 식욕을 완전히 잃었다.

□ express
[iksprés]

[동] 표현하다 [형] 급행의, 명백한

It was used when the Spanish wanted to express love to their girlfriends.
그것은 스페인 사람들이 자신의 여자 친구에게 사랑을 표현하고자 할 때 쓰였다.

□ sphere
[sfíər]

[명] 구체, 범위

He is distinguished in many different spheres.
그는 다방면에서 뛰어나다.

0205	· **suppress** a revolt	봉기를 <u>진압하다</u>
0206	· **devote** one's life	일생을 <u>바치다</u>
0207	· a **legitimate** claim	<u>정당한</u> 요구
0208	· **accompany** you	당신과 <u>동행하다</u>
0209	· the first **impressions**	<u>첫인상</u>
0210	· analysis **method**	분석 <u>방법</u>

☐ **suppress**
[səprés]

ⓢ 억압하다, (인쇄·발표 등을) 금하다

This book is suppressed for the reason of violence.
이 책은 폭력적이라는 이유로 발행이 금지되었다.

☐ **devote**
[divóut]

ⓢ 바치다, 전념하다

He has devoted himself to providing people with more access to literature.
그는 사람들이 문학을 더 많이 접하도록 자신을 헌신했다.

☐ **legitimate**
[lidʒítəmət]

ⓗ 합법적인, 적출의

We must use local tax only for legitimate purposes.
세금은 합법적인 목적에만 사용해야 한다.

☐ **accompany**
[əkʌ́mpəni]

ⓢ 동반하다, 수반하다

I can't accompany you to the hospital.
병원까지 너와 함께 갈 수 없다.

☐ **impression**
[impréʃən]

ⓜ 인상, 감명, 느낌

People form their first impressions based mostly on your appearance.
사람들은 주로 외모에 근거해서 첫인상을 형성한다.

☐ **method**
[méθəd]

ⓜ 방법, 순서

Nonviolence is the appropriate method. 10 수능
비폭력은 적절한 방법이다.

0211	· under **survey**	조사 중인
0212	· **misunderstand** her intention	그녀의 의도를 오해하다
0213	· **arms** talks	무기 협상
0214	· be **oppressed** by worry	걱정에 시달리다
0215	· a **familiar** voice	귀에 익은 목소리
0216	· **celebrate** a person's birthday	생일을 축하하다

☐ **survey** [səːrvéi]

[명] 조사, 개관 [동] 조사하다

A recent survey shows that there is the gap between the labor supply and demand.
최근 조사는 노동력의 공급과 수요간 격차가 있다는 것을 보여준다.

☐ **misunderstand** [mìsʌndərstǽnd]

[동] 오해하다

I completely misunderstood her words.
내가 그녀의 말을 완전히 오해했다.

☐ **arms** [ɑːrmz]

[명] 무기

The British arms company failed during the post-Cold War era.
그 영국의 무기 회사는 탈냉전시대에 파산했다.

☐ **oppress** [əprés]

[동] 억압하다, 압박감을 주다, 괴롭히다

A good government makes an effort not to oppress the people.
훌륭한 정부는 국민을 억압하지 않기 위해 노력한다.

☐ **familiar** [fəmíljər]

[형] 친숙한

For the most part, we like things that are familiar to us. [10 수능]
대체로, 우리는 우리에게 친숙한 것들을 좋아한다.

☐ **celebrate** [séləbrèit]

[동] 축하하다

The children celebrated his seventieth birthday.
그 아이들은 그의 70번째 생일을 축하했다.

0217	· a dreadful **nightmare**	끔찍한 악몽
0218	· **borrow** books	책을 빌리다
0219	· **ambitious** politicians	야심에 찬 정치가들
0220	· **rent** a room	방을 세놓다
0221	· **lease** a car	자동차를 임대하다
0222	· **timely** help	시기에 알맞은 도움

☐ **nightmare**
[náitmɛ̀ər]

(명) 악몽

Going to the school was an absolute nightmare.
학교에 가는 것은 완전히 악몽 같았다.

☐ **borrow**
[bárou, bɔ́:rou]

(동) 빌리다, 차용하다

Can I borrow your game after you have finished?
네가 게임기를 사용한 후에 내가 빌릴 수 있을까?

☐ **ambitious**
[æmbíʃəs]

(형) 야망을 품은

Boys, be ambitious!
소년들이여, 야망을 가져라!

☐ **rent**
[rént]

(명) 지대, 집세 (동) 빌리다, 세놓다

The monthly outgoings on rent are going up.
매달 나가는 집세가 늘고 있다.

☐ **lease**
[líːs]

(명) 임대차 계약 (동) 임대하다

The lease of this apartment was renewed. 98 수능
이 아파트의 임대차 계약이 갱신되었다.

☐ **timely**
[táimli]

(형) 때에 알맞은

Your timely appearance saved my life.
시기적절한 당신의 등장이 나의 목숨을 구했다.

0223	· deep **sorrow**	깊은 슬픔
0224	· a **grateful** letter	감사의 편지
0225	· a water-**mill**	물방아
0226	· **resort** to law	법에 호소하다
0227	· a **fossil** leaf	화석이 된 나뭇잎
0228	· over a **decade** ago	10년 전도 훨씬 넘은

☐ **sorrow**
[sárou]

몡 슬픔, 비애

We feel their joys and sorrows somewhat as if they were our own.
우리는 그들의 기쁨과 슬픔을 마치 우리의 감정인양 느낀다.

☐ **grateful**
[gréitfəl]

혱 고맙게 여기는, 감사하는

She was grateful to me for what I had said.
그녀는 내가 말했던 것에 대해서 내게 감사했다.

☐ **mill**
[míl]

동 빻다 몡 제조 공장, 물방앗간

The grain was finely milled.
그 곡물은 곱게 빻아져 있었다.

☐ **resort**
[rizɔ́:rt]

동 의지하다 몡 행락지

When he couldn't get his goal, he resorted to low cunning.
그가 목표를 이루지 못하자 비열한 잔꾀에 의지했다.

☐ **fossil**
[fásl / fɔ́sl]

몡 화석 혱 화석의

They are debating whether the fossil represents a new species or not.
그들은 그 화석이 새로운 종을 나타내는지 아닌지를 논쟁하고 있다.

☐ **decade**
[dékeid, dekéid]

몡 10년

An ecosystem develops over decades or centuries.
생태계는 수십 년 또는 수백 년에 걸쳐 형성된다. 97 수능

0229	· **illustrate** by facts	사실에 의해 설명하다
0230	· in this **regard**	이것과 관련하여
0231	· **portray** our thought	우리 사상을 묘사하다
0232	· **add** sugar to coffee	커피에 설탕을 넣다
0233	· **legal** documents	법률 서류
0234	· **illegal** interest	불법 이자

□ **illustrate**
[íləstrèit, ilʌ́streit]

[동] 설명하다, 삽화를 넣다

He had nearly had a commission to illustrate a pocket book.
그는 포켓북의 삽화를 그리도록 위임받다시피 했다.

□ **regard**
[rigɑ́ːrd]

[동] (~으로) 여기다, 보다 [명] 관계, 고려

The lady seems to regard him as a surrogate for her dead son.
그 여자는 그를 죽은 자기 아들의 대리자로 여기고 있는 것 같다.

□ **portray**
[pɔːrtréi]

[동] 그리다, 표현하다, 초상을 그리다

Ants are typically portrayed as diligent creatures in the books.
개미는 책에서 주로 근면한 곤충으로 묘사된다.

□ **add**
[ǽd]

[동] 더하다, 합치다

Add three and six and you get nine.
3과 6을 더하면 9가 된다.

□ **legal**
[líːgəl]

[형] 법률의

Don't worry about it, it's quite legal!
그것에 대해 걱정마라, 합법적인 거니까!

□ **illegal**
[ilíːgəl]

[형] 불법의

The government forbids an illegal abortion.
정부는 낙태(불법적인 유산)를 금하고 있다.

0235	· **regardless** of age or sex	남녀노소 **구별 없이**
0236	· a matter of **degree**	**정도**의 문제
0237	· **spoil** bread	빵을 **썩히다**
0238	· Mid-**term** exams	중간 시험
0239	· **overwhelm** a person	사람을 **압도하다**
0240	· the **continent** of Africa	아프리카 **대륙**

☐ **regardless**
[rigá:rdlis]

휑 부주의한, 관심 없는, 관계 없이(of)

This hole helps the kite fly fast regardless of the wind speed. 06 수능

이 구멍은 바람의 속도에 상관없이 연이 빠르게 날도록 돕는다.

☐ **degree**
[digrí:]

몡 정도, 학위

These daytime courses will lead to an academic degree.

이 주간 교육 과정을 밟으면 학위를 받게 될 것이다.

☐ **spoil**
[spɔ́il]

통 망치다, 상하게 하다

A succession of accidents spoiled our backpacking trip.

연속적인 사고가 우리의 배낭 여행을 망쳤다.

☐ **term**
[tə́:rm]

몡 기간, 학기, 용어

Don't be surprised if you start hearing the term "information literacy" a lot. 97 수능

당신이 '정보 능력'이란 용어를 많이 듣기 시작해도 놀라지 마라.

☐ **overwhelm**
[òuvərhwélm]

통 압도하다, (격한 감정이) 휩싸다

The beauty of the landscape overwhelmed me.

그 풍경의 아름다움이 나를 압도했다.

☐ **continent**
[kántənənt]

몡 대륙

Asia is one of the biggest continents.

아시아는 가장 큰 대륙 중에 하나이다.

0241	· a nest in the **treetop**	나무 꼭대기에 둥지
0242	· vases of **uniform** size	같은 크기의 꽃병들
0243	· a man of large **property**	막대한 재산가
0244	· the **capacity** for English	영어의 재능
0245	· a good **situation**	좋은 장소
0246	· **forgive** one's enemy	적을 용서하다

☐ **treetop**
[tríːtὰp]

몡 나무 꼭대기

He became convinced that stretching for treetop food was not driven the evolution of the neck.
그는 나무 꼭대기의 먹이를 향해 뻗는 것이 목의 진화를 가져온 것은 아니라고 확신하게 되었다.

☐ **uniform**
[júːnəfɔ̀ːrm]

몡 제복 혱 한결같은, 동일한

The director supplied uniforms to the workers.
부장은 사원들에게 유니폼을 나누어 주었다.

☐ **property**
[prάpərti]

몡 재산, 소유권

You must safeguard your property from theft.
당신의 재산을 도둑맞지 않게 보호해야 한다.

☐ **capacity**
[kəpǽsəti]

몡 수용력, 용적, 능력

James, as I soon realized, had no more capacity for linguistics than Tom had.
제임스도 톰과 마찬가지로 언어 능력이 없다는 것을 나는 곧 깨달았다.

☐ **situation**
[sìtʃuéiʃ∂n]

몡 위치, 상태

Given this situation, these people have striven to conserve the wild plants.
이러한 상황 하에서, 이들은 야생 식물들을 보존하려고 노력했다.

☐ **forgive**
[fərgív]

동 용서하다

Please forgive my ignorance.
제발 저의 무지를 용서하세요.

0247	· service as a **housekeeper**	가정부로서 일을 하다
0248	· settled on a **bough**	가지 위에 앉은
0249	· **attempt** a difficult task	어려운 일을 시도하다
0250	· **heal** disease	병을 낫게 하다
0251	· major **planets**	대 행성
0252	· a **beam** from a lamp	전등의 광선

☐ **housekeeper**
[háuski:pər]

명 가정부

The housekeeper cleans the house and does the laundry.
그 가정부는 집을 청소하고 빨래를 한다.

☐ **bough**
[báu]

명 큰 가지

I rested my fishing rod against the bough of the apple tree.
나는 낚싯대를 사과나무의 큰 가지에 기대 두었다.

☐ **attempt**
[ətémpt]

동 시도하다 명 시도

When you attempt to do something and fail, you have to ask yourself.
당신이 어떤 일을 시도하여 실패하면, 당신은 스스로에게 자문해 보아야 한다.

☐ **heal**
[hí:l]

동 고치다, 낫게 하다

The cut finally healed up, but it left a deep scar.
그 베인 상처는 마침내 치유됐지만 깊은 흉터를 남겼다.

☐ **planet**
[plǽnít]

명 행성

The agency works to promote awareness of the dangers of our planet.
그 기관은 지구(우리의 행성)를 위협하는 위험에 대한 경각심을 일깨우기 위해 일한다.

☐ **beam**
[bí:m]

명 들보, 광선

Ancient Greek architecture made much use of beams.
고대 그리스 건축에는 들보가 많이 사용되었다.

0253	· guess a **riddle**	수수께끼를 풀다
0254	· make arrangements **beforehand**	미리 준비해 두다
0255	· an **electric** shower	전기 샤워기
0256	· science **fiction**	공상 과학 소설
0257	· the extinction of the **dinosaurs**	공룡의 멸종
0258	· forgive one's **misdeed**	(~의) 악행을 용서하다

☐ **riddle**
[rídl]

몡 수수께끼

I can guess the answer to this riddle.
난 이 수수께끼의 답을 맞출 수 있다.

☐ **beforehand**
[bifɔ́:rhæ̀nd]

튀 미리, 벌써

He arrived at the meeting place beforehand.
그는 집회장에 일찍 도착했다.

☐ **electric**
[iléktrik]

혱 전기의

The child switched off the electric current.
그 아이는 전기 스위치를 껐다.

☐ **fiction**
[fíkʃən]

몡 소설, 꾸민 이야기

She even knew I would become a famous fiction-writer. `97 수능`
그녀는 심지어 내가 유명한 소설가가 되리라는 것마저 알고 있었다.

☐ **dinosaur**
[dáinəsɔ̀:r]

몡 공룡

All dinosaurs exterminated long ago.
모든 공룡은 오래 전에 멸종되었다.

☐ **misdeed**
[mìsdí:d]

몡 나쁜 짓, 악행

We realized the seriousness of his misdeeds.
우리는 그의 악행의 심각성을 깨달았다.

0259	· **survival** skills	생존 기술
0260	· printed **material**	인쇄물
0261	· a **panel** of experts	전문가들로 구성된 **토론팀**
0262	· **appoint** a new secretary	새 비서를 **임명하다**
0263	· a **spare** bed	**예비** 침대
0264	· extra **effort**	가외의 **노력**

☐ **survival**
[sərváivəl]

평 생존, 살아남음

The poverty has worsened their chances of survival.
가난은 그들이 생존할 가능성을 악화시켰다.

☐ **material**
[mətíəriəl]

평 재료, 용구 형 물질의, 물질적인

They are made of several materials such as bone, plastic, or wood.
그것들은 뼈, 플라스틱 또는 나무와 같은 여러 가지 물질로 만들어진다.

☐ **panel**
[pǽnl]

평 패널, 벽판, 토론자단

We have two politicians on tonight's panel.
오늘밤 패널에 두 분의 정치인을 모셨습니다.

☐ **appoint**
[əpɔ́int]

동 지명하다, 정하다

He appointed my restaurant as the place for the meeting.
그는 나의 식당을 모임 장소로 정했다.

☐ **spare**
[spέər]

형 예비의, 결핍된 동 용서하다, 시키지 않다

He turned the spare room into a study.
그는 여분의 방을 서재로 바꿨다.

☐ **effort**
[éfərt]

평 노력

Your career will benefit from the same effort that you've devoted to your academic work. **03 수능**
네가 학업에 쏟은 노력이 네 경력에 도움이 될 것이다.

0265	· a **motivating** force	동기가 되는 힘
0266	· **pour** milk	우유를 따르다
0267	· low **tide**	썰물
0268	· **edited** anew	새로 편집된
0269	· **engage** in discussions	토론에 참가하다
0270	· traffic **regulations**	교통 법규

☐ **motivate**
[móutəvèit]

동 (~에게) 동기를 주다, 자극하다

If it satisfies certain needs more fully, employees will be motivated to work harder.
만약 그것이 특정한 욕구들을 좀 더 완벽하게 채워준다면, 직원들은 더 성실히 일하도록 동기 부여될 것이다.

☐ **pour**
[pɔːr]

동 따르다, 쏟다

The engineer poured the metallic liquid into the mold.
기술자는 금속 액체를 틀에 부었다.

☐ **tide**
[táid]

명 조수, 풍조

The tide was at high.
조수는 밀물이 되어 있었다.

☐ **edit**
[édit]

동 편집하다

The new secretary edited the draft.
새로 온 비서가 초고를 편집했다.

☐ **engage**
[ìngéidʒ]

동 약속하다, 약혼시키다, 종사시키다

Every day each of us engages in many types of complex activities. **05 수능**
매일 우리는 각자 여러 유형의 복잡한 활동에 관여한다.

☐ **regulation**
[règjəléiʃən]

명 규칙, 규정

The driver violated the traffic regulations.
그 운전자는 교통 규칙을 위반했다.

0271	· **severe** criticism	엄한 비평
0272	· an **affair** of great moment	중대 사건
0273	· **attack** on a person	남을 공격하다
0274	· **display** goods	상품을 전시하다
0275	· be **surrounded** on all sides	사방에서 포위되다
0276	· **liver** trouble	간장병

☐ **severe**
[sivíər]

형 엄한, 엄격한

The teacher is severe with his students.
그 교사는 학생들에게 엄하다.

☐ **affair**
[əfέər]

명 사건, 일거리, 관심사

We are not involved in that affair.
우리는 그 일에 관련되어 있지 않다.

☐ **attack**
[ətǽk]

동 공격하다, 착수하다 명 공격

So the leopard began to attack dogs and cattle in the village. 06 수능
그래서 그 표범은 마을의 개와 소들을 공격하기 시작했다.

☐ **display**
[displéi]

명 전시, 표시 동 전시하다, 나타내다

This graphic display will be on for two weeks.
이 그래픽 전시물은 2주 동안 전시될 것이다.

☐ **surround**
[səráund]

동 둘러싸다, 에워싸다

Teens surround themselves with imaginary audiences. 04 수능
십대들은 가상의 관객들로 자기 주변을 둘러싼다.

☐ **liver**
[lívər]

명 간

The woman had radiotherapy for cancer of the liver.
그 여성은 간암에 대해 방사선 치료를 받았다.

0277	· clearly **audible** voice	똑똑히 <u>들리는</u> 목소리
0278	· the **pioneer** spirit	<u>개척자</u> 정신
0279	· a **fair** deal	<u>공정한</u> 거래
0280	· **tend** to decay	<u>썩기 쉽다</u>
0281	· **exhibit** paintings	그림을 <u>전시하다</u>
0282	· **distinguish** colors	색깔을 <u>식별하다</u>

☐ **audible**
[ɔ́ːdəbl]

형 들리는, 들을 수 있는

The voice from the radio was less audible.
라디오에서 나오는 목소리는 거의 들리지 않았다.

☐ **pioneer**
[pàiəníər]

명 개척자, 선구자

He was a pioneer in the field of laser surgery.
그는 레이저 수술의 선구자였다.

☐ **fair**
[fɛər]

형 공정한, 공평한

Perhaps your friend's judgment is fair.
어쩌면 네 친구의 판단이 공정한 것인지도 모른다.

☐ **tend**
[tend]

동 경향이 있다, 향하다

He tends toward anger.
그는 신경질적인 경향이 있다.

☐ **exhibit**
[igzíbit]

동 전시하다, 나타내다 명 전시

Many of the artists exhibit bizarre behavior.
예술가 가운데는 기괴한 행동을 보이는 사람이 많다.

☐ **distinguish**
[distíŋgwiʃ]

동 구별하다, 두드러지게 하다

We should constantly distinguish right from wrong.
우리는 항상 옳고 그름을 구별해야 한다.

0283	· a **graduation** thesis	<u>졸업</u> 논문
0284	· a **commercial** transaction	상거래
0285	· a deep **mistrust**	깊은 <u>불신</u>
0286	· **signify** one's intention	의향을 <u>알리다</u>
0287	· a **flood** of anger	<u>밀려드는</u> 분노
0288	· a **masterpiece** of improvisation	즉흥시의 <u>걸작</u>

☐ **graduation**
[grædʒuéiʃən]

명 졸업, 학위 취득

There's only one year left before graduation.
졸업이 일 년 밖에 남지 않았다.

☐ **commercial**
[kəmə́:rʃəl]

형 상업상의 명 광고방송

The film was a commercial success.
그 영화는 상업적인 성공을 거두었다.

☐ **mistrust**
[mistrʌ́st]

동 신용하지 않다 명 불신

As a very small child she had learned to mistrust others.
아주 어린아이 시절에 그녀는 타인을 불신하도록 배웠다.

☐ **signify**
[sígnəfài]

동 의미하다, 나타내다

The dark clouds signifiy rain.
먹구름은 비가 올 징조이다.

☐ **flood**
[flʌd]

명 홍수 동 범람시키다

The flood has left thousands of families homeless.
홍수로 수천 가구의 사람들이 집을 잃었다.

☐ **masterpiece**
[mǽstərpìːs]

명 걸작, 대작

This picture counts as a masterpiece.
이 그림은 걸작으로 간주된다.

0289	· a **trial** by jury	배심 재판
0290	· **trace** of war	전쟁의 자취
0291	· fight **poverty**	가난과 싸우다
0292	· a **curious** student	호기심 많은 학생
0293	· the **border** of a lake	호숫가
0294	· **employ** a private detective	사설 탐정을 고용하다

□ trial
[tráiəl]

[명] 공판, 시도, 시험

They made a trial of his ability.
그들은 그의 능력을 시험했다.

□ trace
[tréis]

[동] 더듬다, 긋다 [명] 자취, 발자국

I can trace him where he is.
나는 그가 어디에 있는지 추적할 수 있다.

□ poverty
[pávərti]

[명] 빈곤, 가난

Schubert spent his whole life in poverty. [03 수능]
슈베르트는 평생을 빈곤 속에 살았다.

□ curious
[kjúəriəs]

[형] 호기심이 강한, 이상한

Babies are curious about sounds around them.
아기들은 그들 주위에 있는 소리에 호기심이 있다.

□ border
[bɔ́ːrdər]

[명] 가장자리, 경계, 국경(선) [동] 접하다, 경계를 이루다

We heard the news that the border has been closed.
우리는 국경이 폐쇄되었다는 뉴스를 들었다.

□ employ
[implɔ́i]

[동] 쓰다, 고용하다

Employing a housemaid will take the burden off his wife.
가정부를 고용하면 그의 아내의 짐을 덜어 줄 것이다.

0295	· **lack** of skill	기술 부족
0296	· the **major** opinion	주요 의견
0297	· my **aim** in life	나의 인생 목표
0298	· a **desire** of conquest	정복욕
0299	· **rapid** motion	빠른 움직임
0300	· **possess** a pistol	권총을 소지하다

□ **lack** [læk]

[명] 부족 [동] 결핍하다, 모자라다

It had to close in 1888 because of lack of money.
그것은 1888년 자금 부족으로 문을 닫아야 했다. 03 수능

□ **major** [méidʒər]

[형] 큰 쪽의, 주요한 [동] 전공하다

Smoking was the major cause of his death.
흡연이 그의 죽음의 주된 원인 중의 하나였다.

□ **aim** [éim]

[동] 겨누다, 향하다 [명] 겨냥, 목적

But I slowly aimed at the target. 01 수능
그러나 나는 천천히 과녁을 향해 겨누었다.

□ **desire** [dizáiər]

[명] 욕구, 요망 [동] 몹시 바라다

He has a strong desire for wealth.
그는 부(富)에 대한 강한 욕망이 있다.

□ **rapid** [rǽpid]

[형] 빠른

The order is currently undergoing rapid change.
그 체제는 현재 급속한 변화를 겪고 있는 중이다.

□ **possess** [pəzés]

[동] 소유하다, 지니다

A human being is possessed of physical and intellectual capabilities.
인간은 육체적, 지적 능력을 갖추고 있다.

0301	· **extreme** poverty	극빈
0302	· a binocular **telescope**	쌍안경
0303	· an electronic **microscope**	전자 현미경
0304	· an **antique** shop	골동품 가게
0305	· shoot an **arrow**	화살을 쏘다
0306	· **recycle** newspaper	신문을 재활용하다

☐ **extreme**
[ikstríːm]

몡 극단 혱 극도의, 과격한

I nearly fainted because of the extremes of heat in the desert.
나는 사막의 극단적인 더위 때문에 기절할 뻔 했다.

☐ **telescope**
[téləskòup]

몡 망원경

In 1610, Galileo looked through his telescope at the sun. 98 수능
1610년 갈릴레오는 망원경을 통하여 태양을 관찰했다.

☐ **microscope**
[máikrəskòup]

몡 현미경

We examined it with an atomic force microscope.
우린 그것을 원자력 현미경으로 검사했다.

☐ **antique**
[æntíːk]

몡 골동품 혱 골동의

Two detectives assumed the identities of antiques dealers.
두 형사는 골동품상으로 가장했다.

☐ **arrow**
[ǽrou]

몡 화살

The hunter hunted with bows and arrows.
그 사냥꾼은 활과 화살로 사냥했다.

☐ **recycle**
[riːsáikl]

통 재활용하다, 개조하다

This notebook is made of recycled paper. 94 수능
이 공책은 재활용된 종이로 만들어졌다.

0307	· **launch** an investigation	조사를 <u>시작하다</u>
0308	· **muscle** power	근력
0309	· The pain gradually **subsided**.	고통이 점차 <u>가라앉았다</u>
0310	· **merely** as a joke	<u>단지</u> 농담 삼아
0311	· **cherish** the religion	종교를 <u>신봉하다</u>
0312	· the stink of **sweat**	땀의 <u>악취</u>

☐ **launch**
[lɔ́ːntʃ, láːntʃ]

동 진수시키다, 내보내다

They have launched efforts to preserve wild plants for generations to come.
그들은 다가올 후손을 위해 야생식물을 보존하려는 노력에 착수했다.

☐ **muscle**
[mʌ́sl] ·

명 근육

Physical exercises develop the muscles.
운동은 근육을 발달시킨다.

☐ **subside**
[səbsáid]

동 가라앉다, 진정되다

The fury of the storm began to subside.
사나운 폭풍우가 가라앉기 시작했다.

☐ **merely**
[míərli]

부 단지 (~에 불과한), 다만

He said so merely as a joke.
그는 그저 농담으로 그렇게 말했을 뿐이다.

☐ **cherish**
[tʃériʃ]

동 소중히 하다, 품다

All the family members cherish the little girl. 05 수능
모든 식구들이 어린 여자 아이를 소중히 여긴다.

☐ **stink**
[stíŋk]

동 악취를 풍기다 명 악취

His breath stank of alcohol.
그의 입에서 나는 술 냄새가 코를 찔렀다.

0313	· in alternate **layer**	번갈아 **층**을 이루어
0314	· on **behalf** of my friend	내 친구를 **대신**하여
0315	· **holy** ground	**성지**
0316	· **laundry** list	**세탁물** 목록
0317	· **virtually** impossible	**사실상** 불가능한
0318	· transportation **facilities**	운송 **기관**

□ **layer**
[léiər]

명 층, 쌓은 켜 동 층으로 만들다

A thick layer of dust lay on the desk.
책상 위에는 먼지가 두껍게 쌓여 있었다.

□ **behalf**
[bihǽf, -háːf]

명 이익, 원조, 자기편

On behalf of all the executives, we wish you enjoy your well-earned retirement.
모든 경영진을 대표해서, 우리는 당신이 충분히 누릴 권리를 가지고 있는 은퇴 후 삶을 즐기시길 희망합니다.

□ **holy**
[hóuli]

형 신성한

The holy man healed people of their sickness.
성자는 사람들의 병을 치유했다.

□ **laundry**
[lɔ́ːndri, láːndri]

명 세탁물, 세탁소

She spent time in doing the laundry.
그녀는 세탁하는 데 시간을 소비했다.

□ **virtually**
[və́ːrtʃuəli]

부 사실상

The prices have virtually doubled over the past few years.
과거 수년 사이에 물가가 실질적으로 두 배가 되었다.

□ **facility**
[fəsíləti]

명 설비, 시설, 편의

Some areas do not have proper facilities for the disposal of sewage.
일부 지역에서는 하수 오물을 처리하는 적절한 시설이 갖추어져 있지 않다.

0319	· **apparent** defect	**명백한** 결함
0320	· a **suburban** commuter	**교외에서 다니는** 통근자
0321	· a **tendency** to be fat	살이 찌는 **경향**
0322	· a **landscape** clothed in mist	안개에 쌓인 **풍경**
0323	· **adhere** strictly	철저히 **고수하다**
0324	· a **notable** success	**주목할 만한** 성공

☐ **apparent**
[əpǽrənt]

⟨형⟩ 또렷이 보이는, 명백한

The reason is apparent to everybody.
이유는 모두에게 명백하다.

☐ **suburban**
[səbə́:rbən]

⟨형⟩ 교외의

She wrote about the depression felt by women trapped in their suburban homes.
그녀는 교외의 가정이라는 덫에 걸려 사는 여성들이 느끼는 우울증에 대해 글을 썼다.

☐ **tendency**
[téndənsi]

⟨명⟩ 경향

There is a tendency to overeat on weekends.
주말에는 과식하는 경향이 있다.

☐ **landscape**
[lǽndskèip]

⟨명⟩ 풍경

A light mist lay along the earth, partly veiling the lower features of the landscape. **06 수능**
옅은 안개가 땅 위에 깔려 풍경의 낮은 쪽 지세를 부분적으로 가렸다.

☐ **adhere**
[ædhíər, ədhíər]

⟨동⟩ 들러붙다, 고수하다

The magnet will adhere to any metal surface.
자석은 어떠한 금속 표면에도 붙을 것이다.

☐ **notable**
[nóutəbl]

⟨형⟩ 주목할 만한

He made a notable contribution to the project.
그는 그 계획에 두드러진 공헌을 했다.

0325	· How **dare**	감히 (~)하다니
0326	· a sticky **substance**	끈적끈적한 <u>물질</u>
0327	· **pursue** pleasure	쾌락을 <u>추구하다</u>
0328	· suffer **misfortune**	<u>언짢은 일</u>을 당하다
0329	· mental **arithmetic**	<u>암산</u>
0330	· **arrange** some flowers	꽃을 몇 송이 <u>꽂다</u>

☐ **dare**
[dέər]

동 감히 하다, 무릅쓰다

He did not dare to protest.
그는 감히 항의하지 못했다.

☐ **substance**
[sʌ́bstəns]

명 물질, 요지

Make a dilution of the substance by adding two liters of water.
물 2리터를 넣어서 그 재료를 희석하시오.

☐ **pursue**
[pərsúː]

동 쫓다, 추구하다

We pursue eternity.
우리는 영원을 추구한다.

☐ **misfortune**
[misfɔ́ːrtʃən]

명 불운

Misfortunes never come single.
화불단행(禍不單行), 엎친 데 덮친다.

☐ **arithmetic**
[əríθmətik]

명 산수 형 산수의

Today's assignment in arithmetic consists of twenty problems.
오늘의 산수 숙제는 20문제로 돼 있다.

☐ **arrange**
[əréindʒ]

동 배열하다, 준비하다

We arranged a time to talk over lunch.
우리는 점심식사를 하며 이야기 할 시간을 정했다.

0331	· the **content** of education	교육의 내용
0332	· **mention** a single example	일례를 들다
0333	· **actually** happen	실제로 발생하다
0334	· a mouse **trap**	쥐덫
0335	· notes **represent** musical sounds	음표는 악음을 나타낸다
0336	· favorite **pastime**	가장 좋아하는 오락[취미]

☐ **content**
[kántent, kɔ́n-]

형 만족하여 명 내용물

He is content with his appearance.
그는 그의 외모에 만족한다.

☐ **mention**
[ménʃən]

동 언급하다 명 언급

Did he mention where he was going?
그가 어디로 간다고 말했나요?

☐ **actually**
[ǽktʃuəli]

부 실지로, 실제로

We're not American, actually. We're Canadian.
실은 저희들은 미국인이 아닙니다. 캐나다 사람이에요.

☐ **trap**
[trǽp]

명 덫 동 덫으로 잡다

He set a trap to catch a pheasant.
그는 꿩을 잡으려고 덫을 놓았다.

☐ **represent**
[rèprizént]

동 나타내다, 대표하다

The money they spend represents almost half of the island's economy.
그들이 쓰고 간 돈이 그 섬 경제의 거의 절반에 해당한다.

☐ **pastime**
[pǽstàim]

명 기분 전환, 오락

Listening to music was her favorite pastime.
음악 감상은 그녀가 가장 즐기는 취미였다.

0337 · **endow** a scholarship 장학금을 기부하다
0338 · **aid** flood victims 홍수 피해자들을 원조하다
0339 · really **amazing** 정말로 놀라운
0340 · get **cancer** 암에 걸리다
0341 · a **fund**-raising event 기금 마련 행사
0342 · an **anterior** age 전 시대

□ endow
[indáu, endáu]

[동] 재산을 증여하다, 부여하다

He is endowed with extraordinary powers of mimicry.
그는 비범한 모방력을 타고 났다.

□ aid
[éid]

[명] 도움 [동] 돕다

The old man breathes with the aid of a respirator.
그 노인은 인공호흡기에 의지해서 숨을 쉬고 있다.

□ amazing
[əméiziŋ]

[형] 놀랄 만한

You will see an amazing variety of plants and animals in that place.
그 장소에서 놀라울 정도로 다양한 동식물들을 보게 될 것이다.

□ cancer
[kǽnsər]

[명] 암

The doctor was breaking new ground in cancer research.
그 의사는 암 연구에서 새로운 영역을 개척하고 있었다.

□ fund
[fʌ́nd]

[명] 기금, 축적 [동] 자금을 제공하다

We need to raise a scholarship fund.
우리는 장학 기금을 모금할 필요가 있다.

□ anterior
[æntíəriər]

[형] 앞의, 전의

It is an event anterior to the outbreak of war.
그것이 전쟁 발발보다 먼저 일어난 사건입니다.

0343 · certain **traits** 특정한 특징들
0344 · a **scent** bottle 향수 병
0345 · a **burden** of responsibility 책임이라는 무거운 짐
0346 · the **trend** of events 형세
0347 · a **submarine** attack 잠수함 공격
0348 · a **crucial** role 결정적인 역할

trait
[tréit]

[명] 특성

An optimistic temperament is one of her most pleasing traits.
낙천적인 기질은 가장 호감이 가는 그녀의 특성 가운데 하나이다.

scent
[sént]

[명] 냄새, 향내

This flower has a strong scent.
이 꽃의 향기는 진하다.

burden
[bə́:rdn]

[명] 무거운 짐 [동] 짐을 지우다

A camel was a beast of burden in the desert.
낙타는 사막에서는 짐 운반용 동물이었다.

trend
[trénd]

[명] 경향, 방향

His new piece represents a major new trend in fashion.
그의 새 작품은 패션계의 새로운 경향을 보여준다.

submarine
[sʌ̀bmərí:n]

[명] 잠수함 [형] 해저의

The Vatican looks like a submarine.
바티칸은 잠수함처럼 보인다.

crucial
[krú:ʃəl]

[형] 결정적인, 중대한

Every parent knows how crucial the choice of friends is for every child. [97 수능]
모든 부모는 아이에게 있어 친구의 선택이 얼마나 중대한지 알고 있다.

0349	· a certificate of **nationality**	국적 증명서
0350	· **anticipate** trouble	곤란을 예상하다
0351	· an eternal **optimist**	변함없는 낙관론자
0352	· a stupid **pessimist**	우둔한 비관론자
0353	· **gaze** into the distance	먼 곳을 응시하다
0354	· a pleasant **sensation**	쾌감

□ **nationality**
[næʃənǽləti]

몡 국적, 국민

Fill in your name, address and nationality on the form.
그 서식에 성함과 주소, 국적을 기입하세요.

□ **anticipate**
[æntísəpèit]

동 예기하다, 기대하다

We anticipated a good time in the zoo.
우리는 동물원에서 재미있는 시간을 가질 것으로 예상했다.

□ **optimist**
[áptəmist]

몡 낙천주의자, 낙관론자

My mom is an optimist in all things.
우리 엄마는 모든 일에서 낙관적이시다.

□ **pessimist**
[pésəmist]

몡 비관주의자, 비관론자

It's easy to sell insurance to a pessimist.
비관론자들에게는 보험을 팔기가 쉽다.

□ **gaze**
[géiz]

동 뚫어지게 보다 몡 주시

She gazed proudly at the shiny badge on her uniform.
그녀는 자기의 유니폼에서 빛나는 배지를 자랑스럽게 응시했다.

□ **sensation**
[senséiʃən]

몡 감각, 느낌

I had the odd sensation that somebody was in the room.
나는 누군가가 방 안에 있다는 이상한 느낌이 들었다.

0355	· a **bargain** day	<u>염가</u> 판매일
0356	· a **sentiment** of pity	연민의 <u>정</u>
0357	· **repair** a road	도로를 <u>보수하다</u>
0358	· a **noble** life	<u>숭고한</u> 생애
0359	· **eager** for success	성공을 <u>갈망하는</u>
0360	· a vice **admiral**	<u>부사령관</u>

□ **bargain**
[báːrgən]

명 싼 물건, 매매 계약 동 흥정하다

The boy made a bargain to exchange his toys.
그 소년은 그의 장난감을 교환하려고 거래를 했다.

□ **sentiment**
[séntəmənt]

명 감정

He conveyed his sentiment into the expression on his face.
그는 자기 감정을 그의 표정으로 전달했다.

□ **repair**
[ripéər]

명 수선 동 수선하다

The motor is in want of repair.
그 모터는 수리가 필요하다.

□ **noble**
[nóubl]

형 귀족의, 고귀한, 고결한

But he had one noble purpose in life. `03 수능`
그런데 그는 삶에 있어서 한 가지 고귀한 목적을 갖고 있었다.

□ **eager**
[íːgər]

형 열망하는, 간절히 하고 싶어하는

The man was very eager to meet her.
그 남자는 그녀를 몹시 만나고 싶어 했다.

□ **admiral**
[ǽdmərəl]

명 해군 대장

The admiral visited the ships under his command.
그 해군 제독은 자신의 지휘 하에 있는 함선을 방문했다.

0361	· a **passage** from *Hamlet*	햄릿의 한 절
0362	· **chop** twigs	가지를 자르다
0363	· immortal **souls**	불멸의 영혼
0364	· a **neat** room	깨끗이 정돈된 방
0365	· **define** exactly	정확하게 정의하다
0366	· **goods** in stock	재고품

☐ **passage**
[pǽsidʒ]

명 일절, 통행, 통로, 경과

We can't ignore the passage of time.
우리는 시간의 흐름을 무시할 수 없다.

☐ **chop**
[tʃáp, tʃɔ́p]

동 자르다, 잘게 썰다

He chopped down a pine tree with an ax.
그는 도끼로 소나무 한 그루를 잘라 넘어뜨렸다.

☐ **soul**
[sóul]

명 영혼, 정신

Body and soul are inseparable relation.
육체와 영혼은 불가분의 관계이다.

☐ **neat**
[níːt]

형 산뜻한, 솜씨 좋은

I was amazed at how neat his house was.
나는 그의 집이 깨끗한 데에 깜짝 놀랐다.

☐ **define**
[difáin]

동 정의를 내리다, 한정하다

It is very difficult to define the concept of her theory.
그녀 이론의 개념을 정의하기란 너무 어렵다.

☐ **goods**
[gúdz]

명 상품, 화물

The goods have been carried by ship.
물품은 배로 전달됩니다.

0367	· a **dreadful** storm	무서운 폭풍
0368	· **personality** traits	성격적 특성들
0369	· a **tribe** of Indians	인디언 **부족**
0370	· a sense of **belonging**	**귀속** 의식
0371	· a **prior** engagement	선약
0372	· a **complex** problem	**복잡한** 문제

□ dreadful
[drédfəl]

® 무서운, 두려운

It's dreadful that there may be another exam.
또 다른 시험이 있을지도 모른다는 생각을 하면 끔찍하다.

□ personality
[pə̀:rsənǽləti]

® 개성, 성격

He is a man of distinct personality.
그는 독특한 개성을 지닌 사람이다.

□ tribe
[tráib]

® 부족

Savage tribes still live in some parts of Africa.
아직도 아프리카 일부 지역에는 미개 부족이 살고 있다.

□ belonging
[bilɔ́(:)ŋiŋ, -láŋ-]

® 소유물, 소지품

I collected my belongings and left from the hotel.
나는 내 소유물을 챙겨서 호텔에서 떠났다.

□ prior
[práiər]

® 이전의

The cities themselves cannot be developed without the prior development of the rural areas. `96 수능`
도시 자체는 시골 지역의 우선적인 발전 없이는 발전할 수 없다.

□ complex
[kəmpléks, kám-]

® 복잡한, 복합의 ® 복합체, 합성물

Everyday each of us engages in many types of complex activities. `05 수능`
매일 우리는 각자 많은 종류의 복합적인 활동에 참여한다.

0373 · an **electronic** calculator 전자계산기
0374 · a sorrowing **widow** 비탄해하는 미망인
0375 · a **tiny** room 작은 방
0376 · a **brief** life 짧은 생애
0377 · **eternal** chatter 끝없는 잡담
0378 · **struggle** for freedom 자유를 위해 투쟁하다

□ **electronic** [ilèktránik]
[형] 전자의
Electronic media is becoming more influential. [05 수능]
전자 언론매체들의 영향력이 점차 증대하고 있다.

□ **widow** [wídou]
[명] 미망인
His widow was dressed in mourning.
그의 미망인은 상복을 입고 있었다.

□ **tiny** [táini]
[형] 작은
The tiny baby gripped my finger with her hand.
그 조그마한 아기가 자신의 손으로 내 손가락을 꽉 쥐었다.

□ **brief** [bríːf]
[형] 잠시의, 간결한
In brief, I love you.
간단히 말해, 나는 너를 사랑한다.

□ **eternal** [itə́ːrnl]
[형] 영원한
The two girls swore eternal friendship.
두 소녀는 영원한 우정을 맹세했다.

□ **struggle** [strʌ́gl]
[동] 발버둥치다, 분투하다 [명] 발버둥질, 노력
They struggled over property rights.
그들은 재산권을 두고 싸웠다.

0379	· impure **intention**	불순한 **목적**
0380	· intensive **agriculture**	집약 **농업**
0381	· a **cottage** among the trees	나무에 둘러싸인 **오두막집**
0382	· **adore** Paris	파리를 **찬미하다**
0383	· a **meaningful** choice	**의미심장한** 선택
0384	· reap **grain**	**곡물**을 거둬들이다

☐ intention
[inténʃən]

명 의향, 의도

He tried to indicate his intention.
그는 그의 의도를 알리고자 했다.

☐ agriculture
[ǽgrikʌ̀ltʃər]

명 농업

Agriculture will continue to develop in three main ways. **95 수능**
농업은 세 가지 주요 방향으로 계속하여 발전할 것이다.

☐ cottage
[kátidʒ]

명 시골집, 작은 집

Those cottages blend perfectly with the natural environment.
저 시골집들은 자연 환경과 완벽하게 어울린다.

☐ adore
[ədɔ́ːr]

동 숭배하다

The girl so adored her teacher.
그 소녀는 자기 선생님을 정말 존경했다.

☐ meaningful
[míːniŋfəl]

형 의미심장한

Building a meaningful and successful East-West relationship will possible.
의미 있고 성공적인 동서 관계 구축이 가능할 것이다.

☐ grain
[gréin]

명 곡물, 낟알

The patients can vary their diet with nuts, pulses and grains.
그 환자들은 견과류, 콩류, 곡류로 식생활을 다양하게 할 수 있다.

0385	· a **pregnancy** test	<u>임신</u> 검사
0386	· **tidy** habits	<u>깔끔한</u> 습관
0387	· a life of **luxury**	<u>사치</u>스러운 생활
0388	· **marvels** of nature	자연의 <u>경이</u>
0389	· **absorb** information	정보를 <u>흡수하다</u>
0390	· a continental **glacier**	대륙성 <u>빙하</u>

☐ **pregnancy**
[prégnənsi]

圐 임신

These drugs should not be taken during pregnancy.
이 약들은 임신 중에는 복용해서는 안 된다.

☐ **tidy**
[táidi]

휑 단정한, 말쑥한

I like a tidy shirt.
나는 단정한 셔츠를 좋아한다.

☐ **luxury**
[lʌ́kʃəri]

圐 사치, 사치품

We can't afford the luxury of a second car.
우리는 두 대째 차를 사는 사치를 누릴 여유가 없다.

☐ **marvel**
[má:rvəl]

통 이상하게 여기다 圐 놀라운 일

I marvel that he received the award.
그가 상을 탔다니 놀랍다.

☐ **absorb**
[əbsɔ́:rb, -zɔ́:rb]

통 흡수하다, 열중시키다

Black walls absorb a lot of heat during the day.
검은 벽은 낮 동안에 많은 열을 흡수한다.

☐ **glacier**
[gléiʃər, glǽsiər]

圐 빙하

A glacier is huge size of ice.
빙하는 커다란 크기의 얼음 덩어리이다.

0391	· the insufficient **nutrition**	<u>영양</u> 실조
0392	· brown **coal**	갈탄
0393	· **concerned** about safety	안전을 <u>염려하는</u>
0394	· common **notion**	통<u>설</u>
0395	· **reflect** light	빛을 반사하다
0396	· **chew** your nail	손톱을 <u>물어뜯다</u>

□ nutrition
[nju:tríʃən]

영 영양물 섭취, 영양물

Eggs, meat, fruits, and vegetables provide good nutrition.
달걀, 고기, 과일, 그리고 야채는 좋은 영양을 공급해 준다.

□ coal
[kóul]

명 석탄

Pile plenty of coal on the fire.
난로에 석탄을 듬뿍 쌓아올려라.

□ concerned
[kənsə́:rnd]

형 걱정스러운, 관계하는

He didn't seem in the least concerned for her health.
그는 그녀의 건강에 대해 조금도 걱정하는 것 같지 않았다.

□ notion
[nóuʃən]

명 관념

I have no notion of staying here.
나는 이곳에 머무를 생각이 없다.

□ reflect
[riflékt]

동 반사하다, 반영하다

Coins reflect both a country's history and its aspirations. **08 수능**
동전은 한 나라의 역사와 열망을 모두 반영한다.

□ chew
[tʃú:]

동 씹다

The boy chews gum all the time.
그 남자 아이는 항상 껌을 씹는다.

0397	· **parachute** troops	낙하산 부대
0398	· **mount** a horse	말에 오르다
0399	· **operate** remarkable changes	두드러진 변화를 가져오다
0400	· a patent **medicine**	특허 의약품
0401	· **chat** with a friend	벗과 담소하다
0402	· the **tropical** fish	열대어

□ **parachute**
[pǽrəʃùːt]

동 낙하산으로 강하하다 명 낙하산

He enjoys parachuting.
그는 낙하산 타기를 즐긴다.

□ **mount**
[máunt]

동 오르다, 타다

The group mounted the hill early in the morning.
그 그룹은 아침 일찍 언덕에 올랐다.

□ **operate**
[ápərèit]

동 움직이다, 작용하다, (효과·결과를) 가져오다

You might first want to read something about how
the engine operates. 95 수능
당신은 먼저 엔진이 어떻게 작동하는지에 대해 읽어보는 것이 좋을 듯
하다.

□ **medicine**
[médəsín]

명 약, 의학

This medicine will help your pain.
이 약을 먹으면 통증이 가라앉을 것이다.

□ **chat**
[tʃǽt]

동 담소하다 명 잡담

They began to chat to relieve the boredom of the
long wait. 수능 응용
그들은 긴 기다림의 지루함을 달래기 위해 잡담하기 시작했다.

□ **tropical**
[trápikəl]

형 열대의

An ecosystem, such as a tropical rain forest, does
not suddenly appear overnight. 97 수능
열대 우림과 같은 생태계는 하룻밤 사이에 갑자기 생겨나지 않는다.

0403	· an **echo** among the hills	산울림
0404	· book a **cabin**	객실을 예약하다
0405	· a **column** of water	물기둥
0406	· a motor **vehicle**	자동차
0407	· **provide** blankets	모포를 제공하다
0408	· **generally** speaking	일반적으로 말해서

☐ **echo**
[ékou]

동 반향하다, 울리다 명 메아리

His footsteps echoed through the hall.
그의 발자국 소리가 홀 안에 울려 퍼졌다.

☐ **cabin**
[kǽbin]

명 오두막집, 선실, 방갈로

He built a cabin for use as a holiday home.
그는 휴가지 주택 용도로 통나무집을 지었다.

☐ **column**
[káləm]

명 기둥, 특정 기고란

I always read the advertisement columns.
나는 항상 광고란을 읽는다.

☐ **vehicle**
[víːikl, víːhi-]

명 탈것, 차, 수단

Greek alphabetic writing was a vehicle of poetry and humor.
그리스 알파벳은 시와 유머의 수단이었다.

☐ **provide**
[prəváid]

동 대주다, 공급하다

Taxes provide most of the public finance.
세금이 국가 재정의 대부분을 차지한다.

☐ **generally**
[dʒénərəli]

부 일반적으로, 보통

We generally tend to overvalue blockbuster and undervalue small movie.
우리는 일반적으로 블록버스터 영화를 과대평가하고 소자본 영화는 과소평가하는 경향이 있다.

0409	· **instruct** the young	젊은이들을 <u>가르치다</u>
0410	· **match** this to[with] that	이것과 저것을 <u>조화시키다</u>
0411	· an exotic **bloom**	이국적인 <u>꽃</u>
0412	· **choke** with smoke	연기로 <u>숨이 막히다</u>
0413	· **ideal** beauty	<u>이상적인</u> 아름다움
0414	· unfair **treatment**	불공평한 <u>대우</u>

□ **instruct**
[instrΛkt]

동 가르치다, 지시하다

You can instruct your bank to pay your bills by automatic withdrawal.
귀하는 거래 은행에 귀하의 청구서 지불을 자동 이체로 하도록 지시하실 수 있습니다.

□ **match**
[mǽtʃ]

명 경기, 어울리는 사람 동 (~와) 조화하다

A tennis match will be played soon.
곧 테니스 시합이 열릴 것이다.

□ **bloom**
[blúːm]

동 꽃이 피다 명 꽃

The flower blooms in April.
그 꽃은 4월에 핀다.

□ **choke**
[tʃóuk]

동 질식시키다, 숨이 막히다

She was choking with tears.
그녀는 눈물이 나서 목이 메었다.

□ **ideal**
[aidíːəl]

형 이상의 명 이상

He married an ideal wife.
그는 이상적인 아내와 결혼했다.

□ **treatment**
[tríːtmənt]

명 취급, 대우, 치료

He underwent remedial treatment for bad knees.
그는 안 좋은 무릎을 위한 교정 치료를 받았다.

0415	· **breed** cattle	소를 키우다
0416	· **prosper** in business	사업에 성공하다
0417	· the **impact** of Western capitalism	서구 자본주의의 영향
0418	· **documentary** film	다큐멘터리 영화
0419	· **cheat** me	나를 속이다
0420	· body **temperature**	체온

☐ **breed**
[brí:d]

[동] 낳다, 사육하다 [명] 품종

Absolute ignorance breeds silence.
철저한 무지는 침묵을 낳는다.

☐ **prosper**
[prɑ́spər]

[동] 번영하다

A lot of manufacturing companies prospered at that time.
많은 제조 회사들이 그 당시 성공했다.

☐ **impact**
[ímpækt]

[명] 충돌, 충격, 영향

Few can deny the impact of the report.
그 보고서의 영향을 부인할 수 있는 사람은 거의 없다.

☐ **documentary**
[dɑ̀kjuméntəri]

[형] 문서의 [명] 기록물

They showed a documentary on cosplay.
그들은 코스프레에 관한 다큐멘터리를 보여 주었다.

☐ **cheat**
[tʃí:t]

[동] 속이다, 부정행위를 하다

Employees often steal from their employers, and students cheat in their exams. [94 수능]
직원들은 자주 그들의 고용주로부터 훔치고, 학생들은 시험에서 부정행위를 저지른다.

☐ **temperature**
[témpərətʃər]

[명] 온도

Ice melts at a certain temperature.
얼음은 일정한 온도에서 녹는다.

0421	· **accuse** a person	남을 <u>고발하다</u>
0422	· a normal **relationship**	정상적인 관계
0423	· **split** the cost	비용을 <u>나눠 내다</u>
0424	· **deserve** a compliment	찬사를 <u>받을 만하다</u>
0425	· **argue** vigorously	강력하게 <u>주장하다</u>
0426	· willing **cooperation**	자발적인 <u>협조</u>

□ **accuse**
[əkjúːz]

(동) 고발하다, 비난하다

The leader was accused of using intemperate language.
그 지도자는 과격한 언어를 구사했다는 비난을 받았다.

□ **relationship**
[riléiʃənʃip]

(명) 관계

Our professional relationship developed into a friendship.
우리들의 직업적인 관계가 우정으로 발전했다.

□ **split**
[splít]

(동) 쪼개다, 쪼개지다

It was split in half. `97 수능`
그것은 반으로 쪼개졌다.

□ **deserve**
[dizə́ːrv]

(동) (~)할 만하다

A hard worker deserves a good salary.
열심히 일하는 사람은 많은 봉급을 받을 만하다.

□ **argue**
[ɑ́ːrgjuː]

(동) 논하다, 주장하다

He argued convincingly that he was innocent.
그는 자기가 무죄라고 설득력 있게 주장했다.

□ **cooperation**
[kouàːpəréiʃən]

(명) 협력

There is room for cooperation between the two.
양자 사이에는 협력할 여지가 있다.

0427	· **senior** managers	상급 관리자들
0428	· an abuse of **privilege**	특권의 남용
0429	· **afford** to jog	조깅할 **여유가 되다**
0430	· take an **order**	주문을 받다
0431	· **associate** with bad boys	나쁜 아이들과 교제하다
0432	· **medical** science	의학

☐ senior
[síːniər]

형 손위의 명 연장자

Bill visited senior citizens as many times as Mary helped patients. 01 수능

빌은 메리가 환자를 도왔던 것과 같은 횟수로 노인들을 방문했다.

☐ privilege
[prívəlidʒ]

명 특권

Most parties usually tend to abuse the parliamentary privilege.

대부분의 정당들은 보통 국회의원의 특권을 남용하는 경향이 있다.

☐ afford
[əfɔ́ːrd]

동 (~)할 여유가 있다, 공급하다

He can't afford to buy a house.

그는 집을 살 여유가 없다.

☐ order
[ɔ́ːrdər]

명 순서, 질서 동 명령하다, 주문하다

Some office supplies are on order.

사무용품들이 주문되어 있다.

☐ associate
[əsóuʃièit]

동 연상하다, 교제하다 명 동료

We often associate Christmas with presents.

우리는 종종 크리스마스 하면 선물을 연상한다.

☐ medical
[médikəl]

형 의학의

The injured was taken medical treatment.

그 부상자는 의학 치료를 받았다.

0433	· **depend** upon another for help	남의 원조에 <u>의존하다</u>
0434	· **drill** a hole	구멍을 <u>뚫다</u>
0435	· the declaration of **independence**	<u>독립</u> 선언
0436	· **behave** very correctly	아주 바르게 <u>행동하다</u>
0437	· **barely** escape death	<u>간신히</u> 목숨을 건지다
0438	· **alien** corporation	<u>외국</u> 회사

☐ **depend**
[dipénd]

동 의존하다, 의지하다

The value of information depends on speed. `05 수능`
정보의 가치는 신속함에 있다.

☐ **drill**
[dril]

명 송곳 동 (~에) 구멍을 뚫다

Their use ranges from the drill in a dentist's office to saws for cutting rocks. `수능 응용`
그것들의 이용은 치과 의사 진료실에 있는 드릴에서부터 암석을 자르는 톱의 범주를 오간다.

☐ **independence**
[ìndipéndəns]

명 독립

They strived for independence.
그들은 독립을 얻으려고 노력했다.

☐ **behave**
[bihéiv]

동 행동하다

His child behaves badly in school.
그의 아이는 학교에서 예의바르지 않게 행동한다.

☐ **barely**
[béərli]

부 간신히

He can barely feed and clothe his son.
그는 그의 아들을 거의 먹이고 입힐 수가 없다.

☐ **alien**
[éiljən, -liən]

형 외국의 명 외국인, 외계인

Our office will send you an alien residence card in two weeks.
2주 후에 저희 이민국에서 외국인 체재증을 보내드리겠습니다.

0439	· **halt** for a rest	쉬려고 **멈추다**
0440	· **misplaced** the bill	청구서를 **잘못 두다**
0441	· a police **official**	**경찰관**
0442	· one's wedding **anniversary**	**결혼기념일**
0443	· **prevent** disease	질병을 **예방하다**
0444	· **resent** an unfavorable criticism	비호의적인 비평에 **분개하다**

☐ **halt**
[hɔ́:lt]

몡 정지, 휴지, 중단 동 멈추다, 서다

A bad accident brought construction to a halt.
끔찍한 사고로 공사가 중단되었다.

☐ **misplace**
[mispléis]

동 (~의) 놓을 장소를 틀리다, 잘못 두다

The man has misplaced his key.
남자는 그의 열쇠를 잘못 두었다.

☐ **official**
[əfíʃəl]

몡 공무원, 고위 관리 혱 공식의, 공공의

My father has been a public official for 25 years.
나의 아버지는 25년 동안 공직에 종사했습니다.

☐ **anniversary**
[æ̀nəvə́:rsəri]

몡 기념일

Today is Susan's 70th birthday and 30th wedding
anniversary as well. 03 수능
오늘은 수잔의 70번째 생일이며 또한 30번째 결혼기념일이기도 하다.

☐ **prevent**
[privént]

동 막다, 방해하다

You can prevent accidents by cleaning the snow
on the street.
길 위에 있는 눈을 치움으로써 사고를 막을 수 있습니다.

☐ **resent**
[rizént]

동 분개하다, 원망하다

I resent his being too vain about his ability.
나는 그가 그의 능력에 대해 지나치게 오만해서 불쾌하다.

0445	· **bare** feet	맨발	
0446	· **alert** the public	사람들에게 **경고하다**	
0447	· **gulls** riding on the wind	바람에 떠가는 **갈매기들**	
0448	· a **partial** recovery	**부분적인** 회복	
0449	· **scarce** resources	**부족한** 자원	
0450	· the **fury** of the storm	**사나운** 폭풍우	

□ **bare**
[bέər]

ⓗ 발가벗은, 있는 그대로의

They are swimming in their bare skin.
그들은 홀딱 벗고 수영하고 있다.

□ **alert**
[ələ́:rt]

ⓗ 방심하지 않는, 기민한 ⓝ 경보, 경계 ⓥ 경보를 발하다

The soldiers were always alert and observant.
군인들은 항상 주의를 기울이고 규율을 엄수했다.

□ **gull**
[gʌ́l]

ⓝ 갈매기

Sea gulls would fly close to the tourists to beg for food.
바다 갈매기들이 음식을 달라고 관광객들 가까이 날아다닌다.

□ **partial**
[pá:rʃəl]

ⓗ 일부분의, 불공평한

It was only a partial solutions to the crime.
그것은 그 범죄에 대한 부분적인 해결책일 뿐이었다.

□ **scarce**
[skέərs]

ⓗ 부족한

Fruit is scarce in winter, and costs a lot.
과일은 겨울에 부족하며 값도 비싸다.

□ **fury**
[fjúəri]

ⓝ 격노, 분노

Her behavior roused him to fury.
그녀의 행동 때문에 그는 격분했다.

0451	· **rare** occasions	드문 기회
0452	· an academic **curriculum**	대학의 과정
0453	· a **pale** complexion	창백한 안색
0454	· mow the **lawn**	잔디를 깎다
0455	· the **resemblance** between them	그들 사이의 유사성
0456	· **excel** at sports	스포츠에 뛰어나다

☐ **rare**
[rέər]

혱 드문, 진귀한

It is a rare species of butterflies.
그것은 희귀한 나비종이다.

☐ **curriculum**
[kəríkjələm]

혱 교과과정

English is on the curriculum at my school.
영어가 나의 학교 교육과정에 들어 있다.

☐ **pale**
[péil]

혱 창백한, 엷은

You look rather pale.
당신 좀 창백해 보여요.

☐ **lawn**
[lɔːn]

혱 잔디

They are putting in a new lawn.
그들은 새 잔디를 심는 중이다.

☐ **resemblance**
[rizémbləns]

혱 유사, 닮음

He bears a striking resemblance to his older brother.
그는 형과 눈에 띄게 닮았다.

☐ **excel**
[iksél]

동 능가하다, 빼어나다

The firm excels at producing small accessories.
그 회사는 작은 부속품 생산에 있어서 탁월하다.

0457	· the **influence** of the press	신문의 <u>영향력</u>
0458	· a **melancholy** mood	<u>우울한</u> 기분
0459	· **cause** and effect	<u>원인</u>과 결과
0460	· an **interior** view of a house	집안 풍경
0461	· **fairy** wings	요정의 날개
0462	· **evaluate** the possibility	가능성을 <u>평가하다</u>

☐ **influence**
[ínfluəns]

ⓜ 영향, 영향력

Religion has much influence in reshaping the way people live.
종교는 사람들이 살아가는 방식을 고치는 데 큰 영향을 끼친다.

☐ **melancholy**
[mélənkàli]

ⓜ 우울 ⓗ 우울한

He struggled with his feelings of deep melancholy.
그는 그의 심한 우울함에 몸부림쳤다.

☐ **cause**
[kɔ́ːz]

ⓥ (~의) 원인이 되다 ⓜ 원인, 이유

A child mischief may cause a serious injury.
어린 아이의 장난이 심각한 상처의 원인이 될 수도 있다.

☐ **interior**
[intíəriər]

ⓜ 내부 ⓗ 안의, 안쪽의

The trim on this automobile is fine, but the interior is rather poor.
이 자동차는 외장은 좋지만, 내장이 좀 빈약하다.

☐ **fairy**
[féəri]

ⓜ 요정 ⓗ 요정의

Do you believe fairies exist?
요정이 존재한다고 믿어요?

☐ **evaluate**
[ivǽljuèit]

ⓥ 평가하다, 어림하다

It is difficult to evaluate her as a designer.
그녀를 디자이너로서 평가하기는 어렵다.

0463	· permanent peace	영구적인 평화
0464	· special discount	특별 할인
0465	· spontaneous applause	자연스레 우러나오는 박수
0466	· a financial reward	재정적 보상
0467	· a bride's bouquet	신부의 부케
0468	· a prospective bridegroom	예비 신랑

□ permanent
[pə́:rmənənt]

⑱ 영속하는, 영구적인

Most of the loss will be in developing countries and will be permanent.

대부분의 그러한 손실은 개발도상국에서 발생할 것이고 이는 영구적일 것이다.

□ discount
[dískaunt, diskáunt]

⑱ 할인 ⑤ 할인하다

In that case, you can get a 10% discount.

그 경우라면, 10% 할인을 받을 수 있어요.

□ applause
[əplɔ́:z]

⑱ 박수갈채

The audience gave her a big round of applause.

청중은 그녀에게 일제히 큰 박수를 보냈다.

□ reward
[riwɔ́:rd]

⑤ 보답하다 ⑱ 보수, 보상

They rewarded the winners with gifts of fruit and flowers.

그들은 우승자에게 상으로 과일과 꽃 선물을 주었다.

□ bride
[bráid]

⑱ 신부

I found a picture of the blushing bride.

나는 얼굴을 붉히고 있는 신부를 찍은 사진을 발견했다.

□ bridegroom
[bráidgrù(:)m]

⑱ 신랑

I would like to propose a toast to the bride and bridegroom.

신랑 신부를 위해 축배를 들기를 제안한다.

0469	· a **leak** in the roof	지붕의 새는 곳
0470	· **international** trade	국제 무역
0471	· **peel** an orange	오렌지의 껍질을 벗기다
0472	· the **biography** of Churchill	처칠 전기
0473	· an **autograph** letter	자필(로 쓴) 편지
0474	· **pose** for a picture	사진을 위해 자세를 취하다

□ leak
[líːk]

[동] 새다, 누출하다 [명] 새는 구멍

A secret report incriminating the company was leaked.
그 회사에게 죄를 씌우는 비밀 보고서가 유출되었다.

□ international
[ìntərnǽʃənl]

[형] 국제의, 국제적인

International commerce is increasing steadily.
국제 무역이 꾸준히 증가하고 있다.

□ peel
[píːl]

[동] 껍질을 벗기다, 벗겨지다

The paint is starting to peel off from the wall.
페인트가 벽에서 벗겨지기 시작한다.

□ biography
[baiάgrəfi, bi-]

[명] 전기

He prefers biography to fiction.
그는 소설보다 전기를 더 좋아한다.

□ autograph
[ɔːtágrəfi]

[명] 서명, 자필

May I have your autograph?
사인 좀 해주시겠습니까?

□ pose
[póuz]

[동] 자세를 취하다 [명] 자세

He posed for his portrait.
그는 자기 초상화를 그리도록 자세를 취했다.

0475	· **recover** from an illness	병이 낫다
0476	· **compose** a song	노래를 작곡하다
0477	· a nonprofit **organization**	비영리 단체
0478	· a poor **creature**	불쌍한 사람
0479	· **prepare** a lecture	강의를 준비하다
0480	· a **fancy** button	장식 단추

☐ **recover**
[rikʌ́vər]

동 되찾다, 회복하다

I hope he will recover his health.
나는 그의 건강이 곧 회복되기를 바란다.

☐ **compose**
[kəmpóuz]

동 조립하다, 만들다, 작곡하다

Beethoven composed nine symphonies.
베토벤은 9개의 교향곡을 작곡했다.

☐ **organization**
[ɔ̀ːrgənizéiʃən]

명 조직, 단체

The committee gives many organizations subsidies.
그 위원회는 많은 단체에 보조금을 준다.

☐ **creature**
[kríːtʃər]

명 창조물, 생물

The boy is a naive simple creature.
그 소년은 순진하고 단순한 존재이다.

☐ **prepare**
[pripέər]

동 준비하다

He prepared for the trip with zeal.
그는 열정을 다해 여행을 준비했다.

☐ **fancy**
[fǽnsi]

형 장식적인, (가격이) 터무니없는 명 공상 동 공상하다

They budgeted a fancy price for new books.
그들은 새 도서 구입을 위해 터무니없는 가격의 예산을 잡았다.

0481	· **folk** beliefs	민속 신앙
0482	· **baggage** allowance	수하물 허용량
0483	· a **diameter** of 3cm	3센티미터의 직경
0484	· **refer** to the above	위에 적은 것을 참조하다
0485	· a **telegraph** office	전신국
0486	· **glide** down the slope	비탈 아래로 활주하다

☐ **folk**
[fóuk]

(형) 민속의 (명) 사람들, 가족

How about listening to folk music?
민속 음악을 듣는 게 어때요?

☐ **baggage**
[bǽgidʒ]

(명) 수하물

Customs officers inspected our baggage at the airport.
세관 직원들은 공항에서 우리 짐을 면밀히 검사했다.

☐ **diameter**
[daiǽmitər]

(명) 지름, 직경

The circle is five inches in diameter.
그 원은 직경이 5인치이다.

☐ **refer**
[rifə́:r]

(동) 보내다, 언급하다, 위탁하다, 참조하다

The word 'babe' sometimes refers to an innocent person.
'베이브'라는 말은 때로 순진한 사람을 가리킨다.

☐ **telegraph**
[téligræf, -grɑ̀:f]

(동) 전보를 치다 (명) 전신

He telegraphed to leave immediately.
그는 즉시 출발하겠다고 전보를 쳤다.

☐ **glide**
[gláid]

(동) 미끄러지다 (명) 미끄러지듯 움직임, 활공

The pilot managed to glide down to a safe landing.
조종사는 간신히 활공을 해서 안전하게 착륙했다.

0487 · **rid** the mind of doubt 의심을 떨쳐버리다
0488 · cause and **effect** 원인과 결과
0489 · an unsteady **pulse** 불규칙적인 맥박
0490 · go **digital** 디지털화되다
0491 · **embarrass** the boy 아이를 당황하게 하다
0492 · a short **paragraph** 짧은 문단

□ rid
[ríd]

[동] 없애다, 제거하다

This toilet cleaner can get rid of germs and microbes.
이 변기 청소제는 병원균과 미생물을 제거할 수 있다.

□ effect
[ifékt]

[명] 결과, 효과 [동] 초래하다

The effect of this poem is enhanced by contrast.
이 시의 효과는 대조법에 의해 강화된다.

□ pulse
[pʌ́ls]

[명] 맥박, 파동

You will cause plankton to release tiny pulses of light. [08 수능]
당신은 플랑크톤으로 하여금 작은 파동의 불빛을 방출하게 할 것이다.

□ digital
[dídʒətl]

[형] 디지털(방식)의 숫자로 된

How about the digital watch with the gold band?
금장으로 된 줄이 달린 디지털(전자) 시계는 어떻습니까?

□ embarrass
[imbǽrəs, em-]

[동] 어리둥절하게 하다

It embarrassed her to meet strange men in the street at night.
그녀는 밤에 거리에서 낯선 남자들을 만나는 것이 당황스러웠다.

□ paragraph
[pǽrəgræ̀f, -grὰ:f]

[명] 절, 단락

You must condense your report into a few paragraphs.
당신의 보고서를 몇 단락으로 요약해야만 합니다.

0493	· a **gap** in the hedge	산울타리의 터진 틈
0494	· **fluid** substances	유동 물질
0495	· **settle** a matter	일을 해결하다
0496	· at **terrific** speed	맹렬한 속력으로
0497	· **pity** and love	연민과 사랑
0498	· **endeavor** after happiness	행복을 쫓아 노력하다

□ gap
[gǽp]

[명] 갈라진 틈, 큰 차이

There is a wide gap between the viewpoints of the two scholars.
두 학자의 견해에는 큰 차이가 있다.

□ fluid
[flúːid]

[형] 유동성의 [명] 유동체

The situation is still fluid.
상황은 여전히 유동적이다.

□ settle
[sétl]

[동] 놓다, 정주시키다, 자리를 잡다

I wish that my son would settle down.
나는 아들이 정착하기를 바란다.

□ terrific
[tərífik]

[형] 굉장한, 무서운

The number of crimes in the area is increasing at a terrific rate.
그 지역에서 범죄가 무서운 속도로 증가하고 있다.

□ pity
[píti]

[명] 불쌍히 여김, 동정 [동] 불쌍히 여기다

It really is a pity that they did not do that. [99 수능 응용]
그들이 그것을 하지 못한 것은 정말로 애석한 일이다.

□ endeavor
[indévər, en-]

[명] 노력 [동] 노력하다

I have made my every endeavors.
나는 온갖 노력을 다했다.

0499	· a **fierce** battle	**치열한** 전투
0500	· **negative** attitudes	**부정적인** 태도
0501	· **relate** the result to a cause	결과를 원인과 **관련시키다**
0502	· **misleading** exteriors	**오해하게 하는** 외관
0503	· **reserve** two seats	두 자리를 **예약하다**
0504	· **consult** a lawyer	변호사에게 **상담하다**

□ **fierce**
[fíərs]

ⓗ 사나운, 격렬한

Competition between two companies is becoming fiercer.
두 회사 간의 경쟁이 점점 더 치열해지고 있다.

□ **negative**
[négətiv]

ⓗ 부정의, 소극적인

You should consider your negative decisions as well as positive decisions.
당신은 긍정적인 결정들뿐만 아니라 부정적인 결정들도 고려해야만 한다.

□ **relate**
[riléit]

ⓥ 이야기하다, 관계시키다, 인척 관계이다

She is closely related to my family.
그녀는 내 가족과 가까운 친척이다.

□ **misleading**
[mislí:diŋ]

ⓗ 오도하는, 오해시키는

The feature was misleading, and the newspaper has apologized.
그 특집 기사는 오보여서, 신문사는 사과했다.

□ **reserve**
[rizə́:rv]

ⓝ 비축 ⓥ 남겨두다, 예약해 두다

We're looking for available data on foreign exchange reserves.
우리는 외환 보유고에 대한 쓸만한 자료를 찾고 있습니다.

□ **consult**
[kənsʌ́lt]

ⓥ 의견을 묻다, 상의하다

She consulted with her physician about her health.
그녀는 그녀의 담당 의사와 건강에 대해 의논했다.

0505	· a **statesman** who works for peace	평화를 위해 일하는 **정치인**
0506	· **charge** a tax	세금을 **매기다**
0507	· national **treasure**	**국보**
0508	· be ordained as a **priest**	**신부**로서 서품을 받다
0509	· **community** relations	**공동체** 관계
0510	· **bid** high	높은 **값을 매기다**

☐ **statesman**

[stéitsmən]

명 정치가

He always dreams that he will be a dynamic statesman.

그는 언제나 정력적인 정치가가 되겠다는 꿈을 꾸고 있다.

☐ **charge**

[tʃáːrdʒ]

명 요금, 고발, 책임 동 청구하다

If you reside in this area, you may get it free of charge. 07 수능

당신이 이 지역 거주자라면, 당신은 그것을 무료로 얻을 수 있다.

☐ **treasure**

[tréʒər]

명 보물, 보배 동 소중히 여기다

A fine voice is a singer's greatest treasure.

고운 목소리는 가수의 가장 중요한 재산이다.

☐ **priest**

[príːst]

명 성직자

The priest has not seen her in church recently.

신부는 최근 교회에서 그녀를 보지 못했다. 98 수능

☐ **community**

[kəmjúːnəti]

명 공동체, 공동 사회, 일반 사회

He worked for the good of the rural communities.

그는 시골의 지역 사회를 위해 일했다.

☐ **bid**

[bíd]

동 명령하다, (값을) 매기다 명 입찰

His bid is fifteen dollars. 수능 응용

그가 부른 값은 15달러이다.

0511 · **restrict** freedom 자유를 제한하다
0512 · a **disabled** car 고장난 차
0513 · a bus **fare** 버스 요금
0514 · an **account**-holder 계좌 보유자
0515 · below the **horizon** 지평선 아래에
0516 · a **desperate** measure 필사적인 조치

☐ **restrict**
[ristríkt]

[동] 제한하다

Congress is considering measures to restrict the cheap foreign imports.
의회는 값싼 해외 수입품을 제한하는 조치를 고려하고 있다.

☐ **disabled**
[diséibld]

[형] 불구가 된, 무능력해진

He was disabled after a motorcycle accident.
그는 오토바이 사고 이후 장애인이 되었다.

☐ **fare**
[fɛər]

[명] 운임, 요금

The taxi fare is expensive in Tokyo.
도쿄의 택시 요금은 비싸다.

☐ **account**
[əkáunt]

[명] 설명, 계좌, 계산 [동] 생각하다, 설명하다

We heard an authentic account of the incident.
우리는 그 사고에 대한 믿을 만한 이야기를 들었다.

☐ **horizon**
[həráizn]

[명] 지평선, 수평선

The horizon narrowed and widened and dipped and rose. [94 수능]
수평선은 좁아지기도 하고 넓어지기도 했으며, 낮아지기도 하고 높아지기도 했다.

☐ **desperate**
[déspərət]

[형] 필사적인, 자포자기한, 극심한

If the aid dries up, the situation will be desperate.
원조가 그치면, 상황이 절망적이 될 것이다.

0517	· be **aware** of the danger	위험을 <u>알다</u>
0518	· in **plain** English	<u>쉬운</u> 영어로
0519	· a general **agent**	<u>총</u>대리인
0520	· **stare** absently	멍하니 <u>응시하다</u>
0521	· **remote** stars	<u>멀리 떨어진</u> 별들
0522	· a **string** of pearls	꿴 진주 한 <u>줄</u>

☐ **aware**
[əwέər]

(형) 알아차리고

Few people are aware that 1883 is an important year of the Korean press.
한국 언론에서 1883년이 중요한 해였다는 것을 알고 있는 사람들은 거의 없다.

☐ **plain**
[pléin]

(형) 명백한, 평범한

I like plain exterior of the building.
나는 건물의 평범한 외관이 좋다.

☐ **agent**
[éidʒənt]

(명) 대리인, 행위자

My father is an agent for a large firm.
아버지는 대기업 직원이다.

☐ **stare**
[stέər]

(동) 응시하다 (명) 빤히 봄

I noticed everyone was staring at me.
나는 모두가 나를 보고 있다는 것을 알아챘다.

☐ **remote**
[rimóut]

(형) 먼, 먼 옛날의

His house is remote from this town.
그의 집은 이 도시에서 멀리 떨어져 있다.

☐ **string**
[stríŋ]

(명) 끈, 일련 (동) 실에 꿰다

Don't bind the package with a string.
소포를 끈으로 묶지 말아라.

0523 · **deny** a rumor 풍문을 부인하다
0524 · an express **consent** 명백한 승낙
0525 · **assist** a person in his work (~의) 일을 돕다
0526 · **condemn** a person's fault (~의) 과실을 비난하다
0527 · an **emigrant** company 이민 회사
0528 · an art **gallery** 미술 화랑

□ **deny** [dinái]

[동] 부인하다, 거절하다

No one can deny the importance of looks.
외모의 중요성에 대해 아무도 부인할 수 없다.

□ **consent** [kənsént]

[동] 동의하다 [명] 동의

He consented to run for office.
그는 공직에 출마하는 데 동의했다.

□ **assist** [əsíst]

[동] 거들다, 원조하다

The young surgeon was assisting at her first operation.
그 젊은 외과의사는 처음으로 수술을 돕고 있었다.

□ **condemn** [kəndém]

[동] 비난하다, 유죄 판결을 내리다

He condemned his friend as a traitor.
그는 그의 친구를 배신자라고 비난했다.

□ **emigrant** [émìgrənt]

[명] 이민, 이주민 [형] 이주하는

The number of emigrants for America is increasing.
미국으로의 이주민의 수가 증가하고 있다.

□ **gallery** [gǽləri]

[명] 화랑, 미술관

I have wanted to visit the art gallery.
나는 그 미술관을 방문하기를 원해 왔다.

0529	· a **customs** officer	세관 공무원
0530	· a **dusty** pink	희뿌연 분홍색
0531	· the children's **affection**	아이들의 **사랑**
0532	· commit a **crime**	**범죄**를 범하다
0533	· give **caution** to a person	(~에게) **주의**를 주다
0534	· **horror** movies	**공포** 영화

☐ **customs**
[kʌ́stəmz]

몡 세관

We got through the customs.
우리는 세관을 통과했다.

☐ **dusty**
[dʌ́sti]

혱 먼지투성이의, 생기 없는, 모호한

The city was hot and dusty.
그 도시는 덥고 먼지투성이였다.

☐ **affection**
[əfékʃən]

몡 애정, 호의

He fell in love with her at first sight and tried to win her affection.
그는 그녀에게 첫눈에 반해서 그녀의 사랑을 얻으려 애썼다.

☐ **crime**
[kráim]

몡 죄, 범죄

A leader of organized crime has been arrested.
조직 범죄단 두목 하나가 체포되었다.

☐ **caution**
[kɔ́ːʃən]

몡 조심, 신중 통 (~에게) 경고하다

You should use caution in crossing the street.
길을 건널 때는 조심해야 한다.

☐ **horror**
[hɔ́ːrər, hár-]

몡 공포, 전율

She wrote the horror masterpiece 'Frankenstein' at the age of 18.
그녀는 18세에 걸작 공포 소설 '프랑켄슈타인'을 썼다.

0535	· **compare** two dictionaries	두 사전을 비교하다
0536	· a **boom** in car sales	자동차 판매의 붐
0537	· win an **election**	선거에 이기다
0538	· bear **disgrace**	치욕을 참다
0539	· a meat **diet**	육식
0540	· variation of a **compass**	나침반의 편차

☐ **compare**
[kəmpɛ́ər]

동 비교하다, 비유하다

Human life is often compared to a voyage.
인생은 종종 항해에 비유된다.

☐ **boom**
[bú:m]

동 쿵 하고 울리다, 갑자기 경기가 좋아지다
명 쿵 하고 울리는 소리, 인기, 붐

The auto parts business is booming.
자동차 부품 장사가 갑자기 잘 되고 있다.

☐ **election**
[ilékʃən]

명 선거

Local government election will take place in May this year.
지방 자치단체 선거가 올해에는 5월에 있을 것이다.

☐ **disgrace**
[disgréis]

명 불명예, 망신

The condition of the subway is a disgrace to this city. 94 수능
지하철의 상태는 이 도시에 치욕거리다.

☐ **diet**
[dáiət]

명 음식물, 식이요법, 식습관

Diet influence a person's weight, but heredity is also a factor.
식이요법이 사람의 체중에 영향을 주지만, 유전 또한 한 요인이다.

☐ **compass**
[kʌ́mpəs]

명 나침반, 컴퍼스

If you lose your compass, use the stars to guide you.
나침반을 잃어버리면, 별을 보고 인도를 받아라.

0541	· a **dish** of fish	생선 한 **접시**
0542	· take a **nap**	**낮잠**을 자다
0543	· the **operation** of breathing	호흡 **작용**
0544	· recording **equipment**	녹음 **장비**
0545	· a common **ancestor**	공통의 **조상**
0546	· a **guilty** deed	**범행**

□ **dish**
[díʃ]

명 큰 접시, 음식

Glass dishes are in the kitchen cupboard.
유리 접시는 부엌 찬장에 있다.

□ **nap**
[næp]

명 낮잠 동 잠깐 졸다

After lunch, he had a restful nap.
점심식사 후에, 그는 평안한 잠을 잤다.

□ **operation**
[àpəréiʃən]

명 작용, 운전, 수술

He was very brave about his emergency operation.
그는 그의 응급 수술에 대해 무척 용감했다.

□ **equipment**
[ikwípmənt]

명 장비, 비품

The fire station has no decent equipment.
그 소방서에는 적절한 장비가 없다.

□ **ancestor**
[ǽnsestər]

명 선조, 조상

Life for our anthropoid ancestors was nasty, brutish and short.
우리의 유인원 조상들의 삶은 더럽고 야만적이며 짧았다고 한다.

□ **guilty**
[gílti]

형 (~의) 죄를 범한, 유죄의, 죄책감이 드는

The jury returned a unanimous verdict of guilty.
배심원들은 만장일치의 유죄 평결로 답했다.

0547	· public **finance**	국가 재정
0548	· eat **heavily**	심하게 먹다
0549	· an alumni **bulletin**	동창회 회보
0550	· **extend** a visa	비자를 연장하다
0551	· **designate** the boundaries	경계를 나타내다
0552	· feel **sore**	아프다

☐ **finance**
[finǽns, fáinæns]

명 재정, 재원

Our finance director was adjudged incompetent.
우리의 재무 이사는 무능하다고 판단되었다.

☐ **heavily**
[hévili]

부 무겁게, 몹시, 심하게

The plane crashed on a heavily-wooded mountainside.
비행기는 산림이 울창한 산중턱에 추락했다.

☐ **bulletin**
[búlətin]

명 고시, 뉴스 속보, 회보

The staff taped the announcement to the bulletin board.
그 직원은 게시판에 발표문을 붙였다.

☐ **extend**
[iksténd]

동 뻗다, 연장하다

The firm plans to extend its operations into Asia.
그 회사는 아시아에서의 경영을 확대할 계획이다.

☐ **designate**
[dézignèit]

동 지정하다, 명시하다, 가리키다

The area was designated a development area.
그 지역은 개발 지역으로 지정되었다.

☐ **sore**
[sɔ́:r]

형 아픈, 슬픔에 잠긴

My daughter has a sore throat.
내 딸은 목이 아프다.

0553	· muscle **fiber**	근 섬유
0554	· a **brand new** watch	갓 나온 손목시계
0555	· **innocent** children	천진난만한 아이들
0556	· the surviving **crew**	생존한 승무원
0557	· a notable **feature**	현저한 특징
0558	· **insist** on obedience	복종을 강요하다

□ **fiber**
[fáibər]

명 섬유

The woody fibers of plants will not assimilate easily.
식물의 목질 섬유는 쉽게 소화 흡수되지 않을 것이다.

□ **brand new**
[brǽndnjù:]

형 아주 새로운, 신품의

We have 37 directors this year that are brand-new.
올해에 데뷔한 신인 감독은 37명입니다.

□ **innocent**
[ínəsənt]

형 순진한, 때 묻지 않은

The baby smiled an innocent smile.
그 아기는 천진난만한 미소를 머금었다.

□ **crew**
[krú:]

명 승무원 전원

The hijacker ordered the crew to fly to New York.
납치범은 승무원에게 기수를 뉴욕으로 돌리라고 명령했다.

□ **feature**
[fí:tʃər]

명 특징, 얼굴 생김새 동 특색으로 삼다

Such decoration was a typical feature of this period.
그러한 장식은 이 시대의 전형적인 특징이다.

□ **insist**
[insíst]

동 강요하다, 주장하다

Workers insisted that the papers should be destroyed.
노동자들은 그 서류들을 파기해야 한다고 주장했다.

0559 · **admit** my mistake 나의 실수를 인정하다
0560 · an **ordinary** sort of day 평범한 유형의 날
0561 · **contact** with friends 친구들과 연락하다
0562 · **observe** law 법을 준수하다
0563 · a **filter** cigarette 필터 담배
0564 · advertising **slogans** 광고 슬로건

□ admit
[ædmít, əd-]

[동] 수용할 수 있다, 인정하다

I'm not about to admit my mistake.
나는 나의 실수를 인정할 생각이 없다.

□ ordinary
[ɔ́ːrdənèri]

[형] 평상의, 보통의

The author writes stories about ordinary people.
그 작가는 보통 사람들에 대한 이야기들을 쓴다.

□ contact
[kάntækt]

[명] 접촉, 연락 [동] 접촉하다

We cannot avoid physical contact in sports games.
운동 경기에서는 신체적 접촉을 피할 수 없다.

□ observe
[əbzə́ːrv]

[동] 알다, 관찰하다, 준수하다

He observed an eclipse.
그는 일식을 관측했다.

□ filter
[fíltər]

[동] 거르다, 여과하다 [명] 여과기

Water filters through the sandy soil.
모래땅은 물이 잘 빠진다.

□ slogan
[slóugən]

[명] 표어, 슬로긴

They launched the labor committee with "Freedom" as the slogan.
그들은 "자유"의 표어를 내걸고 노동 위원회를 발족했다.

0565	· a **priceless** exhibit	귀중한 전시품
0566	· **select** books	정선 도서
0567	· **ancient** relics	고대의 유물
0568	· **arrest** a person	남을 체포하다
0569	· a **mud** hut	흙집
0570	· writing **instruments**	필기 용구

☐ **priceless**
[práislis]

⟮형⟯ 아주 귀중한

He has in his possession many priceless antiques.
그는 값진 골동품을 많이 소유하고 있다.

☐ **select**
[silékt]

⟮동⟯ 고르다, 뽑다 ⟮형⟯ 고른, 정선한, 최상의

She selected some presents and a cake for her children.
그녀는 아이들에게 줄 선물 몇 개와 케이크 하나를 골랐다.

☐ **ancient**
[éinʃənt]

⟮형⟯ 고대의

To pass the civil service examination in ancient China was no easy matter. ⟮97 수능⟯
고대 중국에서 과거 시험에 합격하는 것은 쉬운 일이 아니었다.

☐ **arrest**
[ərést]

⟮동⟯ 체포하다, 구속하다 ⟮명⟯ 체포

He was arrested for obstruction.
그는 방해죄로 체포되었다.

☐ **mud**
[mʌd]

⟮명⟯ 진흙

The anchor caught in the bottom mud of the harbor.
닻이 항구 바닥의 진흙에 묻혔다.

☐ **instrument**
[ínstrəmənt]

⟮명⟯ 기계, 기구, 악기

The shop sells exact instruments.
그 가게는 정밀 기계들을 판다.

0571	· mathematical **logic**	수학적 논리
0572	· **release** the tension	긴장을 풀다
0573	· **reduce** one's weight	체중을 줄이다
0574	· have **influenza**	유행성 감기에 걸리다
0575	· **advance** sale	예매
0576	· a **geology** course	지질학 과정

□ **logic**
[ládʒik, lɔ́dʒ-]

[명] 논리학, 논리

I fail to see the logic of his opinion.
나는 그의 의견에서 논리성을 찾을 수가 없다.

□ **release**
[rilíːs]

[동] 석방하다, 풀어놓다 [명] 석방

He released an animal from the trap.
그는 짐승을 덫에서 풀어 주었다.

□ **reduce**
[ridjúːs]

[동] 줄이다, 줄다

This painkilling injection will reduce your pain.
이 진통제 주사가 네 고통을 덜어 줄 것이다.

□ **influenza**
[ìnfluénzə]

[명] 인플루엔자, 독감

Influenza is prevailing in Asia.
독감이 아시아에 유행하고 있다.

□ **advance**
[ədvǽns]

[동] 나아가게 하다, 나아가다, 선불[가불]하다 [명] 전진, 진출, 선불

They could neither advance nor retreat.
그들은 전진도 후퇴도 할 수 없었다.

□ **geology**
[dʒiːálədʒì]

[명] 지질학

I took a geology course last semester.
나는 지난 학기에 지질학 과목을 들었다.

0577	· **confuse** one's ideas	생각을 혼란시키다
0578	· psychiatric **disorder**	정신 장애
0579	· a little **pot**	작은 냄비
0580	· **grumble** at the food	음식 투정을 하다
0581	· **simulate** illness	꾀병을 부리다
0582	· a victim of **circumstance**	환경의 희생자

☐ **confuse**
[kənfjú:z]

동 혼동하다, 어리둥절하게 하다

The instructions on the board are very confusing.
그 게시판에 있는 지시 내용이 대단히 헷갈린다.

☐ **disorder**
[disɔ́:rdər]

명 무질서, 혼란

My room was in complete disorder.
내 방은 완전히 엉망이었다.

☐ **pot**
[pát / pɔ́t]

명 항아리, 단지

The pot calls the kettle black. 97 수능
냄비가 솥에게 까맣다고 한다.

☐ **grumble**
[grʌ́mbl]

동 투덜거리다, 우르릉거리다 명 투덜댐

I heard the sound of his stomach grumbling.
나는 그의 배가 꼬르륵거리는 소리를 들었다.

☐ **simulate**
[símjulèit]

동 흉내내다

I tried to simulate surprise at the sight.
나는 그 광경을 보고 놀라는 척하려고 했다.

☐ **circumstance**
[sə́:rkəmstæns]

명 주위의 사정, 상황

They lived in comfortable circumstances.
그들은 쾌적한 환경에서 살았다.

0583	· his chief **merit**	그의 주된 장점
0584	· **fluent** in English	영어가 유창한
0585	· a gold **mine**	금광
0586	· **habitat** damage	서식지 파괴
0587	· real **estate**	부동산
0588	· a **genius** in mathematics	수학의 천재

□ **merit**
[mérit]

영 장점, 공적

She is a girl with a few merits.
그녀는 약간의 장점이 있는 소녀이다.

□ **fluent**
[flú:ənt]

형 유창하게 말하는, 유창한

Fluent Japanese is required for this job.
이 일에는 유창한 일본어 실력이 요구된다.

□ **mine**
[máin]

영 광산, 풍부한 자원   동 채굴하다

He reported on the condition of a mine.
그는 광산의 상황에 관해 보고했다.

□ **habitat**
[hǽbitæt]

영 서식지

Habitat diversity refers to the variety of places
where life exists. 11 수능
서식지 다양성이란 생물이 존재하는 장소들의 다양성을 말하는 것이
다.

□ **estate**
[istéit]

영 소유지, 재산

His only child will inherit the estate.
그의 외아들은 재산을 상속할 것이다.

□ **genius**
[dʒí:niəs]

영 천재, 특수한 재능

If I were a genius, I would not mind being treated
like one. 00 수능
내가 천재라면, 그렇게 대접을 받는 것에 개의치 않을 것이다.

0589	· general **merchandise**	잡화
0590	· a **merchant** town	**상업** 도시
0591	· a side **judge**	배석 **판사**
0592	· **obtain** money	돈을 손에 넣다
0593	· speculative **investment**	투기성 **투자**
0594	· a six-month work **permit**	6개월간 취업 **허가**

☐ merchandise
[mə́:rtʃəndàiz]

명 상품, 제품

The merchandise is sorted by size.
그 상품은 크기별로 분류되어 있다.

☐ merchant
[mə́:rtʃənt]

명 상인, 소매 상인   형 상업의

A honest merchant does not swindle his customers.
정직한 상인은 고객들을 속이지 않는다.

☐ judge
[dʒʌ́dʒ]

동 재판하다, 판단하다   명 재판관, 법관

Never judge by appearances. `94 수능`
절대 겉모습을 가지고 판단하지 말라.

☐ obtain
[əbtéin]

동 얻다, 획득하다

Those who do obtain work abroad may not adapt to western ways.
해외에서 일자리를 얻는 사람들은 서양 생활방식에 적응하지 못할지도 모른다.

☐ investment
[invéstmənt]

명 투자

She bought the apartment purely as an investment.
그녀는 그 아파트를 순전히 투자 목적으로 샀다.

☐ permit
[pərmít, pə:r-]

동 허락하다, 허가하다   명 허가

Smoking is not permitted anywhere in this building.
이 건물 어느 곳에서도 흡연이 허용되지 않는다.

0595 · **discarded** paper	폐지
0596 · **determine** a date	날짜를 **결정하다**
0597 · **establish** a republic	공화국을 **수립하다**
0598 · a **slight** cold	**가벼운** 감기
0599 · a **polite** apology	**정중한** 사과
0600 · price **range**	가격**대**

☐ **discard**
[diská:rd]

동 버리다

Remove the peels from the orange and discard them.
오렌지 껍질을 벗겨내고 그것을 버리시오.

☐ **determine**
[ditə́:rmin]

동 결심시키다, 결정하다

She was determined to make her students understand that themes recur throughout a piece.
그녀는 학생들이 그 주제가 전 악보에 걸쳐 다시 나타나는 것을 이해시켜야겠다고 결심했다. **11 수능**

☐ **establish**
[istǽbliʃ]

동 설립하다, 제정하다

By thirty-five she had established herself as a writer. **04 수능**
35세 무렵 그녀는 작가로서 자리를 잡았다.

☐ **slight**
[sláit]

형 근소한, 약간의

He likes the soup with a slight savour of garlic.
그는 마늘 맛이 약간 나는 수프를 좋아한다.

☐ **polite**
[pəláit]

형 공손한

My student's polite manners pleased me most.
내 학생의 정중한 태도가 나를 가장 기쁘게 했다.

☐ **range**
[réindʒ]

동 A에서 B까지 다양하다, 정렬시키다 명 열, 범위

His work styles range from abstract to representational.
그의 작품 스타일은 추상화에서부터 구상화에 이르기까지 다양하다.

0601	· **invade** the body	인체에 침입하다
0602	· **refute** an argument	주장을 논박하다
0603	· a **statue** in bronze	청동 동상
0604	· a basic **factor**	기초적 요소
0605	· a **constant** source of conflict	끊임없는 분쟁의 소지
0606	· **indifferent** to public opinion	여론에 무관심한

□ **invade**
[invéid]

[동] 침략하다, 밀어닥치다

Alexander the Great invaded India in 232 BC.
알렉산더 대왕은 기원전 232년에 인도를 침략했다.

□ **refute**
[rifjú:t]

[동] 논박하다, 반박하다

Nobody could refute her testimony that her son was in the house.
그녀의 아들이 집에 있었다는 그녀의 증언을 반박할 수 있는 사람은 아무도 없었다.

□ **statue**
[stǽtʃu:]

[명] 상, 조각상

The Statue of Liberty was dedicated in 1886.
자유의 여신상은 1886년에 헌정되었다.

□ **factor**
[fǽktər]

[명] 요인, 요소

Many factors worked unfavorably to our situation.
많은 요인들이 우리의 상황에 불리하게 작용했다.

□ **constant**
[kánstənt]

[형] 불변의, 끊임없이 계속하는

The constant noise exasperated the neighbor.
그 끊임없는 소음이 이웃을 노하게 했다.

□ **indifferent**
[indífərənt]

[형] 무관심한, 중요치 않은

She is indifferent to state of things.
그녀는 정세에 무관심하다.

0607	· a hasty **temper**	급한 기질
0608	· accept a **challenge**	도전에 응하다
0609	· **endure** toothache	치통을 참다
0610	· a public **institution**	공공 기관
0611	· **typical** travel	전형적인 여행
0612	· **port** facilities	항만 시설

□ **temper**
[témpər]

[명] 기질, 기분 [동] 완화하다

They warned me about his fiery temper.
그들은 내게 그의 격한 성미에 대해 주의를 주었다.

□ **challenge**
[tʃǽlindʒ]

[명] 도전 [동] 도전하다

Your problems and challenges seem serious.
당신의 문제와 도전들은 심각한 것으로 보인다.

□ **endure**
[indjúər, en-]

[동] 참다, 견디다

The family had endured years of torment and abuse from neighbors.
그 가족은 여러 해에 걸쳐 이웃들이 가한 고통과 학대를 견뎌 왔다.

□ **institution**
[ìnstətjúːʃən]

[명] 학회, 시설, 제도

European educational institutions were transported to Africa.
유럽 교육 기관들이 아프리카로 전해졌다.

□ **typical**
[típikəl]

[형] 전형적인

It was a typical example of his character.
그것은 그의 성격을 보여주는 전형적인 사례였다.

□ **port**
[pɔːrt]

[명] 항구, 항구 도시

The ship will touch at two ports.
그 배는 두 항구에 기항할 것이다.

0613	· **military** affairs	군사
0614	· **simultaneous** movements	동시 동작
0615	· **disrespectful** behavior	무례한 행동
0616	· an **organ** transplant	장기 이식
0617	· an unwritten **constitution**	불문 헌법
0618	· **guard** a prisoner	죄수를 감시하다

□ **military**
[míliteri]

[형] 군의, 육군의

The army underwent military discipline.
그 군대는 군사 훈련을 받았다.

□ **simultaneous**
[sàiməltéiniəs, sì-]

[형] 동시에 일어나는

The issue was almost simultaneous with his disappearance.
그 쟁점은 그의 실종과 거의 동시에 일어났다.

□ **disrespectful**
[dìsrispéktfəl]

[형] 무례한, 실례되는

It was disrespectful of him to say that.
그렇게 말하다니 그가 무례했다.

□ **organ**
[ɔ́:rgən]

[명] 오르간, 기관

The lung cancer had spread to other organs.
폐암이 다른 장기들로 전이되었다.

□ **constitution**
[kɑ̀nstətjú:ʃən]

[명] 구성, 체질, 헌법

Only people with a strong constitution should be trained.
건강한 체질을 가진 사람들만이 훈련을 받아야 한다.

□ **guard**
[gá:rd]

[동] 지키다, 경계하다 [명] 보호자

He assigned two bodyguards to guard the president.
그는 두 경호원을 지명하여 대통령을 지키도록 했다.

0619	· **enhance** fuel efficiency	에너지 효율을 높이다
0620	· **neglect** the duties	의무를 태만하다
0621	· a bad **crop**	흉작
0622	· commit **burglary**	강도질을 하다
0623	· a moist **atmosphere**	축축한 공기
0624	· a **witness** to an accident	사고에 대한 증인

☐ **enhance**
[inhǽns, en-]

동 높이다, 강화하다

This shirt does nothing to enhance her appearance.
이 셔츠는 그녀의 외모를 향상시키는 데 아무런 도움이 못된다.

☐ **neglect**
[niglékt]

명 태만 동 무시하다, 게을리하다

The government official was broken for neglect of duty.
그 공무원은 직무 태만으로 해임되었다.

☐ **crop**
[krɑp, krɔ́p]

명 농작물, 수확고

They can be big enough to cause damage to crops or cars when they reach the ground. 98 수능
그것들은 지표면에 도달했을 때 농작물과 자동차에 피해를 줄 정도로 커질 수 있다.

☐ **burglary**
[bə́ːrgləri]

명 주거 침입(죄), 강도

There has been a rash of burglaries in this area.
이 지역에 절도가 빈발했다.

☐ **atmosphere**
[ǽtməsfìər]

명 대기, 공기, 분위기

One reason why I like the beach is its solitary atmosphere. 95 수능
내가 해변을 좋아하는 한 가지 이유는 그것의 고독한 분위기 때문이다.

☐ **witness**
[wítnis]

명 목격자, 증거 동 목격하다

The witness swore in favor of the suspect.
증인은 용의자에게 유리하게 진술을 했다.

0625	· **substitution** effect	대체 효과
0626	· **copper** goods	구리 제품
0627	· an **active** debate	활발한 토론
0628	· an **imperial** household	황실
0629	· be **paralyzed** in both legs	두 다리가 마비되다
0630	· **debate** an issue	문제를 토론하다

☐ substitution
[sʌbstətʃúːʃən]

몡 대리, 대용

Two substitutions were made during the soccer game.
축구 경기 중에 2차례의 선수 교체가 있었다.

☐ copper
[kápər / kɔ́pər]

몡 구리, 동전

This is a copper tray plated with gold.
이것은 금도금을 한 청동 쟁반이다.

☐ active
[ǽktiv]

혱 활동적인, 활기찬

An active volcano has the possibility to erupt at any time.
활화산은 언제든지 폭발할 가능성이 있다.

☐ imperial
[impíəriəl]

혱 제국의

Former imperial palaces are now dwarfed by skyscrapers.
예전의 황궁들은 이제 마천루들로 인해 왜소해져 가고 있다.

☐ paralyze
[pǽrəlàiz]

동 마비시키다

Botox paralyzes the muscle for up to three months.
보톡스는 석 달 정도까지 근육을 마비시킨다.

☐ debate
[dibéit]

몡 토론 동 논쟁하다

I was expecting debate on the well-being of the people.
나는 국민들의 복지에 대한 토론을 기대하고 있었다.

0631	· a **spontaneous** offer	자발적인 지원
0632	· a gross **income**	총수입
0633	· live **downtown**	중심가에 살다
0634	· **deal** with a problem	문제를 처리하다
0635	· **restore** the water supply	물 공급을 재개하다
0636	· a **ridiculous** dress	우스꽝스러운 옷차림

□ **spontaneous**
[spɑntéiniəs]

형 자발적인, 자연스러운

His reactions are spontaneous and instinctive rather than planned.
그의 반응은 계획되었다기보다 자연스럽고 본능적인 것이다.

□ **income**
[ínkʌm]

명 수입, 소득

Expenses outran income this year.
올해에는 지출이 수입을 초과했다.

□ **downtown**
[dàuntáun]

부 도심지에[로] 형 도심의 명 도심지

The visitor went downtown by tramcar.
방문객은 시가 전차를 타고 시내로 갔다.

□ **deal**
[díːl]

명 거래, 분량 동 나누어 주다, 다루다

It rained a great deal last year.
작년에는 상당히 많은 양의 비가 내렸다.

□ **restore**
[ristɔ́ːr]

동 복구하다, 회복시키다

The valuables were restored to Korea.
그 귀중품들은 한국에 반환되었다.

□ **ridiculous**
[ridíkjuləs]

형 웃기는, 우스꽝스러운

This situation is so ridiculous.
이 상황은 매우 우스꽝스럽다.

0637 · a **combination** of red and white 빨간색과 흰색의 배합
0638 · **contain** some caffeine 약간의 카페인을 포함하다
0639 · give **lessons** in music 음악 수업을 하다
0640 · social **status** 사회적 지위
0641 · **analyze** the result 결과를 분석하다
0642 · **consider** the merits and demerits 장점과 단점을 고려하다

☐ **combination** [kὰmbənéiʃən]

[명] 결합, 짝맞춤, 배합

News magazines are a combination of newspaper and magazine. [01 수능]
뉴스 매거진은 신문과 잡지의 결합이다.

☐ **contain** [kəntéin]

[동] 담고 있다, 포함하다

The thermometers contain mercury in a tube.
온도계는 관 안에 수은이 들어 있다.

☐ **lesson** [lésn]

[명] 학과, 수업, 교훈

The first lesson on the timetable for Tuesday is English.
시간표의 화요일 첫째 시간은 영어이다.

☐ **status** [stéitəs, stǽtəs]

[명] 지위

The man has a low social status.
그 남자는 사회적 신분이 낮다.

☐ **analyze** [ǽnəlàiz]

[동] 분석하다

We must try to analyze the causes of the fire.
우리는 그 화재의 원인들을 분석하려고 노력해야 한다.

☐ **consider** [kənsídər]

[동] (~이라고) 생각하다

We considered the matter in all aspects.
우리는 그 문제를 다각도로 검토했다.

0643	· a popular **novel**	대중 **소설**
0644	· **export** cars	차를 **수출하다**
0645	· **import** duties	**수입** 관세
0646	· natural **resources**	천연**자원**
0647	· a rough **voyage**	난**항**
0648	· the **gender** gap	**성별**간 격차

☐ **novel**
[návəl]

명 소설

Today she is going to tell us how to read novels.
오늘 그녀는 우리에게 소설을 읽는 방법을 얘기해 줄 것이다. **94 수능**

☐ **export**
[ikspɔ́ːrt]

동 수출하다 명 수출

Iran exports crude oil.
이란은 원유를 수출한다.

☐ **import**
[impɔ́ːrt]

동 수입하다 명 수입

Our country imports gasoline from other countries.
우리나라는 다른 나라들로부터 휘발유를 수입한다.

☐ **resource**
[ríːsɔːrs]

명 자원, 수단

They developed their natural resources.
그들은 천연자원을 개발했다.

☐ **voyage**
[vɔ́iidʒ]

명 항해

The ship has not rigged for the voyage yet.
배는 아직 출항 준비를 끝내지 못했다.

☐ **gender**
[dʒéndər]

명 성, 성별

There are various tests which can show the gender of a baby before it is born.
아기가 태어나기 전에 성별을 알 수 있는 다양한 시험이 있다.

0649	· **declare** an election	선거를 <u>선포하다</u>
0650	· the **destruction** of the forests	삼림 <u>파괴</u>
0651	· attend **worship**	<u>예배</u>에 참석하다
0652	· **appeal** to the crowd	민중에 <u>호소하다</u>
0653	· the **resident** population	<u>거주</u> 인구
0654	· a **variety** of opinions	<u>갖가지</u> 의견

☐ **declare**
[diklέər]

(동) 선언하다, 단언하다

He declared that he was innocent.
그는 자신이 결백하다고 주장했다.

☐ **destruction**
[distrΛkʃən]

(명) 파괴

The earthquake caused great destruction.
지진이 큰 피해를 가져왔다.

☐ **worship**
[wə́:rʃip]

(동) 예배하다, 숭배하다 (명) 예배, 숭배

We go to church to worship God.
우리는 예배하러 교회에 간다.

☐ **appeal**
[əpíːl]

(동) 애원하다, 간청하다 (명) 애원, 간청

The candidate appealed to them to support his campaign.
그 지원자는 그들에게 자신의 선거운동을 지원해 줄 것을 호소했다.

☐ **resident**
[rézədənt]

(명) 거주자 (형) 거주하는, 고유의

Any foreign residents over 18 may apply.
18세 이상의 외국인 거주자라면 누구나 신청할 수 있다.

☐ **variety**
[vəráiəti]

(명) 변화, 갖가지

It is stocked with a variety of humorous books and monologues recorded by famous comedians. 94 수능
그것은 다양한 유머 책들과 유명한 코미디언들이 녹음한 독백들로 쌓여 있다.

0655	· a **vertical** motion	상하 운동
0656	· with **rage**	화가 나서
0657	· **skip** over the preface	서문을 빠뜨리고 읽다
0658	· a **capital** city	수도
0659	· **install** a chairman	의장에 임명하다
0660	· **stock** up on food	식품을 사재다

☐ **vertical**
[vɔ́ːrtikəl]

형 수직의

The smallmouth has a series of dark vertical bands along its sides. 10 수능
작은입배스는 몸통의 옆면에 거무스름한 수직 띠들이 있다.

☐ **rage**
[kámənt]

동 화를 내다, 맹위를 떨치다 명 격노

The blizzard was still raging outside.
밖에는 아직 거센 눈보라가 맹위를 떨치고 있었다.

☐ **skip**
[skíp]

동 뛰어다니다, 뛰어넘다

I skipped over the middle part of the book.
나는 그 책의 중간 부분을 뛰어넘고 읽었다.

☐ **capital**
[kǽpitl, -pə-]

명 수도, 대문자, 자본 형 자본의, 가장 중요한

Others wish to move capital from one area to another. 08 수능
다른 사람들은 한쪽에서 다른 쪽으로 자본을 옮기기를 바란다.

☐ **install**
[instɔ́ːl]

동 장치하다, 취임시키다

He was installed as a managing director.
그는 전무이사로 취임되었다.

☐ **stock**
[sták, stɔ́k]

명 재고품, 저장, 주식 동 사들이다, 비축하다

Stock prices rise and lower constantly.
주가는 등락을 되풀이한다.

0661	· **transport** costs	<u>수송비</u>
0662	· physical **evidence**	<u>물적 증거</u>
0663	· a **mobile** shop	<u>이동</u> 매점
0664	· a **mass** of errors	<u>많은</u> 실수
0665	· **discontinue** the services	<u>서비스를 중지하다</u>
0666	· a **selfish** man	<u>이기적인</u> 사람

☐ **transport**
[trænspɔ́:rt]

명 수송, 운송 수단 동 수송하다

The city is well served with public transport.
그 도시는 대중 교통시설이 잘 되어 있다.

☐ **evidence**
[évədəns]

명 증거, 흔적

He will be released for lack of evidence.
그는 증거 불충분으로 석방될 것이다.

☐ **mobile**
[móubəl, -bi:l]

형 이동할 수 있는

The mobile phone market is in good shape.
휴대 전화 시장은 호황이다.

☐ **mass**
[mǽs]

명 큰 덩어리, 모임, 일반 대중

A shortage of industrial diamonds would destroy mass production.
산업용 다이아몬드의 부족은 대량 생산 체제의 붕괴를 초래할 것이다.

☐ **discontinue**
[dìskəntínju:]

동 그만두다, 중지하다

He discontinued smoking for his health.
그는 그의 건강을 위해 담배를 끊었다.

☐ **selfish**
[sélfiʃ]

형 이기적인

When you become a mother, you have to become less selfish.
엄마가 되면, 덜 이기적이 되어야 한다.

0667	• a **dispute** over fishing rights	어업권 <u>분쟁</u>
0668	• trundle a **hoop**	<u>굴렁쇠</u>를 굴리다
0669	• do a computer **search**	컴퓨터 <u>조사</u>를 하다
0670	• live in a **fantasy** world	<u>공상</u>의 세계에 살다
0671	• **support** a political party	정당을 <u>지지하다</u>
0672	• **resign** office	관직을 <u>사임하다</u>

☐ **dispute**
[dispjúːt]

몡 논쟁 동 논쟁하다, 토의하다

A public agency arbitrated a dispute regarding wages.
한 정부 기관이 임금에 관한 분쟁을 조정했다.

☐ **hoop**
[húp, húːp]

몡 테, 고리, 굴렁쇠 동 테를 두르다

He fastened a basketball hoop over the wastebasket. 95 수능
그는 휴지통 위에 농구 링을 고정시켰다.

☐ **search**
[sə́ːrtʃ]

몡 수색, 조사 동 찾다

They all joined in the search for the lost child.
그들은 모두 미아 수색에 참여했다.

☐ **fantasy**
[fǽntəsi, -zi]

몡 상상, 공상

This story is mere fantasy.
이 이야기는 순전히 공상일 뿐이다.

☐ **support**
[səpɔ́ːrt]

동 받치다, 유지하다 몡 받침, 부양

They have a long list of other points that support their argument. 03 수능
그들은 그들의 주장을 지지하는 다른 관점들의 긴 목록을 가지고 있다.

☐ **resign**
[rizáin]

동 사직하다, 사임하다

As most of you know, I've decided to resign from my seat.
여러분 대부분이 아시다시피, 나는 사직하기로 했습니다.

0673	· the **lord** of the soil	지주
0674	· **accurate** information	**정확한** 정보
0675	· **weep** for joy	기뻐서 **울다**
0676	· **transparent** glass	**투명** 유리
0677	· the **conservation** of wildlife	야생동물의 **보호**
0678	· have a large **frame**	**체격**이 좋다

☐ **lord**
[lɔ́:rd]

몡 주인, 하느님, 상원

The parliament consists of the House of Lords and the House of Commons.
의회는 상원과 하원으로 구성되어 있다.

☐ **accurate**
[ǽkjurət]

휑 정확한

His measurement is very accurate.
그의 측정은 매우 정확하다.

☐ **weep**
[wíːp]

툉 눈물을 흘리다, 울다

The girl weeps easily when people tease her.
그 소녀는 사람들이 놀리면 금세 훌쩍훌쩍 운다.

☐ **transparent**
[trænspéərent, -pǽr-]

휑 투명한

It will be delivered in sturdy storage box with transparent lid.
그것은 견고한 저장 상자에 투명한 뚜껑이 덮힌 채 배달될 것입니다.

☐ **conservation**
[kànsərvéiʃən]

몡 보호, 보존, 관리

We should know how important the conservation of wildlife is.
우리는 야생 생물 보존의 중요성을 알아야만 한다.

☐ **frame**
[fréim]

몡 골조, 신체, 창틀, 틀 툉 구성하다, 조립하다

When you look at other photographer's work, pay attention to how they fill the frame. 06 수능
당신이 다른 사진가의 작품을 볼 때, 어떻게 그들이 화면 구도를 채우는지에 주목하라.

0679	· **mechanical** invention	기계의 발명
0680	· insufferably **conceited**	못 봐줄 정도로 자만심이 많은
0681	· **owe** money	돈을 빚지고 있다
0682	· an **inner** court	안뜰
0683	· the **outer** world	외계(외界)
0684	· **specialize** in chemistry	화학을 전공하다

☐ **mechanical**
[məkǽnikəl]

형 기계의

I can't stand the steady whine of a mechanical saw.
나는 기계톱에서 계속해서 나는 윙하는 소리를 참을 수 없다.

☐ **conceited**
[kənsíːtid]

형 자부심이 강한, 우쭐한

Some people think that he's a little conceited.
일부 사람들은 그가 약간 우쭐해한다고 생각한다.

☐ **owe**
[óu]

동 빚지고 있다, (~의) 은혜를 입고 있다

Many of those who have succeeded in life owe this to the fact that their concentration is good. **03 수능**
인생에서 성공한 사람들 중 많은 수는 그들의 집중력이 좋다는 사실의 덕을 보고 있다.

☐ **inner**
[inər]

형 안의, 내적인, 보다 친한

Her artificial behaviors disguised an inner sadness.
그녀의 억지로 꾸민 행동은 내부의 슬픔을 감추었다.

☐ **outer**
[áutər]

형 밖의

It may be a visitation of beings from outer space.
그것은 외계인의 방문일 것이다.

☐ **specialize**
[spéʃəlàiz]

동 특수화하다, 전문화하다, 전공하다

The shop specialized in hand-made cookies.
그 가게는 수제 쿠키를 전문적으로 판다.

0685	· a cash-**award** system	포상금 제도
0686	· an electric **razor**	전기 면도기
0687	· **fold** a blanket double	담요를 두 겹으로 접다
0688	· **administer** a project	과제를 운영하다
0689	· a quick **response**	속답
0690	· **indicate** the way	길을 가리키다

☐ **award**
[əwɔ́ːrd]

명 상 동 수여하다

He won the man of the match award.
그는 최우수 선수상을 받았다.

☐ **razor**
[réizər]

명 면도칼

He sharpened the razor on a stone.
그는 면도칼을 돌에 갈았다.

☐ **fold**
[fóuld]

동 접다, 끼다

This is a chair that folds flat for storage.
이것은 보관 때는 납작하게 접을 수 있는 의자이다.

☐ **administer**
[ædmínistər, əd-]

동 관리하다, 다스리다

The hospital fund is voluntarily administered.
그 병원 기금은 자발적으로 운영된다.

☐ **response**
[rispáns]

명 응답, 반응

They interpreted his responses as an admission of defeat.
그들은 그의 반응을 패배를 인정하는 것이라고 해석했다.

☐ **indicate**
[índikèit]

동 가리키다, 나타내다

The poll has indicated the opposition party leader's popularity is improving.
여론 조사에 따르면 야당 당수의 인기가 올라가고 있는 것으로 나타났다.

0691	· a **gigantic** tree	거목
0692	· **fulfill** a duty	의무를 다하다
0693	· beg for **mercy**	자비를 구하다
0694	· moan in **dismay**	낭패스러워 신음을 내뱉다
0695	· a **beneficial** result	유익한 결과
0696	· a man of high **repute**	평판이 좋은 사람

□ **gigantic**
[dʒaigǽntik]

[형] 거대한

We have a problem of gigantic proportions.
우리는 엄청난 규모의 문제를 갖고 있다.

□ **fulfill**
[fulfíl]

[동] 다하다, 이행하다

You can go home after you have fulfilled all your tasks.
너의 일을 다 끝낸 후에 집에 갈 수 있다.

□ **mercy**
[mə́:rsi]

[명] 자비

The master showed no mercy to his servants.
그 주인은 자기 하인들에게 자비를 전혀 베풀지 않았다.

□ **dismay**
[disméi]

[동] 당황케 하다, 실망시키다 [명] 실망, 당황, 놀람

It dismayed me to learn of the accident.
그 사고를 알고 나는 당황했다.

□ **beneficial**
[bènəfíʃəl]

[형] 유익한

Using computers has a beneficial effect on motivating to study.
컴퓨터 이용이 학습 의욕을 높이는 데 유익한 영향을 미친다.

□ **repute**
[ripjú:t]

[동] 평하다, 간주하다 [명] 평판

He is reputed to be the best designer in Paris.
그는 파리 최고의 디자이너로 알려져 있다.

0697	· **retire** under the age limit	정년 퇴직하다
0698	· the **demand** for steel	철강재의 수요
0699	· **recommend** the book	그 책을 권하다
0700	· a destructive of a **typhoon**	파괴적인 태풍
0701	· a **junior** division	소년부
0702	· **incentive** pay	장려금

□ **retire**
[ritáiər]

[동] 퇴직하다

Fortunately, I seem to remember that I'm retired. [00 수능]
다행스럽게도, 나는 내가 은퇴했다는 사실을 기억하고 있는 듯하다.

□ **demand**
[dimǽnd]

[명] 요구, 수요 [동] 요구하다, 필요로 하다

It's major export crop is coffee but the demand for coffee in the world has dropped. [96 수능]
그것의 주요 수출 작물은 커피지만, 이에 대한 세계시장의 수요는 떨어졌다.

□ **recommend**
[rèkəménd]

[동] 추천하다, 권하다

The director recommended me to the company.
이사는 나를 그 회사에 추천했다.

□ **typhoon**
[taifú:n]

[명] 태풍

The trees were collapsed by the typhoon.
태풍으로 나무들이 쓰러졌다.

□ **junior**
[dʒú:njər]

[명] 연소자 [형] 손아래의, 연하의

He is my junior by three years.
그는 나보다 세 살 어리다.

□ **incentive**
[inséntiv]

[명] 격려, 자극

I have no incentive to study harder.
나는 더 열심히 공부할 동기가 없다.

0703	· one's running **mate**	입후보 상대
0704	· a **veteran** golfer	베테랑 골퍼
0705	· an **oral** examination	구술 시험
0706	· a **beast** of prey	육식 동물
0707	· **mental** effort(s)	정신적 노력
0708	· **pretend** ignorance	모르는 척하다

☐ **mate**
[meit]

명 동료, 배우자 동 부부가 되게 하다, 동료로 만들다

The male hunts for food while his mate guards their young.
그의 짝이 새끼를 보호하는 동안 수컷은 먹이를 사냥한다.

☐ **veteran**
[vétərən]

명 노련가, 노병

The veteran reporter will cover the story.
고참 기자가 그 이야기를 취재할 것이다.

☐ **oral**
[ɔ́ːrəl]

형 구두의, 구술의

There will be no trouble in reaching oral agreement.
구두 합의에 이르는 데 문제가 없을 것이다.

☐ **beast**
[biːst]

명 짐승

As men and beasts get used to each other, kindness and understanding may slowly develop. 수능 응용
인간과 짐승이 서로 친숙해지면서, 호의와 이해가 서서히 발전해 나갈 지도 모른다.

☐ **mental**
[méntl]

형 마음의, 정신의

His physical and mental health is getting worse.
그의 육체적, 정신적 건강 상태가 악화되고 있다.

☐ **pretend**
[priténd]

동 (~인) 체하다, 속이다

She pretended she didn't know my friend.
그녀는 나의 친구를 모르는 체했다.

0709	· a **rifle** competition	**사격** 대회
0710	· unemployment **compensation**	실업 **수당**
0711	· a casualty **figure**	사상자 **수**
0712	· **singular** in history	**사상 유례 없는**
0713	· in a different **context**	다른 **맥락에서**
0714	· an ancient **erection**	고대 **건축물**

☐ rifle
[ráifl]

명 라이플총, 소총

The civilians were being taught to shoot with rifles.
시민들은 소총 쏘는 법을 배우고 있었다.

☐ compensation
[kàmpənséiʃən]

명 배상, 보상

If he does something wrong, he must make compensation if that is possible. 수능 응용
그가 무엇인가 잘못했다면, 그는 가능하다면 보상을 해야만 한다.

☐ figure
[fígjər]

명 숫자, 계산, 인물, 사람 동 생각하다, 계산하다

This idea prevented the identification of the public with the figures of the drama. 수능 응용
이러한 생각은 일반 대중들이 드라마의 인물들과 일체화되는 것을 막았다.

☐ singular
[síŋgjulər]

명 단수 형 남다른, 둘도 없는

In English, singular and plural are the grammatical numbers.
영어에서, 단수와 복수는 문법적 숫자이다.

☐ context
[kántekst]

명 문맥

Design and styling cannot be fully understood outside of their social and cultural context. 수능 응용
디자인과 장식은 사회적, 문화적 배경을 배제하고서는 완전히 이해될 수 없다.

☐ erection
[irékʃən]

명 직립, 건축물, 건립

The erection of the building took almost two year.
그 건물 건설은 거의 2년이 걸렸다.

0715	· smokeless **fuel**	무연 연료
0716	· a **clap** of thunder	천둥 소리
0717	· a fragrant **spice**	향이 진한 **향신료**
0718	· the **republic** of art	미술계
0719	· country **versus** town	도회지에 **비교한** 시골
0720	· a purple **bruise**	자줏빛 **멍**

☐ **fuel**
[fjúːəl]

명 연료

We shall solve our dependence on fossil fuels by developing new technologies. 수능 응용
우리는 화석 연료의 의존도를 새로운 기술을 개발시킴으로써 해결할 수 있을 것이다.

☐ **clap**
[klǽp]

동 박수를 치다, 탁 치다 명 박수 (소리), 쿵하는 소리

He clapped his hands, when a servant appeared.
그가 손뼉을 치자, 종업원이 나타났다.

☐ **spice**
[spais]

명 양념 동 향신료를 넣다

The room was redolent with the smell of exotic spices.
방에 이국적인 향신료 냄새가 진동했다.

☐ **republic**
[ripʌ́blik]

명 공화국, (~)계, (~)사회

The country is an constitutional republic.
그 나라는 입헌 공화국이다.

☐ **versus**
[vɔ́ːrsəs]

전 (~과) 대비하여, (~)과 비교하여

This is the big match, Arsenal versus Chelsea.
이것은 아스날 대 첼시의 빅 매치이다.

☐ **bruise**
[brúːz]

명 타박상 동 (~에게) 타박상을 주다

She rubbed her bruises lightly.
그녀는 타박상을 입은 부위를 부드럽게 문질렀다.

0721	· **bow** politely	정중하게 **인사하다**
0722	· civil **architecture**	보통 **건축**
0723	· **liberal** democracy	**자유** 민주주의
0724	· an **exhausted** oil well	말라붙은 유정
0725	· **vary** in size	크기가 **다양하다**
0726	· grow a **mustache**	**콧수염**을 기르다

☐ **bow**
[báu]

동 머리를 숙이다 명 절

The actors bowed as the audience applauded.
관객이 박수를 치자 배우들이 고개 숙여 절을 했다.

☐ **architecture**
[áːrkitèktʃər]

명 건축, 건축학

When one group borrows the styles of architecture from another group, change occurs. 수능 응용
하나의 공동체가 다른 공동체로부터 건축 양식을 빌려올 때 변화가 발생한다.

☐ **liberal**
[líbərəl]

형 자유주의의, 관대한, 후한

She was born into the liberal intelligentsia.
그녀는 자유주의적인 지식인 계급에서 태어났다.

☐ **exhausted**
[igzɔ́ːstid]

형 다 써버린, 기진맥진한

I have exhausted myself jogging.
나는 조깅을 해서 지쳤다.

☐ **vary**
[vέəri]

동 바꾸다, 바뀌다

My feelings vary from hour to hour.
나의 기분은 시시때때로 바뀐다.

☐ **mustache**
[mʌ́stæʃ, məstǽʃ]

명 코밑수염

He had his mustache trimmed.
그는 콧수염을 깎았다.

0727	· a great **beard**	멋진 턱수염
0728	· a **fatal** wound	치명상
0729	· atmospheric **carbon**	대기의 이산화탄소
0730	· a **series** of victories	연승
0731	· **drastic** changes	급격한 변화
0732	· **reside** abroad	외국에 거주하다

☐ **beard**
[bíərd]

® 턱수염

The last time we met, you were growing a beard.
우리가 지난번 만났을 때, 너는 턱수염을 기르고 있었다.

☐ **fatal**
[féitl]

® 치명적인, 운명의

The bus driver caused a fatal accident.
그 버스 운전자는 치명적인 사고를 일으켰다.

☐ **carbon**
[kɑ́:rbən]

® 탄소

Diamond is a carbon crystal.
다이아몬드는 탄소 결정체이다.

☐ **series**
[síəri:z]

® 일련, 시리즈

In Pamplona the World's Series of bull fighting is
held in the first two weeks of July. 수능 응용
Pamplona에서는 매년 7월 첫 두 주 동안 투우의 월드 시리즈가 열린
다.

☐ **drastic**
[dræstik]

® 격렬한, 철저한, 과감한

I firmly believe drastic measures should be taken
before it's too late. 97 수능
나는 너무 늦기 전에 철저한 조치가 취해져야 한다고 굳게 믿고 있다.

☐ **reside**
[rizáid]

® 거주하다, 존재하다

I returned to Seoul in 1990, having resided abroad
for many years.
나는 오랫동안 해외에 살다가 1990년에 서울로 돌아왔다.

0733 · **grab** a purse 지갑을 낚아채다
0734 · **classify** books 책을 분류하다
0735 · an **independent** country 독립국
0736 · **scratch** a line 선을 긁어서 새기다
0737 · nuclear **reaction** 핵반응
0738 · as far as I **recollect** 내가 기억하는 한에서는

☐ grab
[grǽb]

[동] 부여잡다, 움켜쥐다

She described how a pickpocket had run up to her and grabbed her bag.
그녀는 소매치기가 어떻게 자기에게로 달려와 가방을 잡아챘는지를 설명했다.

☐ classify
[klǽsəfài]

[동] 분류하다

The contents of a book classified as top-secret.
그 책의 내용은 1급 비밀로 분류되었다.

☐ independent
[ìndipéndənt]

[형] 독립한, 독립심이 강한

When she was 18 years old, she was financially independent of her family.
그녀가 18살 때, 그녀는 경제적으로 집에서 독립했다.

☐ scratch
[skrǽtʃ]

[동] 할퀴다, 긁다

I scratched my left arm on a bush.
나는 덤불에 왼쪽 팔을 할퀴었다.

☐ reaction
[riǽkʃən]

[명] 반작용, 반동

When he accuses you of lying, show no reaction whatever.
그가 너를 거짓말쟁이라고 비난을 하면, 절대로 아무런 반응도 보이지 말아라.

☐ recollect
[rèkəlékt]

[동] 생각해내다, 회상하다

I recollect having heard the song.
나는 그 노래를 들어본 기억이 있다.

0739 · the **current** month 이달
0740 · **awfully** sorry 정말 죄송한
0741 · **shave** a customer 손님을 면도해 주다
0742 · cooling **beverages** 청량음료
0743 · **purchase** a book 책을 사다
0744 · severe **frost** 심한 서리

current
[kə́:rənt, kʌ́r-]

[명] 흐름, 경향, 해류 [형] 지금의, 현행의

The leaf fish is carried along by the currents until it comes near a smaller fish. [수능 응용]
leaf fish는 물살을 따라 이동해 마침내 더 작은 물고기 근처에까지 이르게 된다.

awfully
[ɔ́:fli]

[부] 대단히, 무섭게

It's been awfully wet lately. [98 수능]
최근에 매우 비가 많이 내렸다.

shave
[ʃéiv]

[동] 깎다, 수염을 깎다 [명] 면도

My husband, Shaver, says that, thanks to me, he can shave quickly in the morning. [05 수능]
나의 남편인 Shaver는 내 덕분에 아침에 빨리 면도할 수 있다고 한다.

beverage
[bévəridʒ]

[명] 마실 것, 음료

The general term for wine, spirits and beer is 'alcoholic beverages.'
포도주, 증류주, 맥주를 총칭하는 용어는 '알코올 음료'이다.

purchase
[pə́:rtʃəs]

[동] 사다, 획득하다 [명] 구매, 구입물

In the past, a florist shop bought roses from a wholesaler who purchased them from a farmer. [수능 응용]
과거에, 꽃집은 농부들로부터 장미를 구매하는 도매상으로부터 그것들을 샀다.

frost
[frɔ́:st, frást]

[명] 서리, 서릿발

I used to think that the polar regions were the seat of frost and snow.
예전에는 극지방이 서리와 눈으로 뒤덮인 곳으로만 생각했었다.

0745	· **solid** food	고형식
0746	· an **unlikely** story	믿기 어려운 이야기
0747	· **advocate** peace	평화를 주장하다
0748	· **locate** an electrical fault	전기 결함 위치를 찾아내다
0749	· a branch **chief**	지점장
0750	· a **crash** of thunder	천둥의 굉음

☐ **solid**
[sálid]

[형] 고체의, 견고한, 견실한

When water freezes solid, it becomes ice.
물이 단단하게 얼면, 그것은 얼음이 된다.

☐ **unlikely**
[ʌnláikli]

[형] 있음직하지 않은, 가망 없는

Oil prices are unlikely to change drastically next year.
석유 가격이 내년에 크게 변동할 가능성은 없다.

☐ **advocate**
[ǽdvəkèit, -ət]

[명] 창도자 [동] 옹호하다

Gandhi was an advocate and pioneer of nonviolence.
간디는 비폭력의 주창자이자 선구자였다.

☐ **locate**
[lóukeit]

[동] 정하다, (~에) 두다, (장소를) 알아내다

Taking an X-ray is used to locate breaks in bones.
X-레이 사진을 찍는 것은 골절 위치 확인에 이용된다.

☐ **chief**
[tʃiːf]

[형] 최고의 [명] 장

Having a morning coffee is my chief delight.
모닝 커피를 마시는 것이 나의 으뜸가는 낙이다.

☐ **crash**
[krǽʃ]

[명] 요란한 소리, 충돌 [동] 굉장한 소리를 내다

There was only one survivor from the plane crash.
비행기 추락 사고의 생존자는 오직 한 명이었다.

0751	· have **faith** in God	하느님을 <u>믿다</u>
0752	· a gospel **choir**	복음성가 <u>합창단</u>
0753	· a necessary **consequence**	필연적인 <u>결과</u>
0754	· **firm** with the children	아이들에게 <u>엄한</u>
0755	· a port of **destination**	<u>도착항</u>
0756	· **refresh** one's memory	기억을 <u>새롭게 하다</u>

□ **faith**
[féiθ]

명 신뢰, 신념

Those with such faith assume that the new technologies will ultimately succeed. 수능 응용
그러한 신념을 가지고 있는 자들은 신기술이 궁극적으로 좋은 성과를 거둘 거라고 생각하고 있다.

□ **choir**
[kwáiər]

명 성가대

I want to sing in the church choir.
나는 교회 성가대에서 노래하고 싶다.

□ **consequence**
[kánsəkwèns, -kwəns]

명 결과, 중요성

I will answer for the consequences.
그 결과는 내가 책임질 것이다.

□ **firm**
[fə́ːrm]

명 회사 형 굳은, 확고한, 단호한

We are a dynamic successful software firm with an established range of clients. 수능 응용
우리는 고정 고객들을 확보한 역동적이며 성공한 소프트웨어 회사이다.

□ **destination**
[dèstənéiʃən]

명 목적지, 행선지

We will give you a free one-way ticket to any of our East Coast destinations.
당신에게는 동해안 행 무료 편도 티켓을 드리겠습니다.

□ **refresh**
[rifréʃ]

동 상쾌하게 하다, 새롭게 하다

My back was sticky with sweat that I had a shower to refresh myself.
나의 등이 땀으로 끈적거려서 나는 기분을 새롭게 하기 위해 샤워를 했다.

0757	· choke with **emotion**	감정이 북받쳐 목이 메다
0758	· **ignore** advice	충고를 무시하다
0759	· a **positive** fact	명확한 사실
0760	· practical **ethics**	실천 윤리학
0761	· **protect** plants	식물을 보호하다
0762	· **nervous** tension	신경의 긴장

☐ emotion
[imóuʃən]

[명] 감동, 감정

Love and hate are emotions.
사랑과 미움은 감정이다.

☐ ignore
[ignɔ́ːr]

[동] 무시하다

He completely ignored my greeting.
그는 나의 인사를 완전히 무시했다.

☐ positive
[pɑ́zətiv]

[형] 명확한, 확신하고 있는, 긍정적인

Children and adults alike want to hear positive remarks. [01 수능]
어린이와 어른 모두 긍정적인 말을 듣고 싶어 한다.

☐ ethics
[éθiks]

[명] 윤리학, 도덕 원리

The ethics of his behavior are doubtful.
그의 행동에 대한 윤리성이 의심스럽다.

☐ protect
[prətékt]

[동] 보호하다, 막다

World leaders should have the vision to protect our environment. [08 수능]
세계 지도자들은 우리 환경을 보호할 미래도를 가져야 한다.

☐ nervous
[nə́ːrvəs]

[형] 신경질의, 신경의

Taking a bath in water helps calm you down when you are feeling nervous. [수능 응용]
목욕을 하는 것은 불안감을 느끼고 있을 때 당신이 진정되도록 돕는다.

0763 · **thrust** a tip	팁을 <u>찔러주다</u>
0764 · a **grant** for research	연구를 위한 <u>보조금</u>
0765 · **rely** on computers	컴퓨터에 <u>의존하다</u>
0766 · **view** a movie	영화를 <u>보다</u>
0767 · **contend** for freedom	자유를 위해 <u>싸우다</u>
0768 · **narrate** one's adventures	모험담을 <u>이야기하다</u>

☐ **thrust**
[θrʌ́st]

동 밀다 명 밀침

He thrust the money into my hand.
그는 내 손에 돈을 찔러 주었다.

☐ **grant**
[grǽnt, grάːnt]

동 주다, 승인하다 명 허가, 인가

All your wishes are granted, and you will live as you've wished all your life. 05 수능
너의 모든 소망을 허하노라, 그러면 너는 이제 평생 희망해 왔던 것처럼 살게 될 것이다.

☐ **rely**
[rilái]

동 의지하다, 신뢰하다

Rely on your own intuition.
네 자신의 직관에 의지해라.

☐ **view**
[vjúː]

명 봄, 바라봄 동 바라보다, 조사하다

The people in dresses and suits blocked my view of the garden. 03 수능
드레스와 정장을 입은 사람들이 정원을 향한 나의 시야를 가로막았다.

☐ **contend**
[kənténd]

동 싸우다, 논쟁하다, 주장하다

There is no contending against illness.
병에는 장사 없다. 〈속담〉

☐ **narrate**
[nǽreit]

동 이야기하다

He narrated his adventures to us.
그는 자기의 모험담을 우리에게 이야기했다.

0769	· a serious **disease**	중병
0770	· a **tax** on cigarettes	담배에 붙여진 세금
0771	· the **garage** door	차고 문
0772	· what **amazes** me	나를 놀라게 하는 것
0773	· **infinite** patience	무한한 인내
0774	· **loosen** a knot	매듭을 풀다

☐ **disease**
[dizíːz]

ⓥ 병, 질병

Dietary fiber helps to reduces the risk of heart disease and diabetes. 수능 응용
식이섬유는 심장병과 당뇨병의 위험을 줄여준다.

☐ **tax**
[tǽks]

ⓥ 세, 무거운 부담 ⓥ 세금을 부과하다

The objective of some taxes on foreign imports is to protect an industry.
해외 수입품에 대한 약간의 세금을 붙이는 목적은 산업을 보호하기 위해서이다.

☐ **garage**
[gərάːʒ, -rάːdʒ]

ⓥ 차고

Before you have a garage sale, call an antique dealer. 수능 응용
벼룩시장을 열기 전에, 골동품상을 불러라.

☐ **amaze**
[əméiz]

ⓥ 몹시 놀라게 하다

I was amazed at the results.
나는 그 결과에 놀랐다.

☐ **infinite**
[ínfənət]

ⓥ 무한한, 끝없는

We know that the universe is theoretically infinite.
우리는 이론적으로 우주는 무한하다고 알고 있다.

☐ **loosen**
[lúːsn]

ⓥ 풀다, 늦추다, 느슨해지다

The alcohol soon loosened his tongue.
술이 들어가자 곧 그의 허가 풀렸다.

0775	· words of **comfort**	위로의 말
0776	· turn one's **destiny**	운명을 역전시키다
0777	· **annual** production	연간 생산
0778	· **crack** a door	문을 조금 열다
0779	· **uncertain** weather	변덕스러운 날씨
0780	· **occur** in cycles	주기적으로 생기다

☐ **comfort**
[kʌ́mfərt]

동 위안하다 명 위로, 위로가 되는 사람

I tried to comfort him but it was not work.
그를 위로하려고 했지만 소용이 없었다.

☐ **destiny**
[déstəni]

명 운명

No one can tell about his destiny.
아무도 제 운명은 모른다.

☐ **annual**
[ǽnjuəl]

형 1년의, 해마다의 명 연보

If you want to join, there's an annual membership fee of $200.
가입하고 싶으시면, 연회비가 200달러입니다.

☐ **crack**
[krǽk]

명 갈라진 금 동 깨지다, 갈라지다

A closer examination revealed a crack in the pottery.
보다 더 정밀한 조사를 통하여 도자기에 금이 간 것이 드러났다.

☐ **uncertain**
[ʌnsə́ːrtn]

형 불확실한, 확신이 없는

As a player, her record is uncertain.
운동선수로서, 그녀의 기록은 일정치 않다.

☐ **occur**
[əkə́ːr]

동 일어나다, 생기다

Forest fires occur frequently in winter.
산불은 겨울에 빈번히 발생한다.

0781	· without **limit**	제한 없이
0782	· a **humble** request	겸손한 요구
0783	· **assume** ignorance	모르는 체하다
0784	· today's **assignment**	오늘의 숙제
0785	· a **profession** of faith	신앙 고백
0786	· **remove** a name from a list	명단에서 이름을 삭제하다

☐ **limit**
[límit]

명 한계 동 한정하다

Communication through infrasound is not limited to giraffes. `04 수능`
초저주파 음파를 통한 의사소통은 기린들에게 한정되어 있지 않다.

☐ **humble**
[hʌ́mbl]

형 겸손한, 비천한

He is humble toward his companions.
그는 그의 동료들에게 겸손하다.

☐ **assume**
[əsúːm]

동 사실이라고 보다, 가정하다, 취하다

We often assume that celebrities don't know much about anything else except their occupations. `수능 응용`
우리는 종종 유명인들이 자신의 직업 외에는 아는 것이 많지 않을 거라고 추정한다.

☐ **assignment**
[əsáinmənt]

명 임무, 과제, 숙제

You are supposed to complete four written assignments per semester.
여러분은 매 학기 네 건의 과제물을 작성해야 한다.

☐ **profession**
[prəféʃən]

명 직업, 공언

It is a profession of his own choosing.
그것은 그가 스스로가 선택한 직업이다.

☐ **remove**
[rimúːv]

동 치우다, 제거하다, 이동하다

Don't try to remove something stuck between your teeth in front of others. `03 수능`
다른 사람들 앞에서 이 사이에 낀 것을 빼내려 하지 마라.

0787	· a **boundary** line	경계선
0788	· a school **motto**	교훈
0789	· a perfect **idiot**	완전한 바보
0790	· a public **rehearsal**	공개 시연
0791	· change a **bulb**	전구를 갈다
0792	· at **proper** time	적당한 때에

☐ **boundary**
[báundəri]

명 경계, 한계

The boundary between medical science and biology is vague.
의학과 생물학의 경계는 모호하다.

☐ **motto**
[mátou, mɔ́t-]

명 좌우명, 표어

'Do your best.' That's my motto.
'최선을 다해라.' 그것이 내 좌우명이다.

☐ **idiot**
[ídiət]

명 천치, 바보

You stupid idiot! You made such a big mistake!
이 바보! 그렇게 큰 실수를 하다니!

☐ **rehearsal**
[rihə́ːrsəl]

명 리허설, 예행 연습

Three days were spent in rehearsal.
리허설 하는 데 3일이 소비되었다.

☐ **bulb**
[bʌ́lb]

명 구근, 전구

I wish someone would give me an everlasting bulb.
누군가가 영구적인 전구를 주면 좋겠다.

☐ **proper**
[prápər]

형 적당한, 예의바른

Parent's first duty is the proper protection of their children.
부모의 첫째 의무는 자녀의 적절한 보호에 있다.

0793	· **shift** work	교대 근무
0794	· **combat** for freedom	자유를 얻기 위해 **싸우다**
0795	· go into **detail**	상세하게 논하다
0796	· a **silly** little boy	어리석은 꼬마 녀석
0797	· the business **district**	상업 지구
0798	· **anxiety** about the future	미래에 대한 **불안**

☐ **shift**
[ʃift]

(명) 변화, 교대(조) (동) 방향을 바꾸다, 물건을 이동시키다

The day shift has just come off duty.
주간 교대조는 막 근무를 끝냈다.

☐ **combat**
[kəmbǽt, kámbæt]

(명) 전투 (동) 싸우다

Simmons came across a pair of male giraffes locked in combat. 06 수능
Simmons는 두 마리의 수컷 기린들이 싸움에 얽혀 있는 것을 우연히 보게 되었다.

☐ **detail**
[díːteil, ditéil]

(명) 세부

You don't need to explain the scheme in more detail.
그 계획을 더 상세하게 설명할 필요는 없습니다.

☐ **silly**
[síli]

(형) 어리석은

Don't make her angry with a lot of silly questions.
어리석은 질문으로 그녀를 화나게 하지 마라.

☐ **district**
[dístrikt]

(명) 지역, 지방, 선거구

The district is residential and primarily middle-class.
그 지역은 주택가이고 주로 중산층이 산다.

☐ **anxiety**
[æŋzáiəti]

(명) 걱정, 걱정거리

Anxiety has taken away the will to work.
걱정 때문에 근무 의욕을 잃었다.

0799	· **greed** for gold	금전욕
0800	· a **definite** answer	확답
0801	· **nourish** the land	땅을 기름지게 하다
0802	· be buried in a **cemetery**	묘지에 매장되다
0803	· a **rib** of beef	쇠갈비 한 대
0804	· an **oak** door	오크재(材)의 문

☐ **greed**
[grí:d]

(명) 탐욕, 큰 욕심

He has a great greed for power.
그는 권력욕이 대단하다.

☐ **definite**
[défənit]

(형) 분명히 한정된, 명확한

The vague ideas crystallized into a definite plan.
희미한 구상들이 확실한 계획으로 구체화되었다.

☐ **nourish**
[nɜ́:riʃ]

(동) 영양분을 공급하다, 키우다

They were well nourished and good physical
condition.
그들은 영양상태도 좋았고 신체 조건도 훌륭했다.

☐ **cemetery**
[sémətèri]

(명) 공동묘지

Cemetery is a special place where dead bodies or
ashes are buried.
묘지는 사자의 시신이나 유골이 묻혀 있는 특별한 곳이다.

☐ **rib**
[ríb]

(명) 늑골, 갈빗대

He suffered cracked ribs and a broken arm.
그는 금이 간 갈비뼈와 부러진 팔로 고생했다.

☐ **oak**
[óuk]

(명) 오크, 떡갈나무 (형) 오크(재)의

There were some acorns under the oak tree.
떡갈나무 아래에 도토리들이 약간 있었다.

0805	· our **local** cinema	우리 <u>지역에 있는</u> 영화관
0806	· **commit** a crime	죄를 <u>짓다</u>
0807	· the category of **autobiography**	<u>자서전</u>의 부류
0808	· **withdraw** an offer	신청을 <u>철회하다</u>
0809	· be **sentenced** to a fine	벌금형을 <u>선고받다</u>
0810	· **apply** paint to a surface	표면에 페인트를 <u>칠하다</u>

□ local
[lóukəl]

㉅ 공간의, 지방의

Blacknell plans the design you need, obtains local authority approval.

Blacknell 회사는 당신이 원하는 디자인을 만들어 지방 당국의 허가를 얻어낸다.

□ commit
[kəmít]

㉈ 범하다, 위탁하다

He committed a cat to his friend.
그는 고양이를 그의 친구에게 맡겼다.

□ autobiography
[ɔ́ːtəbaiágrəfi]

㉇ 자서전

This book belongs the category of fictionalized autobiography.
이 책은 소설풍 자서전의 범주에 속한다.

□ withdraw
[wiðdrɔ́ː]

㉈ 빼다, 철회하다, 물러나다

How much money do you want to withdraw?
돈을 얼마나 찾으시겠습니까?

□ sentence
[séntəns]

㉇ 문장, 판결 ㉈ 선고하다

The worse the crime, the longer the jail sentence.
죄가 클수록, 형량이 길어진다.

□ apply
[əplái]

㉈ (~을) 쓰다, 적용하다, 신청하다

To apply, send your application form by December 1, 2003. 04 수능
지원하려면, 당신의 지원서를 2003년 12월 1일까지 제출하시오.

0811	· drop a **bomb**	폭탄을 투하하다
0812	· be in **despair**	절망에 빠지다
0813	· draw one's **salary**	봉급을 타다
0814	· a **presentation** copy	증정본
0815	· an **evil** life	부도덕한 생활
0816	· 15 acres of **meadow**	15 에이커의 풀밭

☐ **bomb**
[bám, bɔ́m]

명 폭탄 동 폭격하다

The bomb exploded at about 10 a.m..
그 폭탄은 약 오전 10시에 폭발했다.

☐ **despair**
[dispέər]

명 절망 동 절망하다

The film visualizes despair.
그 영화는 절망감을 시각화하고 있다.

☐ **salary**
[sǽləri]

명 봉급, 급료

We will offer the highest salary in the country.
우리는 전국에서 가장 높은 봉급을 줄 것입니다.

☐ **presentation**
[prèzəntéiʃən]

명 증정, 제출, 공연

Vicky is practicing on her high school stage for
tomorrow's presentation of a play. 04 수능
Vicky는 내일 있을 연극 발표를 위해 고등학교 무대에서 연습하고
있다.

☐ **evil**
[í:vəl]

형 나쁜, 불길한 명 악

Money is often thought to be the root of all evil.
돈이 모든 악의 근원이라고 종종 여겨진다.

☐ **meadow**
[médou]

명 목초지, 초원

We could see cattle grazing in the meadows.
우리는 목초지에서 풀을 뜯는 소 떼들을 볼 수 있었다.

0817	·the **cue** to enter the room	방으로 들어가라는 <u>신호</u>
0818	·bring **expertise**	<u>전문적 조언을 주다</u>
0819	·coughs and **sneezes**	기침과 <u>재채기</u>
0820	·**confine** a convict	죄수를 <u>가두다</u>
0821	·**chase** a thief	도둑을 <u>뒤쫓다</u>
0822	·a **frequent** visitor	<u>자주 찾아오는</u> 손님

☐ **cue**
[kjú:]

명 신호, 계기, 암시, 단서

The sound was the cue for our departure.
그 소리는 우리의 출발 신호였다.

☐ **expertise**
[èkspərtíːz]

명 전문적 기술, 전문가의 감정서

They develop expertise in multiple areas. 08 수능
그들은 다양한 분야에서 전문 기술을 발전시킨다.

☐ **sneeze**
[sníːz]

동 재채기하다 명 재채기

They all had colds and kept blowing their noses and sneezing.
그들은 모두 감기에 걸려 연신 코를 풀며 재채기를 했다.

☐ **confine**
[kənfáin]

동 한정하다, 가두다

Please confine your remarks to the fact.
사실에만 국한해서 발언해 주십시오.

☐ **chase**
[tʃéis]

동 뒤쫓다, 추구하다 명 추적

The dog is chasing the goat.
개가 염소를 쫓고 있다.

☐ **frequent**
[fríːkwənt]

형 자주 일어나는, 빈번한 동 자주 가다

Earthquakes are frequent occurrences.
지진은 빈번하게 발생한다.

0823	· the **exterior** covering	외피
0824	· with a blue **striped**	푸른 <u>줄무늬</u>가 있는
0825	· **interrupt** the view	시야를 <u>막다</u>
0826	· a **brutal** dictator	<u>잔인한</u> 독재자
0827	· a **reasonable** belief	<u>온당한</u> 믿음
0828	· a **flat** land	<u>평지</u>

☐ **exterior**
[ikstíəriər]

명 외부 형 외부의

The house has a Victorian exterior.
그 집은 외부가 빅토리아 왕조시대 풍이다.

☐ **stripe**
[stráip]

명 줄무늬

What kind of dress do you want, stripes or checks?
어떤 종류의 드레스를 원하니, 줄무늬? 체크무늬?

☐ **interrupt**
[ìntərʌ́pt]

동 가로막다, 중단하다

No one interrupts me. `95 수능`
아무도 나를 방해하지 않는다.

☐ **brutal**
[brúːtl]

형 잔인한

The late stages of cancer are brutal.
암의 말기는 잔혹하다.

☐ **reasonable**
[ríːzənəbəl]

형 도리에 맞는, 온당한

The rent has risen each time, but always until now,
by a reasonable amount. `98 수능`
임대료는 매번 올랐지만, 지금까지는 항상 합리적인 정도였다.

☐ **flat**
[flǽt]

형 평평한, 납작 엎드린 명 평면

The river banks were low and flat. `94 수능`
강둑은 낮고 평평했다.

0829	· **threaten** revenge	복수하겠다고 **위협하다**
0830	· new theories of **instruction**	신교육 이론
0831	· the official **explanation**	공식적인 **설명**
0832	· **certify** their marriage	그들의 결혼을 **증명하다**
0833	· the sufferings of the **Jews**	유대 민족의 수난
0834	· **consume** much time	많은 시간을 **쓰다**

☐ threaten
[θrétn]

동 위협하다, (~할) 우려가 있다

Almost all railroads face problems that threaten to drive them out of business. 수능 응용

거의 모든 철도 회사들은 그들을 부도의 위기에 처하도록 위협하는 문제들에 직면하고 있다.

☐ instruction
[instrʌ́kʃən]

명 교수, 교훈, 지시

She disobeyed her teacher's instruction.
그녀는 선생님의 지시에 복종하지 않았다.

☐ explanation
[èksplənéiʃən]

명 설명

His explanation sounds fairly reasonable to me.
그의 설명은 내게는 아주 합리적으로 들린다.

☐ certify
[sə́:rtəfài]

동 증명하다

I certify that it is a true copy.
나는 그것이 진짜 사본임을 증명한다.

☐ Jew
[dʒúː]

명 유대인

She strongly denied herself to be a Jew.
그녀는 자기가 유대인이라는 것을 강경하게 부인했다.

☐ consume
[kənsúːm]

동 소비하다, 다 써 버리다

My car consumes a lot of gasoline.
내 차는 휘발유를 많이 소비한다.

0835	· **mature** plants	<u>완전히 자란</u> 식물
0836	· gradual **decline**	점진적인 <u>퇴조</u>
0837	· a college **freshman**	대학 <u>1학년생</u>
0838	· **incline** to one side	한쪽으로 <u>기울다</u>
0839	· **reject** the offer	제안을 <u>거절하다</u>
0840	· a cold **sweat**	식은 **땀**

☐ **mature**
[mətʃúər, -tʃúər]

동 성숙시키다 형 익은, 심사숙고한

Ecosystems mature, just as people do, from infants to adults. 97 수능
생태계는 인간처럼 유아에서 성인으로 성숙하게 된다.

☐ **decline**
[dikláin]

명 기움, 쇠퇴 동 거절하다, 기울다

Negative evaluations have reinforced the country's economic decline.
부정적인 평가들이 그 나라의 경제 쇠퇴를 확고히 했다.

☐ **freshman**
[fréʃmən]

명 신입생

He helped freshmen to orient themselves to college and to life.
그는 신입생들이 대학과 그 생활에 적응할 수 있도록 도와주었다.

☐ **incline**
[inkláin]

동 내키게 하다, 기울다

Lack of money inclines many young people toward crime.
많은 청소년들이 돈이 없어서 범죄 쪽으로 기운다.

☐ **reject**
[ridʒékt]

동 거절하다

I'm very sorry to inform you that your application has been rejected.
당신의 신청서가 기각된 것을 알려드리게 되어 매우 유감입니다.

☐ **sweat**
[swet]

명 땀 동 땀을 흘리다

His body was covered with sweat.
그의 몸은 땀으로 뒤범벅이었다.

0841 · a sweet **flavor** 단맛
0842 · Maxist **ideology** 마르크스 사상
0843 · a **career** in law 법률가로서의 경력
0844 · the **role** of the teacher 교사의 역할
0845 · **overlook** a person's mistake 남의 실수를 눈감아 주다
0846 · **cultivate** roses 장미를 재배하다

flavor
[fléivər]

[명] 풍미, 맛 [동] 풍미를 더하다

Adding lemon to food improves the flavor.
음식에 레몬을 치면 풍미가 더해진다.

ideology
[àidiálədʒi, ìdi-]

[명] 이데올로기, 관념, 이념

Anarchism is a political ideology that is opposed to all forms of government.
무정부주의란 모든 형태의 정부를 부정하는 정치적인 이념이다.

career
[kəríər]

[명] 직업, 경력

In your careers you will meet many people. [03 수능]
당신의 생애에서 당신은 많은 사람들을 만날 것이다.

role
[róul]

[명] 배역, 역할

The role of hand gestures is to mark the points of emphasis in our speech. [수능 응용]
손짓의 역할은 우리의 발화에 있어서 강조할 부분을 표시하는 것이다.

overlook
[òuvərlúk]

[동] 못 보고 지나치다, 너그럽게 봐주다

This is a mistake that is all too easily overlooked.
이것은 너무도 쉽게 간과되는 실수이다.

cultivate
[kʌ́ltəvèit]

[동] 경작하다, 재배하다

The villagers cultivate mostly rice and beans.
그 마을 사람들은 대부분 쌀과 콩을 재배한다.

0847 · be **obliged** to obey 복종하지 않을 수 없다
0848 · **spill** milk 우유를 엎지르다
0849 · **eventually** fall in love 마침내 사랑에 빠지다
0850 · **upset** a kettle 주전자를 뒤엎다
0851 · an **occasional** stomachache 이따금씩의 복통
0852 · an **arctic** wind 북극풍

oblige
[əbláidʒ]

[동] 강요하다, 어쩔 수 없이 하게 하다, 호의를 보이다

Economic crisis obliged the government to act.
경제적 위기는 정부가 행동하게 강요했다.

spill
[spíl]

[동] 엎지르다

I spilled the water all over him.
내가 그에게 물을 온통 쏟아 부었다.

eventually
[ivéntʃuəli]

[부] 결국, 드디어, 마침내

An open field will eventually turn into a forest, but first it must go through several stages. [수능 응용]
광활한 벌판은 결국 숲으로 변할 것이나, 그것은 먼저 여러 단계를 거쳐야 한다.

upset
[ʌ́psét]

[명] 전복, 혼란 [동] 뒤엎다, 당황하게 하다 [형] 뒤집힌, 당황한

Play and work are healthy actions, relieving the tensions produced by our emotional upsets. [01 수능]
유희와 노동은 감정적 동요로 오는 긴장감을 완화시켜주는 건강에 좋은 행위이다.

occasional
[əkéiʒənl]

[형] 이따금씩의

He enjoyed the occasional game of baseball.
그는 가끔씩 야구 경기를 즐겼다.

arctic
[ɑ́ːrktik]

[형] 북극의

These animals are able to survive the perils of the Arctic winter.
이 동물들은 험난한 북극의 겨울을 살아 낼 수 있다.

0853	· an **antarctic** exploration	남극 탐험
0854	· **dumb** animals	말 못하는 짐승
0855	· a **needle** and thread	실을 꿴 바늘
0856	· **parallel** lines	평행선
0857	· adequate for the **purpose**	목적에 적합한
0858	· wear an **apron**	앞치마를 입다

□ antarctic
[æ̀ntɑ́ːrktik]

[형] 남극의

The report said the Antarctic icecap is up to 10,000 feet thick.

보고서는 남극의 만년설의 두께가 10,000피트에 이른다고 했다.

□ dumb
[dʌ́m]

[형] 말 못하는, 말을 하지 않는

The man is dumb from birth.

그 남자는 태어날 때부터 벙어리이다.

□ needle
[níːdl]

[명] 바늘

The magnetic needle of the compass pointed north.

나침반의 자침이 북쪽을 가리켰다.

□ parallel
[pǽrəlèl]

[동] (~에) 평행하다, 필적하다 [형] 평행의 [명] 평행선, 필적하는 것

His masterwork has never been paralleled.

아직 그의 걸작에 필적하는 것이 없다.

□ purpose
[pə́ːrpəs]

[명] 목적, 취지

The purpose of your letter is very simple: to express love and gratitude. [03 수능]

당신의 편지의 목적은 매우 간단하다. 사랑과 감사를 표현하는 것이다.

□ apron
[éiprən]

[명] 앞치마

She tried to untie apron strings behind her back.

그녀는 그녀 등 뒤의 앞치마 끈을 풀려고 노력했다.

0859	· air heavy with **moisture**	습기 찬 공기
0860	· the **will** to live	생존욕
0861	· stride over a **ditch**	도랑을 성큼 건너다
0862	· questionable **conduct**	미심쩍은 행위
0863	· **escape** from a prison	탈옥하다
0864	· **convince** everyone	모두를 확신시키다

☐ **moisture** [mɔ́istʃər]

[명] 습기, 수분

It is important to be retentive of moisture.
습기를 유지하는 것은 중요하다.

☐ **will** [wíl]

[명] 의지 [동] 의도하다

Please show me your will.
당신의 의지를 보여주세요.

☐ **ditch** [dítʃ]

[명] 수로, 도랑

The soldiers were digging ditches.
군인들은 도랑을 파고 있었다.

☐ **conduct** [kɑ́ndʌkt]

[명] 행위, 행실 [동] 행동하다, 지휘하다

Trust formed from the start of life leads one to honest conduct in relations with others. [수능 응용]
생애 초반에 형성된 신뢰는 그 사람이 다른 이들과의 관계에 있어서 정직한 행동을 하게끔 한다.

☐ **escape** [iskéip]

[동] 달아나다, 벗어나다 [명] 탈출, 도망

The old saying is true, 'A President never escapes from his office.' [97 수능]
'대통령은 그의 직책에서 절대 도망칠 수 없다.'는 옛말은 옳다.

☐ **convince** [kənvíns]

[동] 확신시키다, 깨닫게 하다

Nothing can convince him that other people are paying no attention to him at all. [04 수능]
어떠한 것도 다른 사람들이 그에게 전혀 관심을 두지 않는다는 사실을 그가 깨닫게 할 수 없다.

0865	· **swing** back and forth	앞뒤로 흔들리다
0866	· academical **controversy**	학문상의 논쟁
0867	· **replace** a book	책을 도로 놓다
0868	· a **dominant** gene	우성 유전자
0869	· a trouble **spot**	분쟁 지역
0870	· the eyes of **leopard**	표범의 눈

☐ **swing**
[swíŋ]

(동) 흔들리다, 흔들다

The basket was swinging from the end of a rope.
밧줄 끝에서 바구니가 흔들거리고 있었다.

☐ **controversy**
[kántrəvə̀:rsi]

(명) 논쟁, 논의

Her latest lyrics gave rise to much controversy.
그녀의 최근 가사는 많은 논란을 불러 일으켰다.

☐ **replace**
[ripléis]

(동) 제자리에 놓다, 대신하다

The habit of scratching can be replaced with
rubbing in some lotion. **10 수능**
긁는 버릇은 약간의 로션을 바르는 것으로 대체될 수 있다.

☐ **dominant**
[dámənənt]

(형) 지배적인, 우위를 차지하는

Opinions against the tax hike were dominant.
세금 인상에 반대하는 의견이 지배적이었다.

☐ **spot**
[spát, spɔt]

(명) 반점, 장소 (형) 당장의 (동) 더럽혀지다

The physician pressed lightly on a sore spot.
그 내과의는 아픈 부위를 살짝 눌렀다.

☐ **leopard**
[lépərd]

(명) 표범

He has promised not to do a thing like that any
more, but a leopard can't change its spots.
그는 더 이상 그러한 일을 하지 않겠다고 약속했지만, 표범은 반점을
바꿀 수 없는 법이다.

0871	· not worth a penny	한 푼의 가치도 없는
0872	· right now	바로 지금
0873	· display bravery	용기를 보이다
0874	· go naked	벌거벗고 지내다
0875	· oppose the enemy	적과 싸우다
0876	· suspect the truth	진실성을 의심하다

□ worth
[wə:rθ]

형 (~의) 가치가 있는 명 가치, 진가

The guest speaker said almost nothing worth listening to.
그 연사는 들을 만한 가치가 있는 말은 거의 하지 않았다.

□ right
[ráit]

명 권리, 바름, 오른쪽 형 바른, 옳은, 오른쪽의 부 아주, 바로

We have the right to a fair trial.
우리는 공정한 재판을 받을 권리가 있다.

□ bravery
[bréivəri]

명 용감

His bravery deserves the highest praise.
그의 용기는 최고의 찬사를 받을 만하다.

□ naked
[néikid]

형 벌거숭이의, 나체의

A bacterial virus is too small to be seen by the naked eye.
세균 바이러스는 너무 작아서 육안으로는 볼 수 없다.

□ oppose
[əpóuz]

동 (~에) 반대하다, (~에) 대항하다

I opposed his dropping out of college.
나는 그의 대학 중퇴를 반대했다.

□ suspect
[səspékt]

동 짐작하다, (~이) 아닌가 하고 생각하다 명 용의자

Because she had never seen the chocolate, she suspected her little brother, Bob. 95 수능
그녀는 초콜릿을 본 적이 없었기 때문에, 그녀의 남동생 Bob을 의심했다.

0877	· a **confident** manner	자신감 있는 태도
0878	· **delight** in music	음악을 즐기다
0879	· once in a **lifetime**	일생에 한번
0880	· the local **grocer**	지역 잡화상
0881	· take a step **backward**	한 걸음 뒤로 물러서다
0882	· hopeless **grief**	절망적인 슬픔

□ confident
[kánfədənt]

휑 확신하고 있는, 자신만만한

I'm confident that we will agree on a 10% pay raise.
나는 우리가 10퍼센트 봉급 인상안에 합의를 볼 것으로 확신합니다.

□ delight
[diláit]

명 기쁨 동 매우 기쁘게 하다

Looking into the water always leads me to some delight. 04 수능
물속을 들여다보는 것은 항상 나를 즐거운 생각 속으로 이끈다.

□ lifetime
[láiftàim]

명 일생, 수명

From now on we will have the holiday of a lifetime.
이제부터 우리는 생애 최고의 휴가를 가질 것이다.

□ grocer
[gróusər]

명 식료품 장수

The grocer grouped the watermelons by size.
식료품상은 수박을 크기에 따라 배열했다.

□ backward
[bǽkwərd]

뷔 뒤쪽으로, 거꾸로 휑 뒤쪽의, 진보가 늦은

Workers had to walk the length of the building backward during the operation. 수능 응용
일꾼들은 작업을 하면서 빌딩의 길이만큼 뒤로 걸어야 했다.

□ grief
[gri:f]

명 큰 슬픔

Broadcasting should not intrude on people's private grief.
방송이 사람들의 사적인 슬픔을 침해해서는 안 된다.

0883	· hurl a **spear**	창을 던지다
0884	· wise **counsel**	현명한 조언
0885	· an **inward** curve	안쪽으로의 만곡
0886	· **prospect** for gold	금을 시굴하다
0887	· a magnificent **spectacle**	장려한 광경
0888	· a **funeral** ceremony	장례식

☐ **spear**
[spiər]

명 창 동 창으로 찌르다

A spear is a weapon used for hunting and combat.
창은 사냥과 싸움에 이용되었던 무기이다.

☐ **counsel**
[káunsəl]

명 상담, 조언, 고문 동 조언하다, 권고하다

Listen to the counsel of your elders.
연장자들의 조언에 귀 기울여라.

☐ **inward**
[ínwərd]

형 안의, 안쪽으로의 부 안으로

His face expressed his inward anxiety.
그의 얼굴에는 마음속의 걱정이 드러나 있었다.

☐ **prospect**
[práspekt]

명 전망, 가망 동 가망의 유무를 검토하다, 답사하다

Long-term employment prospects for college graduates still look gloomy.
대졸자의 장기적인 취업 전망이 아직 어둡다.

☐ **spectacle**
[spektəkl]

명 광경, 구경거리, 안경(-s)

The tourists fascinated at the magnificent spectacle.
관광객들은 그 장려한 광경에 매료되었다.

☐ **funeral**
[fjú:nərəl]

명 장례식 형 장례의

A tremendous crowd attended the funeral.
엄청나게 많은 사람들이 그 장례식에 참석했다.

0889	· ideas that **interact**	<u>상호 교류하는</u> 생각
0890	· economical **perspective**	경제적 <u>전망</u>
0891	· **inspect** every part	모든 부분을 <u>점검하다</u>
0892	· **depict** the situation	상황을 <u>묘사하다</u>
0893	· **despise** riches	재물을 <u>경멸하다</u>
0894	· diverse **aspects**	다양한 <u>양상</u>

□ **interact**
[ìntərǽkt]

(동) 상호 작용하다

Cosmetics interacts with the skin's natural chemicals.
화장품은 피부의 자연 화학물질과 상호 작용한다.

□ **perspective**
[pərspéktiv]

(동) 원근법, 투시 화법, 관점, 전망

Renaissance artists achieved perspective using geometry.
낭만주의 예술가들은 기하학을 사용하여 원근법을 이루어 낼 수 있었다.

□ **inspect**
[inspékt]

(동) 면밀하게 살피다, 시찰하다

An immigration officer inspected his passport.
출입국 관리 직원이 그의 여권을 검사했다.

□ **depict**
[dipíkt]

(동) 그리다, 묘사하다

He was depicted as a corrupt politician.
그는 부패한 정치가로 묘사되었다.

□ **despise**
[dispáiz]

(동) 경멸하다, 멸시하다

You should not despise a man just because he is poor.
사람이 가난하다는 이유만으로 경멸해서는 안 된다.

□ **aspect**
[ǽspekt]

(명) 양상, 관점, 용모

It is important to be mindful about every single aspect of purchasing food. 08 수능
음식을 구입하는 모든 개개의 면에 관해 주의를 기울이는 것은 중요하다.

0895	· an **article** on Korea	한국에 관한 기사
0896	· a **straw** hat	밀짚모자
0897	· a **specific** record	명확한 기록
0898	· **acquire** a bad habit	나쁜 버릇이 들다
0899	· a brain **surgeon**	뇌 외과의사
0900	· an artful **devil**	교활한 악마

☐ **article**
[áːrtikl]

형 기사, 물품, 조항

The article accurately reflects the views of both labor and business.
그 기사는 노사 양쪽의 견해를 정확하게 반영한다.

☐ **straw**
[strɔ́ː]

명 짚, 빨대

A drowning man will catch at a straw.
물에 빠진 사람은 지푸라기라도 잡는다. 〈속담〉

☐ **specific**
[spisífik]

형 분명히 나타난, 구체적인

Be as specific as possible. 05 수능
가능한 한 구체적으로 하라.

☐ **acquire**
[əkwáiər]

통 취득하다, 얻다

They realize that the best way to get hired is to acquire some experience. 수능 응용
그들은 취직하기 위한 가장 좋은 방법이 경험을 얻는 것임을 깨닫는다.

☐ **surgeon**
[sə́ːrdʒən]

명 외과의사

The surgeon muttered a few words to us.
그 외과의사는 우리에게 몇 마디 투덜거렸다.

☐ **devil**
[dévəl]

명 악마, 악당

The Devil tempted Adam and Eve.
악마가 아담과 이브를 유혹했다.

0901	· a **frontier** zone	국경 지역
0902	· **degrade** society	사회를 타락시키다
0903	· internal **structure**	내부 구조
0904	· **background** information	배경지식
0905	· **available** from stores	상점에서 살 수 있는
0906	· **occupy** the room	방을 차지하다

☐ frontier
[frʌntíər, frʌntíər]

명 국경, 접경, 경계

Finland has frontiers with Sweden, Norway and Russia.
핀란드는 스웨덴, 노르웨이, 러시아와 국경을 접하고 있다.

☐ degrade
[digréid]

동 지위를 낮추다, 품위를 떨어뜨리다

Pollution is degrading the environment.
공해가 환경의 질을 떨어뜨리고 있다.

☐ structure
[strʌ́ktʃər]

명 구조, 건물

You occupy several different positions in the complex structure of society. 수능 응용
당신은 사회의 복잡한 구조 안에서 몇 가지의 다른 지위를 차지한다.

☐ background
[bǽkgràund]

명 배경

The singer has a good academic background.
그 가수는 학력이 높다.

☐ available
[əvéiləbl]

형 이용할 수 있는, 입수할 수 있는

No transportation is available to the island.
그 섬으로 가는 데 이용할 수 있는 교통수단은 아무 것도 없다.

☐ occupy
[ákjupài]

동 차지하다, 종사하다, 점령하다

Each one occupies several different positions in the complex structure of society. 01 수능
각 개인은 사회라는 복잡한 구조 안에서 몇 가지 다른 지위를 차지하고 있다.

0907 · **inform** the embassy 대사관에 알리다
0908 · **concentration** of population 인구 집중
0909 · a **race** problem 인종 문제
0910 · a **mole** on one's nose 코의 점
0911 · **domestic** trade 국내 상업
0912 · the French **Revolution** 프랑스 혁명

□ inform
[infɔ́ːrm]

[동] 알리다, 통지하다

You will be informed when the dress becomes available.
그 원피스를 구입할 수 있을 때, 알려 드리겠습니다.

□ concentration
[kɑ̀ːnsəntréiʃən]

[명] 집결, 집중

Those who cannot make a success in their business are the ones whose concentration is poor. [수능 응용]
자신들의 사업에서 성공할 수 없는 사람들은 집중력이 떨어지는 사람들이다.

□ race
[réis]

[명] 인종, 민족, 씨족

More Asians than whites think that race relations will get worse. [99 수능]
백인들보다 더 많은 아시아인들은 인종 관계가 악화될 것으로 생각한다.

□ mole
[móul]

[명] 두더지, 스파이, (검은) 점

According to ancient superstitions, a mole on the face reveals a person's character.
고대 미신에 따르면, 얼굴의 점은 사람의 성격을 보여준다.

□ domestic
[dəméstik]

[형] 가정의, 국내의

The domestic oil may require protection because of its importance to national defense. [수능 응용]
국내의 석유는 국방에 중요하기 때문에 보호할 필요성이 있다.

□ revolution
[rèvəlúːʃən]

[명] 혁명, 대변혁, 회선

My head's full of abstract ideas about revolution and progress.
나의 머리는 온통 혁명과 진보에 관한 추상적인 생각들로 꽉 차있다.

0913	· **criticize** a poem	시를 비평하다
0914	· a **china** cabinet	도자기장
0915	· an **astronaut** in the space	우주에 있는 우주 비행사
0916	· a severe **earthquake**	강한 지진
0917	· the fire **department**	소방서
0918	· stop at the **intersection**	교차로에서 멈추다

☐ **criticize**
[krítəsàiz]

동 비평하다, 비난하다

She was severely criticized for her lateness.
그녀는 지각을 해서 심한 비판을 받았다.

☐ **china**
[tʃáinə]

명 도자기

The dishwasher has worn the glaze off the china.
식기 세척기 때문에 도자기 그릇의 광택이 없어졌다.

☐ **astronaut**
[æstrənɔːt]

명 우주 비행사

Astronauts have walked on the moon's surface.
우주 비행사들이 달 표면을 걸었다.

☐ **earthquake**
[ə́ːrθkwèik]

명 지진, 대변동

The earthquake was the worst calamity in the history.
그 지진은 역사상 최악의 참화였다.

☐ **department**
[dipáːrtmənt]

명 부문, 부

I work at the sales department.
저는 판매부에서 근무하고 있습니다.

☐ **intersection**
[ìntərsékʃən]

명 교차, 횡단

It is near a busy highway intersection.
그것은 교통량이 많은 고속도로 교차점 근처에 있다.

0919	· **scream** for help	도와달라고 <u>소리치다</u>
0920	· the **solution** to a problem	문제의 <u>해결책</u>
0921	· a thinking **reed**	생각하는 <u>갈대</u>
0922	· **thrive** on hard work	힘든 일을 <u>잘 해내다</u>
0923	· **avoid** caffeine	카페인을 <u>피하다</u>
0924	· medical **services**	의료 <u>봉사</u>

☐ **scream**
[skríːm]

동 소리치다, 소리 질러 말하다 명 절규

My son screamed loudest of all.
나의 아들이 가장 크게 소리를 질렀다.

☐ **solution**
[səlúːʃən]

명 해결, 녹임

Water is a very simple solution to many everyday ills. **01 수능**
물은 여러 일상적 질병에 매우 간단한 해결책이다.

☐ **reed**
[ríːd]

명 갈대

The edge of the garden was fringed with reeds.
정원 가장자리는 갈대로 장식되어 있었다.

☐ **thrive**
[θraiv]

동 번영하다, 무성해지다, 잘 자라다

These animals rarely thrive in captivity.
이 짐승들은 감금상태에서는 잘 살지 못한다.

☐ **avoid**
[əvɔ́id]

동 피하다, 예방하다

I do my shopping in November to avoid the Christmas rush.
나는 크리스마스 시즌에 붐비는 것을 피하기 위해서 11월에 쇼핑을 한다.

☐ **service**
[sə́ːrvis]

명 봉사, 공공 사업, 운행편

Use this service only when you can't find a telephone book near you. **95 수능**
근처에 전화번호부를 찾을 수 없을 때에만 이 서비스를 이용하시오.

0925	· a **splendid** dinner	멋진 저녁식사
0926	· **detect** enemy	적을 발견하다
0927	· **refuse** to negotiate	협상을 거부하다
0928	· a **tense** moment	긴장의 순간
0929	· the **grandeur** of nature	자연의 웅장함
0930	· child **psychology**	아동 심리학

☐ **splendid**
[spléndid]

⧠ 화려한, 멋진

From the top of the mountain, you can get a splendid view of the village.
산꼭대기에서는, 마을의 훌륭한 전경을 볼 수 있다.

☐ **detect**
[ditékt]

⧠ 발견하다, 간파하다

Opticians can detect various diseases.
광학기계 제작자들은 여러 가지 질병들을 발견할 수 있다.

☐ **refuse**
[rifjú:z]

⧠ 거절하다

Mr. Bell refused to listen to him. `00 수능`
Bell씨는 그의 말을 듣기 거부했다.

☐ **tense**
[téns]

⧠ 팽팽한, 긴장한

The situation was so tense lately.
최근 상황은 매우 긴장되었다.

☐ **grandeur**
[grǽndʒər, -dʒuər]

⧠ 웅장, 장대

We admired the grandeur of the Swiss alps.
우리는 스위스 알프스의 웅장함에 감탄했다.

☐ **psychology**
[saikálədʒi]

⧠ 심리학, 심리

She's one of the foremost experts on applied psychology.
그녀는 응용 심리학 분야에서 최고의 전문가 중 한 사람이다.

0931	· the **extent** of a park	공원의 넓이
0932	· a **carefree** life	근심 걱정이 없는 생활
0933	· the **advantage** of education	교육의 이점
0934	· an **evergreen** tree	늘 푸른 나무
0935	· **coward** look	겁에 질린 얼굴
0936	· **due** date	만기일

☐ extent
[ikstént]

명 넓이, 범위, 정도

I was shocked at the extent of the damage.
나는 손상의 정도에 놀랐다.

☐ carefree
[kɛ́ərfrìː]

형 근심이 없는, 무책임한

The mature man often compares the remembered carefree past with his immediate problems. **수능 응용**
성인은 종종 기억하고 있는 근심 없던 과거를 지금의 문제와 비교한다.

☐ advantage
[ædvǽntidʒ]

명 유리, 이점

Her friends take advantage of her wealth.
그녀의 친구들은 그녀의 부를 이용한다.

☐ evergreen
[évərgrìːn]

명 상록수 형 상록의, 항상 신선한

The field is dotted with the evergreens.
들판에는 상록수가 군데군데 있다.

☐ coward
[káuərd]

명 겁쟁이 형 비겁한, 겁많은

I scorn cowards and betrayers.
나는 비겁자와 배반자를 경멸한다.

☐ due
[djuː]

형 지불 기일이 된, 적절한, 하기로 되어 있는 명 회비

He had been putting off doing his chemistry report which was due on Monday. **10 수능**
그는 월요일이 제출 기한인 화학 보고서를 미뤄 왔었다.

0937	· **liable** to error	틀리기 **쉬운**
0938	· **announce** the results	그 결과를 **발표하다**
0939	· before **dawn**	**날이 새기** 전에
0940	· **sprain** one's ankle	발목을 **삐다**
0941	· vehicular **access**	자동차가 들어가는 **길**
0942	· **contaminate** a river	강을 **오염시키다**

☐ **liable**
[láiəbl]

> ⓗ 책임져야 할, 자칫하면 (~)하는

Not a single person has been found criminally liable.
단 한 명의 사람도 형법상의 책임이 있는 것으로 밝혀지지 않았다.

☐ **announce**
[ənáuns]

> ⓓ 알리다, 공고하다

Their wedding plans were announced in the local paper.
그들의 결혼 계획이 지방지에 발표되었다.

☐ **dawn**
[dɔ́:n]

> ⓗ 새벽 ⓓ 날이 새다, 나타나기 시작하다

The army began the attack at dawn.
군대는 새벽에 공격을 개시했다.

☐ **sprain**
[spréin]

> ⓓ 삐다

If you sprain your ankle, you would not go out jogging.
발목이 삐었다면, 조깅하러 나가지 마세요.

☐ **access**
[ǽkses]

> ⓗ 접근, 접근방법

There must be an access to the room.
그 방에 접근할 수단이 틀림없이 있을 것이다.

☐ **contaminate**
[kəntǽmənèit]

> ⓓ 오염시키다

The infection was transmitted through contaminated water.
그 전염병은 오염된 물을 통해서 전염되었다.

0943	· a **critical** remarks	비판적인 말
0944	· a **period** of illness	앓았던 기간
0945	· a money-back **guarantee**	환불 보증
0946	· be in a **puzzle**	곤혹하다
0947	· the **dignity** of labor	노동의 존엄성
0948	· **undertake** a task	일을 맡다

critical
[krítikəl]

형 비평의, 위기의

We perceived that the surrounding circumstances were critical.

우리는 주위의 상황이 심각하다고 인식했다.

period
[píəriəd]

명 기간, 시대

The meeting was adjourned for an indefinite period.

회의는 무기한 연기되었다.

guarantee
[gæ̀rəntíː]

명 보증, 개런티 동 보증하다

Whichever you buy, there is a year guarantee.

어느 것을 사시든, 1년간 품질을 보증해 드립니다.

puzzle
[pΛ́zl]

동 당황하게 하다 명 수수께끼, 어려운 문제, 곤혹

It puzzled me that they never answered my question.

그들이 내 질문에 답하지 않아서 나는 어리둥절했다.

dignity
[dígnəti]

명 존엄, 위엄, 품위

He believes that people have a right to take charge and die in dignity.

사람은 책임지고 품위 있게 죽을 권리를 갖고 있다고 그는 믿고 있다.

undertake
[Λ̀ndərtéik]

동 맡다, 착수하다, 단언하다, 보증하다

The festival will undertake a fairly extensive introduction of American modern dance. 수능 응용

그 축제는 장대한 미국 현대 무용의 서론을 보여줄 것이다.

0949	· tomato **pulp**	토마토 과육
0950	· tunnel **tolls**	터널 통행료
0951	· the **theory** of evolution	진화론
0952	· a financial **crisis**	재정 위기
0953	· a **valid** conclusion	타당한 결론
0954	· **native** art	향토 예술

☐ **pulp**
[pʌ́lp]

명 과육, 펄프

Scoop out the pulp and serve it with juice.
과육을 파내어 주스와 함께 차려 내시오.

☐ **toll**
[tóul]

명 사용세, 요금, 장거리 요금, 희생자

The storm took a heavy toll of lives.
그 태풍으로 인해 사상자가 많았다.

☐ **theory**
[θíːəri, θíə-]

명 학설, 이론

He developed an entire theory of physics that
physicists today find odd. 수능 응용
그는 오늘날의 물리학자들이 희한하다고 생각하는 물리 이론을 전개했
다.

☐ **crisis**
[kráisis]

명 위기, 중대한 기로

The present crisis is worse than any others before.
현재의 위기는 이전의 어느 것들보다 더 심하다.

☐ **valid**
[vǽlid]

형 근거가 확실한, 유효한

A human law is a set of rules that are valid only for
a certain number of people. 수능 응용
인간의 법은 단지 특정한 수의 사람들에 대해 유효한 일련의 법칙이다.

☐ **native**
[néitiv]

형 출생지의, 타고난, 원산의 명 원주민, 토종

The kangaroo is a native of Australia.
캥거루는 오스트레일리아가 원산지이다.

0955 · **count** the money 돈을 세다
0956 · **urban** area 도심의 지형
0957 · **praise** a boy 소년을 칭찬하다
0958 · an automobile **horn** 자동차 경적
0959 · **commence** the study 공부를 시작하다
0960 · frictional **electricity** 마찰 전기

count
[káunt]

[동] 세다, 셈에 넣다 [명] 계산

I can count from 1 to 10 in German.
나는 독일어로 1부터 10까지 셀 줄 안다.

urban
[ə́ːrbən]

[형] 도시의

They are experiencing a huge urban traffic problem now.
지금 그들은 대도시의 교통 문제에 직면하고 있다.

praise
[préiz]

[명] 칭찬 [동] 칭찬하다

They must accept the praise of others but be even more suspicious of it. [수능 응용]
그들은 타인의 칭찬을 받아들이되 더욱 이를 의심해야 한다.

horn
[hɔːrn]

[명] 뿔, 경적

Goats, deer, and cattle have a pair of horns.
염소, 사슴, 그리고 소에게는 한 쌍의 뿔이 있다.

commence
[kəméns]

[동] 개시하다, 시작하다, 시작되다

The second semester commences in September.
2학기는 9월에 시작된다.

electricity
[ilèktrísəti, ìːlek-]

[명] 전기, 전류

This machine is economical because it run on half-price electricity.
이 기계는 원가가 절반 밖에 안 드는 전기로 돌아가기 때문에 경제적이다.

0961	· **injure** the voice	목소리를 해치다
0962	· a **candidate** for admission to a school	입학 지원자
0963	· **consist** of oxygen	산소로 이루어져 있다
0964	· **describe** the scene	풍경을 묘사하다
0965	· **relieve** distress	고통을 덜어주다
0966	· an introduction to **astronomy**	천문학 입문서

☐ **injure**
[índʒər]

ⓥ 상처를 입히다, 해치다

Hundreds of thousands people are injured each day in car accidents. 수능 응용
매일 수십만 명의 사람들이 자동차 사고로 상해를 입는다.

☐ **candidate**
[kǽndídèit, -dət]

ⓜ 후보자

Candidates were required to know thousands of logographs merely to read the classics. 수능 응용
지원자들은 고전을 읽기 위해 수천 개의 표의문자를 알아야 했다.

☐ **consist**
[kənsíst]

ⓥ 되어 있다, 존재하다, 일치하다

Happiness consists in self-contentment.
행복은 자기 만족에 있다.

☐ **describe**
[diskráib]

ⓥ 묘사하다, 칭하다

Which adjective best describes the character?
어느 형용사가 그 캐릭터를 가장 잘 묘사하고 있는가?

☐ **relieve**
[rilíːv]

ⓥ 경감하다, 안도하게 하다

I was very relieved by the fact that my friend was on my side.
나는 나의 친구가 내 편이라는 사실에 매우 안심했다.

☐ **astronomy**
[əstránəmi]

ⓜ 천문학

Astronomy is unfamiliar to me.
천문학은 나에게 생소하다.

0967	· an **outward** court	바깥 정원
0968	· the **approach** of night	밤이 다가옴
0969	· a **bull** whale	수컷 고래
0970	· wild **laughter**	열광적인 웃음
0971	· **drug** dependency	약물 의존
0972	· **complain** bitterly	몹시 불평하다

☐ **outward**
[áutwərd]

휑 밖으로 향하는 몡 외부 톤 바깥쪽으로

There were no outward signs that a burglar broke into the house.
그 집에 도둑이 들었다는 외부적인 흔적은 없었다.

☐ **approach**
[əpróutʃ]

동 (~에) 다가가다, 가까이 가다 몡 접근, 접근법

Reduce your speed as you approach the turn.
모퉁이에 접근할 때는 속도를 늦춰라.

☐ **bull**
[búl]

몡 황소, 수컷

Red cloth gains the anger of a bull.
붉은 천은 황소를 화나게 한다.

☐ **laughter**
[lǽftər, láːf-]

몡 웃음, 웃음소리

The sound of laughter came from behind the bushes.
웃음소리가 덤불 뒤쪽에서 들려왔다.

☐ **drug**
[drʌ́g]

몡 약, 마약

The nurse injected some drug into his body.
간호원은 어떤 약물을 그의 몸에 주사했다.

☐ **complain**
[kəmpléin]

동 불평하다

The patient is complaining of acute pain.
그 환자는 심한 고통을 호소하고 있다.

0973	· a **sour** smell	<u>시큼한</u> 냄새	
0974	· **preserve** a freedom	<u>자유를 보존하다</u>	
0975	· **jury** duty	<u>배심원</u> 의무	
0976	· **strict** rules	<u>엄한</u> 규칙	
0977	· **population** density	<u>인구</u> 밀도	
0978	· **rural** communities	<u>농촌</u>	

☐ **sour**
[sáuər]

형 신, 신내가 나는

These oranges taste sweet and sour.
이 오렌지들은 달콤새콤하다.

☐ **preserve**
[prizə́ːrv]

동 보호하다, 보존하다

The first preserved example of Greek alphabetic writing is a line of poetry. 수능 응용
그리스 알파벳으로 된 최초의 보존된 글의 예는 시 한 줄이다.

☐ **jury**
[dʒúəri]

명 배심, 심사 위원회

The jury returned a unanimous verdict of not quility after a long deliberation.
배심원들은 긴 토론 끝에 만장일치의 무죄 평결로 답신했다.

☐ **strict**
[stríkt]

형 엄한, 엄밀한

Successful people are willing to work hard, but within strict limits. 00 수능
성공한 사람들은 기꺼이 열심히 일하지만, 엄격한 한도 내에서 한다.

☐ **population**
[pàpjuléiʃən]

명 인구, 주민

The increased population brought more demand for food, and more money went into farming. 00 수능
인구의 증가로 식량에 대한 수요가 더 커졌고, 경작에 더 많은 돈이 들어갔다.

☐ **rural**
[rúərəl]

형 시골의, 전원의

He's carrying out a comparative study of the sales trends in inner cities and rural areas.
그는 도심과 농촌 지역의 판매 경향에 관한 비교적인 연구를 수행하고 있다.

0979	· a **concise** statement	간결한 진술
0980	· an ambitious **politician**	야심 많은 정치가
0981	· **frank** criticism	솔직한 비평
0982	· **bleed** from the nose	코피가 나다
0983	· a club **fee**	클럽 입회비
0984	· a **shortcut** to success	성공으로 가는 지름길

☐ **concise**
[kənsáis]

(형) 간결한

What you need to keep in mind is to be concise and accurate when you write a report.
당신이 보고서를 쓸 때 명심할 필요가 있는 것은 간결하고 정확해야 한다는 것이다.

☐ **politician**
[pὰːlətíʃən]

(명) 정치가

Politicians should live a life of integrity.
정치인들은 청렴한 삶을 살아야 한다.

☐ **frank**
[frǽŋk]

(형) 솔직한

I am frank with you about everything.
나는 너에게 모든 것에 있어 솔직해.

☐ **bleed**
[blíːd]

(동) 피가 나다, 출혈하다

My gums bleed when I brush my teeth.
나는 양치질을 할 때 잇몸에서 피가 난다.

☐ **fee**
[fiː]

(명) 보수, 요금

The lawyer's fee was cheap.
그 변호사의 수임료는 쌌다.

☐ **shortcut**
[-kʌ̀t]

(명) 지름길

Two young men decided to take a shortcut.
두 명의 젊은 남자는 지름길로 가기로 결정했다.

0985	· a shopping **mall**	쇼핑몰
0986	· **conquer** new territories	새 영토를 정복하다
0987	· active **obedience**	자발적인 복종
0988	· a leaf **bud**	잎눈
0989	· **gradual** improvement	점진적인 회복
0990	· dynastic **conflict**	왕조의 갈등

☐ **mall**
[mɔːl]

(명) 쇼핑몰

She's off to New York for a week to evaluate a site for a shopping mall.
그녀는 쇼핑몰 부지를 조사하러 일주일 동안 뉴욕으로 출장 갑니다.

☐ **conquer**
[kάŋkər]

(동) 정복하다

The Normans conquered England in the 11th century.
11세기에 노르만 족이 영국을 정복했다.

☐ **obedience**
[oubíːdiəns]

(명) 복종, 준수

Computers have two special qualities: infinite patience and obedience. 수능 응용
컴퓨터는 두 가지 특별한 특성을 가지고 있는데, 무한한 인내와 복종이 그것이다.

☐ **bud**
[bʌd]

(동) 봉오리[눈]를 맺다 (명) (식물) 눈

The trees are budding late this year.
올해는 나무에 싹이 늦게 난다.

☐ **gradual**
[grǽdʒuəl]

(형) 점차적인, 점진적인

The changes will be gradual at first.
처음에는 변화가 서서히 나타날 것이다.

☐ **conflict**
[kάnflikt]

(명) 투쟁, 충돌 (동) 충돌하다

But sometimes you will get caught in a conflict. 01 수능
그러나 때때로 당신은 투쟁에 휘말리게 될 것이다.

0991	· market **research**	시장 조사
0992	· a tropical **region**	열대 지방
0993	· a waltz **tempo**	왈츠의 박자
0994	· **contemporary** accounts	당시의 기록
0995	· an innocent **bystander**	무고한 **구경꾼**
0996	· **temporary** relief from pain	일시적인 통증완화

research
[risə́ːrtʃ, ríːsəːrtʃ]

명 연구 동 연구하다

I heard your department lost its research funding.
전 당신 부서가 연구 지원금을 받지 못하게 됐다고 들었습니다.

region
[ríːdʒən]

명 지방, 지역

The characteristic of the coffee from this region is strong and full-favored.
이 지방 커피의 특징은 짙은 맛이다.

tempo
[témpou]

명 속도, 빠르기, 박자

This is a tune played at a fairly fast tempo.
이것은 상당히 빠른 박자로 연주되는 곡이다.

contemporary
[kəntémpərèri]

형 같은 시대의, 현대의

Someone who reads only books by contemporary authors looks to me like a near-sighted person. 수능 응용
현대 작가들이 쓴 책만 읽는 사람은 내게 근시안적인 사람으로 보인다.

bystander
[báistændər]

명 방관자, 구경꾼

We heard the shouts and salutations of the bystanders.
우리는 구경꾼들의 환호와 인사 소리를 들었다.

temporary
[témpərèri, -rəri]

형 일시적인, 임시의

I think we should look into hiring a temporary worker.
우리는 임시 직원을 채용해야 할 것 같아요.

0997	· a **chemistry** lesson	화학 수업
0998	· **venture** into the water	위험을 무릅쓰고 물속으로 들어가다
0999	· a **rectangle** shape	직사각형 모양
1000	· believe in **astrology**	점성술을 믿다
1001	· a sleeping **pill**	수면제
1002	· **exist** on bread and water	빵과 물로 살아가다

☐ **chemistry**
[kémistri]

명 화학

My major area of study is chemistry.
나의 전공 연구 분야는 화학이다.

☐ **venture**
[véntʃər]

명 모험, 모험적 사업　동 위험을 무릅쓰고 하다

Bad weather militated against the success of the venture.
나쁜 날씨가 그 모험의 성공을 방해했다.

☐ **rectangle**
[réktæŋgl]

명 직사각형

The lot for his house was a large rectangle.
그의 집터는 커다란 직사각형이었다.

☐ **astrology**
[əstrálədʒi]

명 점성학, 점성술

Read books on Chinese astrology and go online to read articles.
중국 점성술에 대한 책을 읽고, 기사를 읽으려면 인터넷을 이용하세요.

☐ **pill**
[píl]

명 환약, 알약

When should I take these pills? 02 수능
내가 언제 이 알약들을 복용해야 합니까?

☐ **exist**
[igzíst]

동 존재하다, 있다

I think, therefore I exist.
나는 생각한다, 고로 나는 존재한다.

1003	· **desert** one's post	부서를 이탈하다
1004	· smoke and **ash**	연기와 재
1005	· an atomic **explosion**	핵 폭발
1006	· the only **clue**	유일한 단서
1007	· a **remarkable** change	현저한 변화
1008	· **emphasize** the importance	중요성을 강조하다

□ desert
[dizə́ːrt]

[동] 버리다, 탈주하다

He isn't the man to desert me.
그는 나를 버릴 사람이 아니다.

□ ash
[ǽʃ]

[명] 재, 화산재

This oil leaves no ash.
이 기름은 재가 생기지 않는다.

□ explosion
[iksplóuʒən]

[명] 폭발

If an explosion occurred on a star, scientists would record the time it happened. [수능 응용]
항성에서 폭발이 일어난다면, 과학자들은 그 발생 시각을 기록할 것이다.

□ clue
[klúː]

[명] 실마리

There is no clue to the identity of the suspect.
혐의자의 정체에 대한 아무런 단서도 없다.

□ remarkable
[rimáːrkəbl]

[형] 주목할 만한, 현저한

We congratulate you on your remarkable achievements in college. [03 수능]
우리는 대학에서의 당신의 주목할 만한 성과에 대해 축하드립니다.

□ emphasize
[émfəsàiz]

[동] 강조하다, 역설하다

He emphasized that every student should come on time.
그는 모든 학생이 시간에 맞게 와야 한다고 역설했다.

1009	· **equivalent** to an insult	모욕과 <u>같은</u>
1010	· a major **breakthrough**	획기적인 <u>발전</u>
1011	· a harvest of **magnitude**	<u>많은</u> 수확
1012	· wholesale **slaughter**	<u>대학살</u>
1013	· the **essence** of religion	종교의 <u>본질</u>
1014	· tend to **exaggerate**	<u>과장하는</u> 경향이 있다

☐ **equivalent**
[ikwívələnt]

형 동등한, 상당하는

Is there a Korean word that is the exact equivalent of the English word 'home'?
영어 낱말 home에 정확히 상당하는 한국어 단어가 있는가?

☐ **breakthrough**
[bréikθrù:]

명 돌파, 큰 발전, 약진

Scientists are on the brink of a breakthrough in the treatment of AIDS.
과학자들은 에이즈 치료에 있어 획기적인 전기를 마련할 찰나에 있다.

☐ **magnitude**
[mǽgnətjù:d]

명 크기, 중요성

People don't appreciate the magnitude of your achievement.
사람들은 당신이 이룬 업적의 중대성을 알지 못한다.

☐ **slaughter**
[slɔ́:tər]

명 도살, 학살 동 도살하다, 학살하다

Animals are stunned before slaughter.
도살 전에 동물들을 기절시킨다.

☐ **essence**
[ésns]

명 본질, 정수

The two journals are in essence the same.
그 두 가지 잡지는 본질적으로 동일하다.

☐ **exaggerate**
[igzǽdʒərèit]

동 과장하다

The news was greatly exaggerated.
그 뉴스는 크게 과장되었다.

1015	· **commemorate** the anniversary	기념일을 기념하다
1016	· an age of **transition**	과도기
1017	· **aspire** to success	성공을 열망하다
1018	· cause a **nuisance**	폐를 끼치다
1019	· the **volume** of traffic	교통량
1020	· a **benefit** concert	자선 음악회

commemorate
[kəmémərèit]

동 기념하다

We commemorate the people who died in the war.
우리는 전쟁 중에 죽은 이들을 기념한다.

transition
[trænzíʃən, -síʃən]

명 변천

Is China in the transition to the market economy?
중국은 현재 시장 경제로 이행중입니까?

aspire
[əspáiər]

동 열망하다, 동경하다

She aspired to become a famous actress.
그녀는 유명한 배우가 되기를 갈망했다.

nuisance
[njú:sns]

명 폐, 성가심, 귀찮음

Stop making a nuisance of yourself, sit and wait your turn.
성가시게 굴지 말고 앉아서 자기 차례를 기다리세요.

volume
[válju:m]

명 책, 권, 부피, 양

This volume is still in print.
이 책은 아직도 출판이 되고 있습니다.

benefit
[bénəfit]

명 이익, 자선 공연 동 (~에게) 도움이 되다.

For their own benefit, companies have various ways of offering lower prices. 01 수능
자신들의 이익을 위해, 회사들은 다양한 방법으로 낮은 가격을 제공한다.

1021	· **resist** an attack	공격에 저항하다
1022	· **recall** the past	과거를 회상하다
1023	· natural **disasters**	자연 재해
1024	· a sense of **responsibility**	책임감
1025	· **corporate** property	법인 재산
1026	· **discern** good from[and] bad	선악을 분별하다

☐ **resist**
[rizíst]

동 (~에) 저항하다

There are other diseases that our bodies cannot
successfully resist on their own. **05 수능**
우리 몸이 스스로 성공적으로 저항할 수 없는 다른 질병들이 있다.

☐ **recall**
[rikɔ́:l]

동 상기하다, 회수하다, 취소하다

The company has recalled all the faulty hair dryers.
그 회사는 결함이 있는 헤어드라이기를 모두 회수했다.

☐ **disaster**
[dizǽstər, -zá:s-]

명 재해, 재앙

The oil spill was an ecological disaster for
thousands of fish.
그 기름 유출사고는 수천 마리의 물고기에게는 생태계 재앙이었다.

☐ **responsibility**
[rispànsəbíləti]

명 책임

People try not to take responsibility for their actions.
사람들은 자신의 행동에 대해 책임을 지려 하지 않는다. **94 수능**

☐ **corporate**
[kɔ́:rpərət]

형 법인의

It was a success from a corporate standpoint.
그것은 회사 입장에서 보면 성공이었다.

☐ **discern**
[disə́:rn, -zə́:rn]

동 식별하다

Believe it or not, many people cannot discern
between a male and female cat.
믿거나 말거나지만, 많은 사람들은 수컷 고양이와 암컷 고양이를 구분
할 수 없다.

1027	· **harass** a person	남을 애먹이다
1028	· the **duration** of flight	체공 시간
1029	· election **frauds**	선거 위반
1030	· a doctoral **thesis**	박사 논문
1031	· a mummified **corpse**	미라로 만든 시체
1032	· industrial **democracy**	산업 민주주의

harass
[hǽrəs, hərǽs]

[동] 괴롭히다

Stop harassing the boy with so many difficult questions.
그 소년을 그렇게 많은 어려운 질문으로 그만 괴롭혀라.

duration
[djuréiʃən]

[명] 지속, (지속되는) 기간

We all had to stay indoors for the duration of the hurricane.
우리는 모두 허리케인이 지속되는 동안 실내에 머물러 있어야만 했다.

fraud
[frɔːd]

[명] 사기

Many frauds on the internet are perpetrated by authorized users.
인터넷상에서의 많은 사기 행위는 권한이 주어진 사용자들에 의해 저질러진다.

thesis
[θíːsis]

[명] 논제, 논문

This thesis is well constructed.
이 논문은 잘 구성되어 있다.

corpse
[kɔ́ːrps]

[명] 시체, 송장

The corpse of a young gentleman lay in the street.
한 젊은 신사의 시체가 도로에 누워 있었다.

democracy
[dimákrəsi, -mɔ́k-]

[명] 민주주의

What does democracy mean to us without the freedom to tell the truth? [02 수능]
진실을 말할 자유 없이 민주주의가 우리에게 무슨 의미가 있습니까?

1033	· take a drug by **injection**	약을 주사로 맞다
1034	· **internal** organs	내장
1035	· **recruit** new members	신입회원을 모집하다
1036	· nitrogen **dioxide**	이산화질소
1037	· legal **procedure**	소송 절차
1038	· the **imprint** of a foot	발자국

☐ **injection**
[indʒékʃən]

명 주사

I hate having injection.
나는 주사 맞는 것을 싫어한다.

☐ **internal**
[intə́:rnl]

형 내부의, 내면적인, 국내의

When I turned fifteen, some great internal change
occurred. 94 수능
내가 15세가 되었을 때, 어떤 커다란 내적인 변화가 일어났다.

☐ **recruit**
[rikrú:t]

명 신병, 신입 회원 동 모집하다

They enlisted five hundred new recruits.
그들은 500명의 신병을 징모했다.

☐ **dioxide**
[daiáksaid]

명 이산화물

Oxygen, carbon dioxide, and nitrogen are the most
important gases.
산소, 이산화탄소, 질소는 가장 중요한 가스들이다.

☐ **procedure**
[prəsí:dʒər]

명 순서, 절차

The staff informed himself of all necessary
procedures.
그 직원은 모든 필요한 절차를 알고 있었다.

☐ **imprint**
[ímprint]

동 찍다, 감명시키다 명 찍은 자국, 인상

The terrible scenes imprinted itself on their minds.
그 끔찍한 장면들은 그들의 기억에 각인되었다.

1039	· **protein** deficiency	단백질 결핍
1040	· take **immediate** action	즉각적인 조치를 취하다.
1041	· **reproduce** illustrations	삽화를 복제하다
1042	· **mutual** distrust	상호 불신
1043	· a **cruel** fate	잔인한 운명
1044	· a **stable** political power	안정된 정권

□ **protein**
[próuti:n, -tiin]

형 단백질

The baby should take high quality protein food.
그 아기는 고단백질 음식물을 섭취해야만 합니다.

□ **immediate**
[imí:diət]

형 즉각의, 직접의

My recognition of him was immediate.
나는 곧 그를 알아봤다.

□ **reproduce**
[rì:prədjú:s]

동 재생하다, 복사하다, 생식하다

Viruses can reproduce themselves. 02 수능
바이러스는 스스로를 복제할 수 있다.

□ **mutual**
[mjú:tʃuəl]

형 서로의

They concluded a mutual defence treaty.
그들은 상호 방위 협약을 맺었다.

□ **fate**
[féit]

명 운명, 죽음

The new boss submitted to the decision of fate.
신임 사장은 운명의 결정에 순순히 따랐다.

□ **stable**
[stéibl]

형 안정된

The physician described the man's condition as poorly but stable.
의사는 그 남자의 상태가 좋지 않지만 안정적이라고 얘기했다.

1045	· the **outcome** of this election	이번 선거의 **결과**
1046	· a face scarred by **acne**	**여드름** 자국이 남아 있는 얼굴
1047	· **formal** obedience	**표면적인** 복종
1048	· an **ignorant** statement	**무식한** 주장
1049	· **emotional** stresses	**감정적** 스트레스
1050	· the burial **rites**	**장례식**

☐ **outcome**
[áutkʌm]

® 결과, 성과

I was most gratified with the outcome of the vote.
나는 표결 결과에 대단히 만족했다.

☐ **acne**
[ǽkni]

® 여드름

If you have body acne, try buying some Tea Tree Oil soap and use it.
몸에 여드름이 난다면, 티트리 오일 비누를 구입해서 사용해 보세요.

☐ **formal**
[fɔ́ːrməl]

® 형식적인, 격식 차린

I think it is the start of formal training in schools.
나는 그것이 학교에서의 공식적인 훈련의 시작이라고 생각한다. 96 수능

☐ **ignorant**
[ígnərənt]

® 무지한, 무식한

Our youngsters are ignorant of Latin. 98 수능
우리 젊은 세대들은 라틴어에 대해 무지하다.

☐ **emotional**
[imóuʃənəl]

® 감정적인

She is embarrassingly emotional in public.
그녀는 사람들 있는데서 곤란할 정도로 감정 표출이 심하다.

☐ **rite**
[ráit]

® 의식

Getting a driver's license has become the rite of passage to the adult world. 94 수능
운전면허증을 따는 것은 성인들의 세계로 가는 통과 의례가 되었다.

1051	· a **weird** costume	이상한 복장
1052	· a local **surname**	지역에서 유래한 성(姓)
1053	· a **molecule** of water	물의 분자
1054	· a **sheer** waste of time	완전한 시간 낭비
1055	· meet at a **summit** conference	정상회담에서 만나다
1056	· **intolerable** pain	견딜 수 없는 통증

□ **weird** [wíərd]

[형] 기묘한, 섬뜩한

There was something weird about the incident.
그 사건에는 뭔가 섬뜩한 점이 있다.

□ **surname** [sə́ːrnèim]

[명] 성

A married woman in America usually bears her husband's surname.
미국에서 결혼한 여자는 대개 남편의 성을 가지고 있다.

□ **molecule** [málәkjùːl]

[명] 분자

The scientists study the behavior of molecules.
과학자들은 분자의 행동을 연구한다.

□ **sheer** [ʃiər]

[형] 섞인 것이 없는, 완전한

Her success was due to sheer hard work.
그녀의 성공은 순전히 힘들게 노력했기 때문이다.

□ **summit** [sʌ́mit]

[명] 정상

We were only 50 meters off the summit when the accident happened.
우리들이 정상으로부터 겨우 50미터 떨어져 있을 때 그 사고가 발생했다.

□ **intolerable** [intálərəbl]

[형] 참을 수 없는

This is an intolerable discomfort. [95 수능]
이것은 참을 수 없을 정도의 불편함이다.

1057	· mental **hygiene**	정신 위생
1058	· be **adjourned** for a week	1주일 동안 연기되다
1059	· a **cozy** tea cafe	아늑한 찻집
1060	· the **advent** of death	죽음의 도래
1061	· **metropolitan** newspapers	중앙지
1062	· **vibrate** with excitement	흥분으로 두근거리다

☐ **hygiene**
[háidʒiːn]

몡 위생

He doesn't care much about oral hygiene.
그는 구강 위생에 대하여 별로 신경 쓰지 않는다.

☐ **adjourn**
[ədʒə́ːrn]

통 연기하다, 휴회하다

A judge made a motion to adjourn.
재판관은 휴회할 것을 제안했다.

☐ **cozy**
[kóuzi]

형 기분 좋은, 아늑한

Separate rooms so people can drink in a cozy atmosphere.
사람들이 아늑한 분위기 속에서 술을 마실 수 있도록 공간을 분리하세요.

☐ **advent**
[ǽdvent, -vənt]

몡 출현, 도래

With the advent of television, people seem to have forgotten the good old days.
텔레비전의 출현으로 인해, 사람들은 예전의 좋은 날들을 잊는 것 같다.

☐ **metropolitan**
[mètrəpálitən]

형 주요 도시의

She left her hometown, drawn to the metropolitan glamour and excitement.
대도시의 매력과 흥분에 매료되어 그녀는 고향을 떠났다.

☐ **vibrate**
[váibreit, vaibréit]

통 진동하다, 두근두근 하다

My house vibrates whenever a train passes.
기차가 지나갈 때마다 나의 집이 흔들린다.

1063	· **collide** at high speed	높은 속도에서 **충돌하다**
1064	· the local fishing **fleet**	지역 어선 **선단**
1065	· **overthrow** the government	정부를 **전복하다**
1066	· an insurance **broker**	보험 **중개인**
1067	· a **dizzy** height	**아찔한** 높이
1068	· **prescribe** medicine	약을 **처방하다**

☐ collide
[kəláid]

동 충돌하다

As the car turned the corner, it collided with a bus.
차가 모퉁이를 돌다가 버스와 충돌했다.

☐ fleet
[flí:t]

명 함대

A cruiser will travel in front of a battle fleet to obtain information about the enemy.
적에 대한 정보를 얻기 위해 순양함이 전투 함대 앞으로 나아갈 것이다.

☐ overthrow
[òuvərθróu]

동 뒤엎다 명 전복, 타도

Rebels had a conspiracy to overthrow the government.
반역자들은 정부를 전복시키려는 음모를 가지고 있었다.

☐ broker
[bróukər]

명 브로커, 중개인

The best person to ask is your insurance broker or agent.
물어보기 가장 좋은 사람은 당신의 보험 중개인이나 중개상입니다.

☐ dizzy
[dízi]

형 현기증 나는

You should not exercise if you are dizzy and tired.
어지럽거나 피곤하면 운동해서는 안 된다.

☐ prescribe
[priskráib]

동 규정하다, 지시하다, 처방하다

The court prescribed how the money should be spent.
법정은 그 돈이 어떻게 쓰여야 할지를 정했다.

1069	· **nerve** strain	신경 과로
1070	· **suspend** a ball	공을 매달다
1071	· **prevail** in a struggle	투쟁에서 이기다
1072	· objective **criteria**	객관적인 기준
1073	· a **retail** dealer	소매상
1074	· two months **afterward**	두 달 후에

☐ **nerve**
[nə:rv]

명 신경, 신경과민

He or she was preoccupied with calming his or her nerves. 11 수능
그 혹은 그녀는 자신들의 초조함을 가라앉히는 데 사로 잡혀 있었다.

☐ **suspend**
[səspénd]

동 매달다, 중지하다

Two bags were suspended from his neck. 97 수능
가방 두 개가 그의 목에 매달려 있었다.

☐ **prevail**
[privéil]

동 우세하다, 이기다

The use of animals in medical research still prevails in many countries.
의료 조사에 동물을 이용하는 것은 많은 국가들에서 아직도 널리 이용된다.

☐ **criteria**
[kraitíəriə]

명 표준, 기준

These criteria were so vague that candidates had little choice. 97 수능
이 기준들은 너무 모호해서 후보들은 선택의 여지가 거의 없었다.

☐ **retail**
[rí:teil]

명 소매 동 소매하다

The position is open to applicants with over two years' experience in retail.
그 자리는 소매업에서 2년 이상 일한 경력이 있는 지원자들에게 열려 있다.

☐ **afterward**
[áeftərwərd, á:f-]

부 후에, 나중에

Afterward, he will hold a drawing for a free concert ticket. 94 수능
나중에, 그는 무료 콘서트 표 추첨을 할 것이다.

1075	· the best **option**	최선의 <u>선택</u>
1076	· school **discipline**	학교 <u>규율</u>
1077	· a city **council**	<u>시의회</u>
1078	· **adolescent** crises	<u>청소년기의</u> 위기
1079	· a **kindergarten** teacher	<u>유치원</u> 교사
1080	· influenza **germs**	인플루엔자 <u>병원균</u>

☐ **option**
[ápʃən]

몡 선택, 선택권

These two possibilities are presented to us as
options. 02 수능
이 두 가지 가능성들이 우리에게 선택안으로 주어졌다.

☐ **discipline**
[dísəplin]

동 훈련하다 몡 훈련, 규율

He had to be disciplined severely. 97 수능
그는 혹독하게 훈련 받아야 했다.

☐ **council**
[káunsəl]

몡 회의, 평의회

The council is responsible for collecting the refuse.
쓰레기 수거는 시의회 책임이다.

☐ **adolescent**
[ædəlésnt]

톙 청소년기의 몡 청소년

Only the adolescent girl smiled at the painting.
유일하게 청소년기의 소녀만이 그 그림을 보고 미소지었다.

☐ **kindergarten**
[kíndərgà:rtn]

몡 유치원

We learned all we really need to know in
kindergarten. 95 수능
우리가 알아야 할 모든 것들은 유치원에서 배웠다.

☐ **germ**
[dʒə́:rm]

몡 세균

This cleaner gets rid of germs and microbes.
이 청소제는 세균과 미생물을 제거한다.

1081	· a **representative** sample	대표적인 표본
1082	· **wholesale** prices	도매 가격
1083	· erect a **dynasty**	왕조를 수립하다
1084	· a false **premise**	틀린 전제
1085	· a **fur** coat	모피 코트
1086	· a silly **chatter**	어리석은 **수다**

☐ **representative**
[rèprizéntətiv]

명 대표자, 대리인, 국회의원 형 대표하는

The representative covers this territory.
그 대표는 이 지역을 담당한다.

☐ **wholesale**
[hóulsèil]

부 도매로 형 도매의 명 도매

The merchant buys wholesale and sells at retail.
그 상인은 도매로 사와서 소매로 판다.

☐ **dynasty**
[dáinəsti]

명 왕조, 왕가

He died in 1279, and the Song Dynasty ended.
그는 1279년에 사망했고, 송나라는 멸망했다.

☐ **premise**
[prémis]

명 전제 (pl.) 토지, 부동산

They're working on the premise that they shall have very little support.
그들은 그들이 후원을 거의 받지 못할 것을 전제로 일을 하고 있다.

☐ **fur**
[fə́:r]

명 부드러운 털, 모피

The rabbit has black fur.
그 토끼는 털이 검정색이다.

☐ **chatter**
[tʃǽtər]

명 수다 동 재잘거리다

The air was alive with chatter and laughter. `03 수능`
분위기는 대화와 웃음으로 생기 있었다.

1087	· a **vicious** circle	악순환
1088	· **smash** a window	창을 **부수다**
1089	· radiation **therapy**	방사선 **치료**
1090	· **omit** to write	쓰는 것을 **빼먹다**
1091	· work at the **embassy**	**대사관**에서 일하다
1092	· a disturbing **rumor**	충격적인 **소문**

☐ **vicious**
[víʃəs]

휑 나쁜, 악덕한

It was vicious of him to say like that.
그가 그렇게 말한 것은 잔인했다.

☐ **smash**
[smǽʃ]

통 때려 부수다, 충돌하다 명 충돌, 분쇄, 강타

The fireman smashed the door down to reach them.
그 소방관은 그들에게 접근하기 위해 문을 부쉈다.

☐ **therapy**
[θérəpi]

명 치료

He used music therapy.
그는 음악 치료 요법을 사용했다.

☐ **omit**
[oumít]

통 생략하다, 빠뜨리다

He omitted calling her.
그는 그녀에게 전화하는 것을 빠뜨렸다.

☐ **embassy**
[émbəsi]

명 대사관

The officer at the embassy said the photos needed
to be longer on each side. 수능 응용
대사관의 직원이 사진의 각 면이 더 길어야 한다고 말했다.

☐ **rumor**
[rú:mər]

명 소문

There has been a rumor that the king is dying. 05 수능
왕이 죽어가고 있다는 소문이 돌았다.

1093	· **via** air mail	항공편으로
1094	· **edible** oil	식용유
1095	· a poor **peasant**	영세 농민
1096	· **refine** on a method	방법을 개선하다
1097	· **suggest** a tour	여행을 제안하다
1098	· a disapproving **frown**	못마땅해 하는 찡그림

□ **via**
[váiə, víːə]

㉠ (~을) 경유하여

The flight goes via Japan.
그 비행은 일본을 경유한다.

□ **edible**
[édəbl]

㉠ 먹을 수 있는

This soup is scarcely edible.
이 수프는 거의 먹을 수가 없다.

□ **peasant**
[peznt]

㉠ 농부, 소작농

Chinese peasants no longer suffer from the famines.
중국 소작농들은 더 이상 그러한 기아 사태를 겪지 않는다. `98 수능`

□ **refine**
[rifáin]

㉠ 정련하다, 품위 있게 하다

We will see the process of refining sugar.
우리들은 설탕 정제 과정을 볼 것입니다.

□ **suggest**
[sədʒést]

㉠ 제안하다

The first god suggested putting it under the ocean.
첫 번째 신이 그것을 바다 밑에 묻어 두자고 제안했다. `06 수능`

□ **frown**
[fráun]

㉠ 눈살을 찌푸리다 ㉠ 찌푸린 얼굴

The clerk frowned at the clients. `97 수능`
점원이 손님들에게 눈살을 찌푸렸다.

1099	· a **tin** mine	<u>주석</u> 광산
1100	· international **goodwill**	국제 <u>친선</u>
1101	· drop with **fatigue**	<u>지쳐서 쓰러지다</u>
1102	· a centered **dot**	<u>가운뎃점</u>
1103	· around a **billion** dollars	약 <u>10억</u> 달러
1104	· **submit** a claim	청구서를 <u>제출하다</u>

☐ **tin**
[tin]

명 주석, 양철

His tin legs are his only supports. 95 수능
그의 양철 다리들이 그가 유일하게 의존할 수 있는 것이다.

☐ **goodwill**
[gùdwíl]

명 호의, 친선

The plans were approved by goodwill organizations.
그 계획들은 친선 단체들에 의해 승인되었다. 99 수능

☐ **fatigue**
[fətíːg]

명 피로 동 피곤하게 하다

He was red-eyed with fatigue.
그는 피로해서 눈이 충혈되었다.

☐ **dot**
[dát / dɔ́t]

명 점 동 점을 찍다, (수동태로) 산재하다

A lot of Italian restaurants are dotted around London.
많은 이탈리아 식당이 런던 전역에 산재해 있다.

☐ **billion**
[bíljən]

명 10억

China's consumption increased by more than 500 billion kilowatt-hours while Japan's remained unchanged.
일본의 소비량은 거의 변화가 없는 반면 중국의 소비량은 5천억 킬로와트 이상 늘었다.

☐ **submit**
[səbmít]

동 제출하다, 복종하게 하다

Please fill it out and submit it by Friday.
양식의 항목을 다 기입하시고 금요일까지 제출해주세요.

Part 2 /
혼동하기
쉬운
수능 영단어

단어 외우기 | 교육부 지정 2067 * 최다 빈출 단어 2004

1105	· give **advice**	충고하다
1106	· **advise** me to stay	나에게 머물라고 <u>권하다</u>
1107	· of (a) poor[low] **quality**	질이 나쁜
1108	· a huge **quantity** of food	엄청난 <u>양</u>의 음식
1109	· a **memorable** speech	기억에 <u>남는</u> 연설
1110	· a **memorial** statue	<u>기념</u> 동상

□ advice
[ædváis, əd-]

명 충고, 조언

Such advice as the student was given proved almost worthless.
그 학생이 받은 그런 충고는 거의 쓸모가 없는 것으로 드러났다.

□ advise
[ædváiz, əd-]

동 충고하다, 조언하다

People were advised to use chopsticks instead of knives in Korea.
사람들은 한국에서는 칼 대신 젓가락을 사용하도록 충고받았다.

□ quality
[kwáləti]

명 특성, 품질

The quality of the food here is distinctly variable.
이곳에서의 음식의 품질은 확실히 일정하지 않다.

□ quantity
[kwántəti]

명 양

His reputation as a politician is based more on quantity than on quality.
정치가로서의 그의 명성은 질보다 양에 더 의존하고 있다.

□ memorable
[mémərəbl]

형 기억할 만한

The fashion show was memorable for its beautiful costume.
그 패션쇼는 그 아름다운 의상 때문에 기억에 남을 만하다.

□ memorial
[məmɔ́:riəl]

형 기념의 명 기념물

Fellow actors described him in glowing terms at his memorial service.
동료 연기자들이 그의 추도식에서 칭찬일색으로 그를 묘사했다.

1111	· become **conscious**	제정신이 들다
1112	· a man of **conscience**	양심적인 사람
1113	· police **violence**	경찰의 폭력
1114	· a **violation** of law	법률 위반
1115	· **disclose** the secret	비밀을 털어놓다
1116	· **enclose** a check with a letter	편지에 수표를 동봉하다

☐ **conscious**
[kánʃəs]

형 의식하고 있는, 자각이 있는, 제정신의

Ethics begins with our being conscious that we choose how we behave. **02 수능**

우리가 어떻게 행동할지 선택한다는 것을 의식하게 되면서 윤리는 시작된다.

☐ **conscience**
[kánʃəns]

명 양심

My conscience would never allow her to wear the clothes.

내 양심은 그녀가 그 옷을 입는 것을 결코 허락치 않을 것이다.

☐ **violence**
[váiələns]

명 격렬, 폭력

Violence on media may turn out to be a potent influence on some people.

미디어에서 나오는 폭력이 어떤 사람들에게는 강력한 영향을 주는 것으로 밝혀질 수 있다.

☐ **violation**
[vàiəléiʃən]

명 위반

He committed a traffic violation.

그는 교통 위반을 범했다.

☐ **disclose**
[disklóuz]

동 드러내다, 노출시키다

As a result of the reinvestigation, disclosed his error.

사건을 재조사한 결과, 그의 잘못이 드러났다.

☐ **enclose**
[inklóuz,en-]

동 에워싸다, 동봉하다

The instructions are enclosed for your information.

당신에게 정보를 드리기 위해서 설명서를 동봉합니다.

1117	· **press** against a door	문 쪽으로 밀어붙이다
1118	· **pressure** from consumer groups	소비자 단체로부터의 압력
1119	· the studio **audience**	방청객
1120	· enter the **auditorium**	강당으로 들어가다
1121	· a **subject** for discussion	논제
1122	· a **subjective** decision	주관적인 결정

□ **press**
[pres]

[동] 내리누르다, 누르다, 밀다 [명] 누름, 신문

Which button do I press to turn the copy machine on?
복사기를 켜려면 어떤 버튼을 눌러야 합니까?

□ **pressure**
[préʃər]

[명] 누르기, 압력

Plants are known to react to environmental pressures. [수능 응용]
식물들은 환경적 압박에 반응하는 것으로 알려져 있다.

□ **audience**
[ɔ́:diəns]

[명] 청중, 관중

Two violinists were playing a piece at Carnegie Hall before a large audience. [02 수능]
두 명의 바이올리니스트는 카네기 홀의 많은 청중 앞에서 곡을 연주하고 있었다.

□ **auditorium**
[ɔ̀:ditɔ́:riəm]

[명] 청중석, 강당

A graduation ceremony will be held in the auditorium.
졸업식이 그 강당에서 개최될 것이다.

□ **subject**
[sʌ́bdʒikt]

[명] 주제, 학과 [형] 지배를 받는 [동] 복종시키다

We should test our children's aptitudes in various subject areas. [06 수능]
우리는 여러 과목 분야에서 우리 아이들의 적성을 시험해야 한다.

□ **subjective**
[səbdʒéktiv]

[형] 주관의, 개인의

Our perception of things is often influenced by subjective elements.
사물에 대한 우리의 인지는 종종 주관적인 요소의 영향을 받는다.

1123	· a **literacy** rate	식자율(率)
1124	· a **literal** translation	직역
1125	· **literary** criticism	문학 평론
1126	· an **economic** policy	경제 정책
1127	· an **economical** housewife	알뜰한 주부
1128	· an **economics** professor	경제학 교수

☐ literacy
[lítərəsi]

휑 읽고 쓸 줄 앎

The invention of printing made it possible to increase in literacy.
인쇄의 발명은 읽고 쓰는 능력의 증가를 가능케 했다.

☐ literal
[lítərəl]

휑 글자대로의, 문자의

His remarks are incredible in the literal sense of the word.
그의 말은 말 그대로 믿을 수가 없다.

☐ literary
[lítərèri / -rəri]

휑 문학의

You indicate in your cover letter that you intend to follow a literary career. 07 수능
당신은 첨부서에서 문학 관련 직업을 가지고 싶다고 말하고 있다.

☐ economic
[ìːkənámik, èk-]

휑 경제학의, 경제의

The developing country needs economic aid.
그 개발도상국은 경제 원조를 필요로 한다.

☐ economical
[ìːkənámikəl, èkə-]

휑 경제적인, 절약하는

He's sold his van in favour of one more economical.
그는 좀더 경제적인 차를 사기 위해 그의 밴을 팔았다.

☐ economics
[ìːkənámiks, èk-]

휑 경제학

He studied economics at university.
그는 대학에서 경제학을 공부했다.

1129	· the **occupant** of the house	그 집의 <u>거주자</u>
1130	· a gainful **occupation**	돈벌이가 되는 <u>직업</u>
1131	· the **vocal** cords	<u>성대</u>
1132	· in a low **voice**	저음의 <u>목소리로</u>
1133	· a **biology** class	<u>생물학</u> 수업 시간
1134	· smile **ironically**	<u>빈정대듯이</u> 웃다

☐ **occupant**
[ákjəpənt / ɔ́k-]

몡 점유자

A bag tells a lot about its occupant.
가방을 보면 그 소유자에 대해 많은 것을 알 수 있다.

☐ **occupation**
[àkjupéiʃən / ɔ́k-]

몡 직업, 점유

She is a flight attendant by occupation.
그녀의 직업은 승무원이다.

☐ **vocal**
[vóukəl]

톙 목소리의, 소리 높여 항의하는 몡 보컬 (부분)

The demonstrators are a small but vocal minority.
그 시위대들은 규모는 작지만 제 목소리를 내는 소수 집단이다.

☐ **voice**
[vɔis]

몡 목소리, 음성

His voice was husky with physical exhaustion.
그의 목소리는 신체적 피로로 쉬었다.

☐ **biology**
[baiálədʒi]

몡 생물학

Anatomy is a part of biology.
해부학은 생물학의 일부이다.

☐ **ironically**
[airánikəli]

톤 빈정대듯이

He often likes to say ironically.
그는 종종 빈정대면서 말하는 것을 좋아한다.

1135	· the **direct** result	직접적인 이유
1136	· the opposite **direction**	반대 방향
1137	· walk **through** the park	공원을 통과하여 걷다
1138	· **thorough** investigation	철저한 조사
1139	· an **addition** to a report	추가 보고
1140	· the first **edition**	초판

☐ **direct**
[dirékt, dai-]

동 지도[지시]하다 형 똑바른, 직접의 부 곧장, 직접으로

Then, I met a man and asked him to direct me. **99 수능**
그러고 나서, 난 한 남자를 만났고 그에게 나를 안내해 줄 것을 요청했다.

☐ **direction**
[dirékʃən, dai-]

명 방향, 지도

They're making changes in various directions.
그들은 다각도로 변화를 일으키고 있다.

☐ **through**
[θruː]

전 (~을) 통하여, (~을) 지나서

A car is racing through the park.
차 한 대가 공원을 가로질러 질주하고 있다.

☐ **thorough**
[θə́ːrou, θʌ́r-]

형 철저한, 완전한

He got a thorough grounding in reading.
그는 읽기에 철저한 기초 교육을 받았다.

☐ **addition**
[ədíʃən]

명 추가, 덧셈

They examined the latest addition to the catalogue of crimes.
그들은 범죄 목록에 최근 추가된 것을 조사했다.

☐ **edition**
[idíʃən]

명 판

The edition went through two printings.
그 판은 2쇄가 발행되었다.

1141	· an **object** of study	연구 대상
1142	· **objective** certainty	객관적 확실성
1143	· **prove** it right	그것이 정당함을 **입증하다**
1144	· **approve** the plan	계획에 **찬성하다**
1145	· **sit** in a chair	의자에 **앉다**
1146	· a window **seat**	창가 **자리**

☐ **object**
[ábdʒikt, -dʒekt]

동 반대하다 명 물건, 대상, 목적

Animal rights campaigners object to experiments on live animals.
동물 권익 운동가들은 살아 있는 동물에 대한 실험을 반대한다.

☐ **objective**
[əbdʒéktiv]

명 목표, 목적 형 목적의, 객관적인

He accomplished his objectives.
그는 그의 목표를 달성했다.

☐ **prove**
[prú:v]

동 입증하다, (~으로) 판명되다

It is proven that when a speaker glances at his watch, many audiences do the same thing. 수능 응용
연설자가 시계를 보면, 많은 청중이 그와 똑같은 행동을 하게 된다는 것이 입증되었다.

☐ **approve**
[əprú:v]

동 찬성하다, 승인하다

A child wants to do something that his mother doesn't approve of. 수능 응용
어린이는 자신의 어머니가 허락하지 않는 것을 하고 싶어한다.

☐ **sit**
[sít]

동 앉다

We sat in the front row at the cinema.
우리는 극장의 맨 앞줄에 앉았다.

☐ **seat**
[sí:t]

명 좌석, 자리 동 착석시키다

My seat belt is too loose.
나의 좌석 안전 벨트는 너무 느슨하다.

1147	· a **resolute** opposition	확고한 반대 의사
1148	· New Year's **resolution**	새해의 **각오**
1149	· **beside** the point	핵심을 **벗어난**
1150	· **besides** me	나 **말고는**
1151	· a **negligent** air	**무관심한** 태도
1152	· a **negligible** amount	**무시해도 좋은** 양

☐ **resolute**
[rézəlù:t]

혱 굳게 결심한

He replied with a resolute negative.
그는 단호히 아니라고 대답했다.

☐ **resolution**
[rèzəlú:ʃən]

혱 결의, 해결

He made a resolution to come home early.
그는 집에 일찍 올 결심을 했다.

☐ **beside**
[bisáid]

젠 (~)의 곁에, (~)에 비해서, (~)을 벗어나

Beside his early work this piece seems rather disappointing.
그의 초기 작품과 비교할 때 이 작품은 약간 실망스럽다.

☐ **besides**
[bisáidz]

젠 (~)외에, (~)말고는

She has no relations besides an aged uncle.
그녀는 늙은 삼촌을 제외하고는 친척이 없다.

☐ **negligent**
[néglidʒənt]

혱 태만한, 무관심한, 부주의한

She claimed that negligent treatment led to the death.
그녀는 태만한 치료가 죽음으로 몰고 갔다고 주장했다.

☐ **negligible**
[néglidʒəbl]

혱 무시해도 좋은, 대수롭지 않은

In any case, the weight will be practically negligible
어떠한 경우에라도, 그 무게는 실질적으로 무시해도 좋을 것이다.

1153 · a complete **lie** 순 거짓말
1154 · **lie** ill in bed 앓아 누워 있다
1155 · **lay** a book 책을 놓다
1156 · **industrial** knowhow 산업 기술
1157 · a growth **industry** 성장 산업
1158 · an **industrious** people 부지런한 사람

□ lie
[lai]

[동] 거짓말하다 (lie–lied–lied, lying) [명] 거짓말

He is here because you lied to him.
그는 네가 그에게 거짓말해서 온 거야.

□ lie
[lai]

[동] 눕다, 놓여 있다 (lie–lay–lain, lying)

My brother was lying on the sofa watching TV.
나의 형은 TV를 보며 소파에 누워 있었다.

□ lay
[léi]

[동] 놓다, 눕히다, (알을) 낳다 (lay–laid–laid, laying)

He laid his purchases out on the kitchen table.
그는 산 물건들을 부엌 탁자에 놓았다.

□ industrial
[indʌ́striəl]

[형] 산업의, 공업의

The Industrial Revolution took place in the 18th and 19th centuries in Europe and the US.
산업 혁명은 18세기와 19세기에 유럽과 미국에서 발생했다.

□ industry
[índəstri]

[명] 산업, 공업

Heavy industry suffered economic troubles during an energy crisis.
중공업은 에너지 위기 동안 경제적인 어려움을 겪었다.

□ industrious
[indʌ́striəs]

[형] 근면한, 부지런한

If you want to enjoy a long life, be industrious and be positive.
장수하고 싶으면, 부지런하고 낙천적인 사고를 가져라.

1159	· **rise** early	일찍 일어나다
1160	· **raise** rents	집세를 올리다
1161	· **respond** to a question	질문에 답하다
1162	· **shattered** into pieces	산산이 깨져 버린
1163	· **elementary** education	초등 교육
1164	· a critical **element**	중요한 요소

□ **rise**
[raiz]

통 일어서다, 일어나다 (rise-rose-risen)

Costs have risen, and prices will rise greatly.
비용이 올랐고, 가격도 엄청나게 오를 것이다.

□ **raise**
[reiz]

통 올리다, 들어올리다 (raise-raised-raised)

Accomodations usually raise their prices in the high season.
숙박시설들은 보통 대목 때는 가격을 올린다.

□ **respond**
[rispánd / -spónd]

통 대답하다

She responded to my text message with a phone call.
그녀는 나의 문자 메시지에 전화로 답해 왔다.

□ **shatter**
[ʃǽtər]

통 산산히 부수다

His windscreen shattered.
그의 자동차 앞 유리가 산산조각이 났다.

□ **elementary**
[èləméntəri]

형 기본이 되는, 초보의, 초등의

The friendship between us is started from elementary school.
우리의 우정은 초등학교 때부터 시작되었다.

□ **element**
[éləmənt]

명 요소, 원소

The elements of nature are continually changing.
자연의 구성 요소들은 계속적으로 변한다. **수능 응용**

1165	· an **effective** treatment	**효과적인** 대처 방안
1166	· an **efficient** teacher	**유능한** 교사
1167	· **arise** from carelessness	부주의에서 **발생하다**
1168	· **arouse** anger	**화나게 하다**
1169	· plain and **intelligible**	단순 **명쾌한**
1170	· **intellectual** curiosity	**지적** 호기심

☐ **effective**
[iféktiv]

⟨형⟩ 유효한, 효과적인

The most effective way to lose weight is to stay on a balanced diet. 95 수능

체중을 감소하는 가장 효과적인 방법은 균형 잡힌 식단을 유지하는 것이다.

☐ **efficient**
[ifíʃənt]

⟨형⟩ 능률적인, 효과가 있는

Most of us are efficient and hard-working. 수능 응용

우리들 대부분은 능력이 있으며 근면하다.

☐ **arise**
[əráiz]

⟨동⟩ 일어나다, 생기다 (arise–arose–arisen)

Animals and plants were thought to have arisen by spontaneous generation.

동물과 식물은 자연 발생으로 생겨난 것으로 여겨졌다.

☐ **arouse**
[əráuz]

⟨동⟩ 깨우다, 자극하다 (arouse–aroused–aroused)

Her hardship aroused our pity.

그녀의 고난은 우리의 동정심을 불러일으켰다.

☐ **intelligible**
[intélədʒəbl]

⟨형⟩ 이해할 수 있는, 알기 쉬운, 명료한

His writing was barely intelligible to most of them.

그가 쓴 것은 그들 대부분이 좀처럼 이해하기 어려웠다.

☐ **intellectual**
[ìntəléktʃuəl]

⟨형⟩ 지적인 ⟨명⟩ 지식인

Man should be possessed of physical, intellectual and moral capabilities.

인간은 육체적, 지적, 도덕적 능력을 갖춰야 한다.

1171	· **imaginative** products	<u>상상의</u> 산물
1172	· every **imaginable** method	<u>생각할 수 있는</u> 모든 방법
1173	· an **imaginary** enemy	<u>가상의</u> 적
1174	· **conceive** a dislike	혐오감을 <u>품다</u>
1175	· **perceive** a change	변화를 <u>감지하다</u>
1176	· **deceive** a girl	소녀를 <u>속이다</u>

☐ **imaginative**
[imǽdʒənətiv, -nèit-]

⟨형⟩ 상상의, 상상력이 풍부한

I will try to be imaginative.
나는 상상력이 풍부하도록 노력하겠다.

☐ **imaginable**
[imǽdʒənəbl]

⟨형⟩ 상상할 수 있는, 생각할 수 있는

The hotel has the most spectacular view imaginable.
그 호텔은 상상할 수 있는 가장 훌륭한 전망을 갖고 있다.

☐ **imaginary**
[imǽdʒənèri]

⟨형⟩ 상상의, 가공의

What is an imaginary root?
허근이란 무엇인가요?

☐ **conceive**
[kənsíːv]

⟨동⟩ 상상하다, 생각하다, 품다

He conceived the idea while he was on vacation.
그는 휴가 동안에 그 아이디어를 생각해냈다.

☐ **perceive**
[pərsíːv]

⟨동⟩ 지각하다, 이해하다

We perceived by his face that he had succeeded in his business.
우리는 그의 얼굴에서 그의 사업이 성공했음을 알았다.

☐ **deceive**
[disíːv]

⟨동⟩ 속이다

She deceived me with sweet talk.
그녀는 달콤한 말로 나를 속였다.

1177	· **colored** shirt	색깔 있는 셔츠
1178	· **colorful** material	색채가 풍부한 물질
1179	· a **healthful** diet	건강에 좋은 식사
1180	· a **healthy** child	건강한 아이
1181	· a **historic** building	역사상으로 유명한 건물
1182	· a **historical** novel	역사 소설

□ colored
[kʌ́lərd]

⑱ 착색한, 채색되어 있는

He wants some colored chalks.
그는 색분필 몇 자루를 필요로 한다.

□ colorful
[kʌ́lərfəl]

⑱ 색채가 풍부한, 다채로운

She garbed herself in a colorful dress.
그녀는 화려한 원피스 차림을 하고 있었다.

□ healthful
[hélθfəl]

⑱ 건강에 좋은

Buy a healthful, nutritious food.
건강에 좋고, 영양가 있는 음식을 사라.

□ healthy
[hélθi]

⑱ 건강한, 건전한, 건강에 좋은

You can keep healthy by avoiding meats.
육식을 피함으로써 건강을 유지할 수 있다.

□ historic
[histɔ́(:)rik, -tár-]

⑱ 역사상 유명한

We visited a couple of historic sites.
우리는 역사적인 유적지 몇 곳을 방문했다.

□ historical
[histɔ́(:)rikəl, -tár-]

⑱ 역사(상)의, 역사에 관한

The French Revolution has very important historical significance.
프랑스 혁명은 역사상 매우 중요한 의미를 지닌다.

1183	· offensive **defense**	공세 방어
1184	· traffic **offense**	교통 위반
1185	· **involve** a person in a quarrel	남을 싸움에 끌어들이다
1186	· **evolve** a scheme	계획을 서서히 전개시키다
1187	· **invaluable** help	매우 귀중한 도움
1188	· consider **valueless**	가치가 없게 여기다

□ **defense**
[diféns]

명 방어, 변호

The government took the posture of defense.
정부는 방어 자세를 취했다.

□ **offense**
[əféns]

명 위반, 범죄, 모욕, 공격

The best defense is offense.
공격은 최선의 방어이다.

□ **involve**
[inválv, -vólv]

동 포함하다, 수반하다

Teachers should involve parents more in decision-making.
교사는 결정을 내릴 때 학부모를 더 많이 포함시켜야 한다.

□ **evolve**
[iválv, ivólv]

동 서서히 발전시키다

There are lots of factors that evolve living things.
생물을 진화시키는 많은 인자가 있다.

□ **invaluable**
[inváljuəbl]

형 값을 헤아릴 수 없는, 매우 귀중한

The computer is now an invaluable machine in many businesses.
컴퓨터는 이제 많은 사업에서 없어서는 안 될 귀중한 기계이다.

□ **valueless**
[vǽljuːlis]

형 값어치가 없는, 하찮은

Without it, visiting the place is valueless.
그것 없이, 그곳을 방문하는 것은 무가치한 것이다.

1189	· a **moral** code	도덕률
1190	· improve the **morale**	사기를 높이다
1191	· **practical** English	실용 영어
1192	· a **practicable** sheme	실행 가능한 계획
1193	· a **command** to retreat	철수 명령
1194	· make a **comment**	논평하다

☐ moral
[mɔ́(:)rəl, mάr-]

형 도덕의, 정신적인 명 교훈

She is a very moral woman.
그녀는 아주 도덕적인 여인이다.

☐ morale
[mərǽl]

명 사기, 의욕

A couple of victories would raise his morale enormously.
두세 번 이긴다면 그의 사기가 어마어마하게 오를 것이다.

☐ practical
[prǽktikəl]

형 실제의, 실용적인

He was a dreamer and not very practical.
그는 몽상가였지 별로 현실적이지는 않았다.

☐ practicable
[prǽktikəbl]

형 실행 가능한

It is not practicable to complete the drawing before the end of this week.
이번 주말이 되기 전에 그림을 완성한다는 것은 불가능하다.

☐ command
[kəmǽnd, -mάːnd]

동 명령하다, 지휘하다 명 명령, 지배력

The general commanded his soldiers to fight.
장군은 병사들에게 싸우라고 명령했다.

☐ comment
[kάment / kɔ́m-]

명 논평, 의견

I suppose his criticism was unreasonable comment.
내 생각에 그의 비판은 불합리한 논평이었다.

1195	· **generate** power	동력을 발생시키다
1196	· **generalize** a conclusion	일반적인 결론을 내리다
1197	· a **jealous** husband	질투심 많은 남편
1198	· a **zealous** supporter	열성적인 지지자
1199	· an **observation** balloon	관측용 기구
1200	· the **observance** of the rules	규칙의 엄수

☐ **generate**
[dʒénərèit]

동 일으키다, 발생시키다

Solar batteries generate electricity when struck by sunlight.
태양 전지들은 햇빛을 받으면 전기를 발생시킨다.

☐ **generalize**
[dʒénərəlàiz]

동 개괄하다, 일반적으로 말하다

It is too soon to generalize from your research.
당신의 조사로 일반화하는 것은 너무 이르다.

☐ **jealous**
[dʒéləs]

형 질투가 많은, 시샘하는

She is jealous of their wealth.
그녀는 그들의 재력을 시기한다.

☐ **zealous**
[zéləs]

형 열광적인

The boy is zealous to please his mom.
그 소년은 엄마를 애써 기쁘게 해주고 싶어 한다.

☐ **observation**
[àbzərvéiʃən, ɔ̀b-]

명 관찰, 정탐, 감시

He has good powers of observation.
그는 좋은 관찰력을 지녔다.

☐ **observance**
[əbzɔ́:rvəns]

명 준수

They are fully responsible for the observance of school rules.
그들은 교칙을 준수할 전적인 책임이 있다.

1201	· **uninterested** in learning	배움에 무관심한
1202	· a **disinterested** onlooker	객관적인 구경꾼
1203	· international **politics**	국제 정치
1204	· a foreign **policy**	외교 정책
1205	· water **hardness**	물의 경도
1206	· economic **hardship**	경제적 어려움

☐ **uninterested**
[ʌníntrestid]

형 무관심한, 냉담한, 관계가 없는

I am totally uninterested in sport.
나는 완전히 스포츠에 무관심하다.

☐ **disinterested**
[disíntrèstid]

형 사심 없는, 공평한

We should get an opinion from a disinterested third person.
우리는 사심이 없는 제3자에게서 의견을 얻어야 한다.

☐ **politics**
[pálətiks, pɔ́l-]

명 정치

He made a few bland comments about politics.
그는 정치에 관하여 몇 마디 부드러운 논평을 했다.

☐ **policy**
[páləsì, pɔ́l-]

명 정책, 방침

If any Western policy-makers fail to appreciate this change, they will be greatly disadvantaged. 수능 응용
서방의 정책 입안자들이 이 변화를 인정하는 것에 실패한다면, 그들은 큰 불이익을 입을 것이다.

☐ **hardness**
[há:rdnis]

명 단단함, 견고, 경도

They can perceive the difference in hardness or softness.
그들은 견고함과 유연함의 차이에 대해 인지할 수 있다.

☐ **hardship**
[há:rdʃip]

명 곤란, 결핍

The wartime shortages of my early years prepared me for financial hardship.
어린 시절에 전시의 물자 결핍은 나로 하여금 재정적 곤경을 준비하게 했다.

1207	· **dead** land	불모의 땅
1208	· a **deadly** weapon	살상 무기
1209	· stand **erect**	똑바로 서다
1210	· **elect** a new leader	새 대표를 선출하다
1211	· **royal** family	왕족
1212	· **loyal** employee	충직한 직원

□ **dead**
[déd]

형 죽은, 생명이 없는

He was officially pronounced dead.
그가 사망했다고 공식적으로 발표되었다.

□ **deadly**
[dédli]

형 치명적인

The poison of the cobra is more deadly than that of other snakes.
코브라의 독은 다른 뱀의 그것보다 더 치명적이다.

□ **erect**
[irékt]

동 직립시키다, 세우다   형 똑바로 선

Barricades were erected to keep back the raging crowd.
성난 군중들을 물러나게 하기 위해서 바리케이드가 세워졌다.

□ **elect**
[ilékt]

동 선거하다, 선출하다

It was only a dream that he might be elected.
그가 선출될 지도 모른다는 것은 꿈에 지나지 않았다.

□ **royal**
[rɔ́iəl]

형 왕의, 당당한

The knight received a royal command to go to the battlefield.
그 기사는 전쟁터로 가라는 왕의 명령을 받았다.

□ **loyal**
[lɔ́iəl]

형 충성스러운, 성실한

He remained loyal to his principles.
그는 자기 원칙에 계속 충실했다.

1213	· a theoretical **physicist**	이론 물리학자
1214	· a family **physician**	가정의
1215	· **confer** a favor	호의를 베풀다
1216	· **infer** a conclusion	결론을 추론하다
1217	· a **desirable** dwelling	바람직한 주거지
1218	· **desirous** of fame	명성을 갈구하는

physicist
[fízəsist]

명 물리학자

I am very pleased that one of our ambassadors is a physicist.
나는 나의 대사들 중 한 명이 물리학자여서 매우 기쁘다.

physician
[fizíʃən]

명 내과 의사, 의사

If you want to diet, you should consult a physician.
다이어트를 하고 싶다면, 의사와 상담해야 한다.   **수능 응용**

confer
[kənfə́ːr]

동 수여하다, 협의하다

That preventive injection will confer lifelong immunity.
이 예방 주사로 평생 면역이 될 것이다.

infer
[infə́ːr]

동 추론하다, 암시하다

The custom can be inferred from the archaeological remains.
관습은 고고학적 유물을 통하여 추론할 수 있다.

desirable
[dizáiərəbl]

형 바람직한

The more desirable alternative was to stay at home.
더 바람직한 대안은 집에 머무는 것이었다.

desirous
[dizáiərəs]

형 원하는, 바라는

He is desirous of going for a walk in the morning.
그는 아침에 산책하기를 갈망하고 있다.

1219	· **social** statistics	사회 통계학
1220	· **sociable** people	사교적인 사람
1221	· **ensure** the freedom	자유를 보장하다
1222	· **insure** the safety	안전을 보증하다
1223	· fill out an **application**	신청서에 기입하다
1224	· credit card **applicants**	신용카드 신청자들

☐ **social**
[sóuʃəl]

형 사회적인, 사교적인

He specialized in social philosophy.
그는 사회 철학을 전공했다.

☐ **sociable**
[sóuʃəbl]

형 교제하기를 좋아하는

He is not sociable enough to say hello to his neighborhood.
그는 사교적이지 않아서 이웃과 인사도 못 한다.

☐ **ensure**
[inʃúər]

동 안전하게 하다, 확실하게 하다

I can not ensure that he will be on time.
그가 정각에 올 것인지 그 여부는 확실할 수 없다.

☐ **insure**
[inʃúər]

동 보증하다, 보험에 들다

People should insure against death.
사람들은 생명보험에 들어야 한다.

☐ **application**
[æplikéiʃən]

명 적용, 신청

I attached my photo to the application form.
나는 지원서에 내 사진을 붙였다.

☐ **applicant**
[æplikənt]

명 응모자, 신청자

The job applicant must have a good appearance.
구직자는 반드시 외모가 좋아야 한다.

1225	· the **comparable** data	비교할만한 자료
1226	· **comparative** value	상대적 가치
1227	· **ascend** the stairs	계단을 올라가다
1228	· **descend** from a tree	나무에서 내려오다
1229	· **wander** from the subject	주제에서 벗어나다
1230	· do **wonder**	기적을 행하다

☐ **comparable**
[kámpərəbl]

휑 비교할 만한, 필적하는

Her fiction is comparable with the very best in modern fiction.
그녀의 소설은 현대 소설의 최우수작들과 견줄 만하다.

☐ **comparative**
[kəmpǽrətiv]

휑 비교의, 상대적인

A newspaper published comparative profiles of the actors.
한 신문은 배우들의 프로필을 비교해서 발행했다.

☐ **ascend**
[əsénd]

동 오르다, (~을) 오르다

The kite ascended high up in the sky.
연은 하늘 높이 올라갔다.

☐ **descend**
[disénd]

동 내려가다, 전해지다

The custom has descended to these days.
그 관습은 요즘까지 전해 내려오고 있다.

☐ **wander**
[wándər, wɔ́n-]

동 돌아다니다, 빗나가다

Kate was wandering around the room looking at the pictures on the walls. **11 수능**
케이트는 벽에 있는 그림들을 보면서 방을 돌아다니고 있었다.

☐ **wonder**
[wʌ́ndər]

동 이상하게 여기다, (~이) 아닐까 생각하다 명 경이, 놀라움

I wonder if I should wear a suit.
내가 양복을 입어야 할지 궁금하다.

1231	· live **abroad**	해외에서 살다
1232	· **aboard** the plane	비행기를 탄
1233	· **broad** shoulders	떡 벌어진 어깨
1234	· an ironing **board**	다리미판
1235	· **row** a boat	보트를 젓다
1236	· **raw** milk	미살균 우유

☐ **abroad**
[əbrɔ́:d]

(부) 국외로, 해외로

The company has many branch offices abroad.
그 회사는 해외에 지사가 많다.

☐ **aboard**
[əbɔ́:rd]

(전) (~을) 타고 (부) 배로, 승선하여

In Egypt I am aboard a houseboat on the Nile. **03 수능**
이집트에서 나는 나일 강의 지붕 있는 배에 승선해 있다.

☐ **broad**
[brɔ:d]

(형) 폭이 넓은, 전반적인

The negotiators reached broad agreement all points.
모든 점들에 대해 협상자들은 전반적인 합의에 이르렀다.

☐ **board**
[bɔ:rd]

(동) 타다, 하숙하다 (명) 판자, 칠판, 게시판, 위원회

I was thrilled as I boarded the boat. **04 수능**
나는 보트를 타며 스릴을 느꼈다.

☐ **row**
[róu]

(명) 줄 (동) 배를 젓다, 젓다

The fifteenth girl in the first row is Mary.
첫째 줄에서 15번째 소녀가 메리이다.

☐ **raw**
[rɔ́:]

(형) 날것의, 가공하지 않은

Grapes are raw materials from which wine is made.
포도는 와인을 만드는 원료이다.

1237	· **sensational** literature	선정 문학
1238	· a **sensible** man	지각 있는 사람
1239	· a **sensitive** ear	예민한 귀
1240	· **quite** certain	아주 확실한
1241	· **quiet** suburbs	조용한 교외
1242	· **quit** grumbling	투덜거리기를 그만두다

□ **sensational**
[senséiʃənl]

(형) 선풍적 인기의, 선정적인

This is not a sensational novel.
이것은 선정적인 소설이 아니다.

□ **sensible**
[sénsəbl]

(형) 분별 있는, 느낄 수 있는

It was sensible of her to postpone the exam.
그녀가 시험을 연기한 것은 현명한 일이었다.

□ **sensitive**
[sénsətiv]

(형) 민감한, 예민한

He is reputed by his colleagues as thoughtful and sensitive.
그는 동료들로부터 사려 깊고 예민하다고 알려져 있다.

□ **quite**
[kwáit]

(부) 전적으로, 상당히, 아주

The town was originally quite small.
그 마을은 원래 아주 작았다.

□ **quiet**
[kwáiət]

(형) 평온한, 한적한 (명) 고요

I'm looking for a quiet spot to rest.
나는 조용히 쉴 수 있는 장소를 찾고 있다.

□ **quit**
[kwít]

(동) 그만두다, 떠나다

I should work harder and quit painting for money.
나는 돈을 벌기 위해 일을 더 열심히 해야 하고 그림 그리는 **02 수능**
일을 그만두어야 한다.

1243	· a **bald** guy	대머리 아저씨
1244	· a **bold** act	대담한 행위
1245	· **mean** looking	비열하게 생긴
1246	· a **means** to an end	목적 달성의 수단
1247	· **considerable** expense	상당한 비용
1248	· a **considerate** attitude	사려 깊은 태도

☐ **bald**
[bɔ́ːld]

형 벗어진, 대머리의

He was already balding at the age of 30.
그는 30세 때 이미 머리가 벗겨지기 시작했다.

☐ **bold**
[bóuld]

형 대담한, 뻔뻔스러운

It is a bold and innovative design.
그것은 대담하고 혁신적인 디자인이다.

☐ **mean**
[míːn]

동 의도하다, 뜻하다 형 비열한, 중간의 명 중간

I'm sure she meant it for the best.
그녀는 분명 잘해 보려는 의도로 그랬을 것이다.

☐ **means**
[míːnz]

명 방법, 수단, 자력

The past and the present are our means; only the future is our end. **11 수능**
과거와 현재는 우리의 수단이고, 단지 미래만이 우리의 목적이다.

☐ **considerable**
[kənsídərəbl]

형 상당한

There is a considerable increase in prices year after year.
해마다 물가가 폭등하고 있다.

☐ **considerate**
[kənsídərət]

형 이해심이 있는, 사려 깊은

She's always very considerate towards her colleagues.
그녀는 동료들에게 항상 매우 사려 깊게 대한다.

1249	· **increase** in number	수가 증가하다
1250	· **decrease** in value	가치가 떨어지다
1251	· a **previous** notice	사전 통고
1252	· **precious** time	귀중한 시간
1253	· the **last** line	마지막 행
1254	· the **latest** edition	최신판

☐ increase
[inkrí:s]

동 늘다, 늘리다 명 증가

Scientists say sleeping on the job helps increase productivity.
과학자들은 근무 중 낮잠이 생산성 향상에 도움이 된다고 한다.

☐ decrease
[dikrí:s, dí:kri:s]

동 줄다, 줄이다 명 감소

Interest in the Korean market is steadily decreasing.
한국 시장에 대한 관심이 서서히 감소하고 있다.

☐ previous
[prí:viəs]

형 앞의, 이전의

The previous occupants of the apartment had left it in a terrible mess.
이 아파트의 이전 거주자들이 집을 엉망으로 해 놓고 떠났다.

☐ precious
[préʃəs]

형 귀중한, 값비싼

Nothing is more precious than health.
건강만큼 귀중한 것도 없다.

☐ last
[lǽst, lɑ́:st]

형 최후의, 마지막의

The last part of the work was quite exciting.
그 일의 마지막 부분은 매우 흥미로웠다.

☐ latest
[léitist]

형 최신의, 최근의, 가장 늦은

This is his latest work.
이것이 그의 가장 최근 작품입니다.

1255	· **sow** the seeds	씨앗을 뿌리다
1256	· **sew** cloth	천을 바느질하다
1257	· **explore** the Antarctic Continent	남극 대륙을 탐험하다
1258	· **explode** a bomb	폭탄을 폭발시키다
1259	· heat in the **desert**	사막에서의 열기
1260	· a **dessert** fork	디저트 포크

☐ **sow**
[sóu]

   (동) 씨를 뿌리다

As you sow, so shall you reap.
뿌린 대로 거둘 것이다. 〈속담〉

☐ **sew**
[sóu]

   (동) 바느질하다, 꿰매다

Sew in a lining to give the pants some extra thickness.
바지를 좀 더 두껍게 하려면 안감을 덧대어 꿰매세요.

☐ **explore**
[ikspl5:r]

   (동) 탐험하다, 탐구하다

The book explores the relationship between religion and science.
그 책은 종교와 과학의 관계를 탐구한다.

☐ **explode**
[iksplóud]

   (동) 폭발하다, 폭발시키다

The bomb exploded harmlessly in the sea.
그 폭탄은 아무에게도 해가 되지 않게 바다에서 폭발했다.

☐ **desert**
[dézərt]

   (명) 사막 (형) 사막 같은, 불모의

The wind blew in from desert areas and covered everything with sand.
사막 지역에서 바람이 불어와 모든 것을 모래로 뒤덮어 버렸다.

☐ **dessert**
[dizə́:rt]

   (명) 디저트

He had cookies and coffee for dessert.
그는 디저트로 쿠키를 먹고 커피를 마셨다.

1261	· **attach** a label	꼬리표를 붙이다
1262	· **detach** the coupon	쿠폰을 떼내다
1263	· **wind** along	꼬불꼬불 이어나가다
1264	· have a serious **wound**	심한 상처를 입다
1265	· a **portable** device	이동성 장비
1266	· a **potable** water	식수

□ **attach** [ətǽtʃ]

[동] 붙이다, 달다

Don't attach it to your car windows.
차 창문에 그것을 부착하지 마십시오.

□ **detach** [ditǽtʃ]

[동] 떼다, 분리하다

Detach the coupon and return to me.
쿠폰을 떼어 내어 제게 돌려주세요.

□ **wind** [wáind]

[동] 감다, 돌리다 (wind－wound－wound)

She wound the tape back to the beginning.
그녀가 테이프를 시작 부분으로 가도록 되감았다.

□ **wound** [wu:nd]

[명] 상처 [동] 부상하게 하다 (wound－wounded－wounded)

Injured animals spend more time asleep than usual while their wounds are healing. [수능 응용]
상처를 입은 동물들은 자신의 상처가 회복될 때까지 평소보다 더 많이 잠을 잔다.

□ **portable** [pɔ́:rtəbl]

[형] 휴대할 수 있는, 휴대의

Thank you for your interest in our portable piano.
우리의 휴대용 피아노에 대한 관심에 감사드립니다.

□ **potable** [póutəbl]

[형] 마시기에 적합한

We need potable water.
우리는 마시기에 적절한 물을 필요로 한다.

Part 3 /
만점에
도전하는
수능 영단어

단어 외우기 | 교육부 지정 2067 * 최다 빈출 단어 2004

1267	· **vital** power	생명력
1268	· **survive** a plane crash	비행기 추락 사고에서 **살아남다**
1269	· make a **contribution**	기부하다
1270	· commit a **blunder**	중대한 실수를 하다
1271	· a **steep** decline	급격한 감소
1272	· die of **famine**	굶어 죽다

□ **vital**
[váitl]

형 생명의, 극히 중대한

Another vital factor is increasing one's responsiveness
to the markets. 수능 응용
또 다른 중요 요인은 시장에 대한 개인의 반응을 키우는 것이다.

□ **survive**
[sərváiv]

동 살아남다

Few people survived the crash.
그 추락 사고에서 살아남은 사람은 거의 없었다.

□ **contribution**
[kὰntrəbjúːʃən, kɔ̀n-]

명 기부, 기여, 공헌

They made a large contribution toward solving
economic crisis.
그들은 경제 위기 해결에 큰 기여를 했다.

□ **blunder**
[blʌ́ndər]

명 큰 실수 동 큰 실수를 하다

The streets of the neighborhood witnessed the
blunders of yet another new driver. 수능 응용
그 동네의 거리는 또 다른 새 운전자의 실수를 목격했다.

□ **steep**
[stíːp]

형 가파른, 경사가 급한

The truck is inclined to stall on steep hills.
그 트럭은 가파른 언덕에서 시동이 꺼지는 경향이 있다.

□ **famine**
[fǽmin]

명 기근, 굶주림

Disease and famine are the wounds of war.
질병과 기근은 전쟁의 상처이다.

1273	· a wine **gourd**	포도주 호리병
1274	· an **abstract** idea	추상적 개념
1275	· with the **utmost** effort	최대로 노력하여
1276	· an **irritable** disposition	성을 잘 내는 기질
1277	· **wretched** weather	지독한 날씨
1278	· **adjust** the differences	차이점을 조정하다

☐ gourd
[guərd, gɔ:rd]

명 호리병박, 조롱박, 바가지

I thought about the many travelers who must drunk from the same gourd. 수능 응용
나는 똑같은 조롱박으로 물을 마셨을 수많은 여행자들에 대해 생각해 보았다.

☐ abstract
[æbstrǽkt]

형 추상적인 명 추상 동 추상하다

We may talk of beautiful things, but beauty itself is abstract.
우리는 아름다운 것들에 대해 이야기 할 수 있지만, 미 자체는 추상적이다.

☐ utmost
[ʌ́tmòust, -məust]

형 최대의 명 최대한도

These are things of the utmost importance to human happiness. 수능 응용
이것들은 인간의 행복에 가장 중요한 것들이다.

☐ irritable
[írətəbl]

형 화를 잘 내는

He was tired and irritable from lack of sleep.
그는 수면 부족으로 말미암아 피곤하고, 예민해져 있었다.

☐ wretched
[rétʃid]

형 비참한, 끔찍한, 가련한

I felt wretched about not being able to accept the offer.
나는 그 제안을 받아들일 수 없어서 비참함을 느꼈다.

☐ adjust
[ədʒʌ́st]

동 조절하다, 조정하다

Most of us try to adjust our attitudes to a rapid pace of living. 수능 응용
우리들 대다수는 삶의 빠른 속도에 우리의 태도를 적응시키려고 노력한다.

1279	· perfect **accuracy**	완벽한 정확성
1280	· **saddle** a horse	말에 안장을 얹다
1281	· the organ of **vision**	시각 기관
1282	· **improvise** a sermon	즉석에서 설교하다
1283	· **revise** tax regulations	세제를 개정하다
1284	· a **basin** of water	물 한 대야

□ **accuracy**
[ǽkjərəsi]

명 정확

A high degree of accuracy is needed for the project.
그 프로젝트를 위해서는 고도의 정밀성이 요구된다.

□ **saddle**
[sǽdl]

명 안장 동 안장을 얹다

A dissatisfied horse asked the gods for a saddle that would grow upon him. 수능 응용
불만에 찬 말이 신들에게 몸에서 자라나는 안장을 요구했다.

□ **vision**
[víʒən]

명 시력, 상상력, 미래상

During a regular examination a doctor checks weight, vision, blood pressure, and so on. 수능 응용
정기 검진에서는 의사가 몸무게와 시력, 혈압 등을 체크한다.

□ **improvise**
[ímprəvàiz]

동 즉석에서 하다

He is a great musician able to improvise.
그는 즉흥 연주를 할 수 있는 훌륭한 음악가이다.

□ **revise**
[riváiz]

동 교정하다

This textbook has been completely revised.
이 교과서는 전면 개정되었다.

□ **basin**
[béisn]

명 대야, 웅덩이, 분지

Kathmandu sits almost in the middle of a basin. 수능 응용
카트만두는 분지의 거의 정중앙에 위치해 있다.

1285	· **persevere** in one's studies	꾸준히 연구해 나가다
1286	· **dismiss** a boy from school	소년을 **퇴학시키다**
1287	· a rocky **elevation**	암석이 많은 **고지**
1288	· **justify** the action	행동을 **정당화하다**
1289	· a **shabby** house	**낡은** 집
1290	· pull the **trigger**	**방아쇠**를 당기다

☐ **persevere**
[pə̀:rsəvíər]

ⓢ 인내하다, 견디어내다

You have to persvere with difficult tasks.
어려운 일에 대해서는 인내심을 가져야 한다.

☐ **dismiss**
[dismís]

ⓢ 해산하다, 해고하다, 퇴학시키다

We cannot dismiss Mr. Smith's opinion completely.
우리는 스미스 씨의 의견을 완전히 무시해 버릴 수는 없다. **수능 응용**

☐ **elevation**
[èləvéiʃən]

ⓜ 높이, 고도

Situated at an elevation of 1,350m, the city of Kathmandu, which looks out on the Himalayas.
1,350미터 고지에 위치한 카투만두 시는 히말라야 산맥이 내다보인다.

☐ **justify**
[dʒʌ́stəfài]

ⓢ 옳다고 하다, 정당화하다

Purpose justifies the efforts it exacts only conditionally by their fruits. **11 수능**
목표는 그것의 열매(결과)에 의하여 조건적으로 그것이 가한(행한) 노력을 정당화 한다.

☐ **shabby**
[ʃǽbi]

ⓗ 초라한

Her dress was shabby although she attempted to keep her clothes clean.
그녀의 원피스는 그녀가 옷을 깨끗하게 유지하려고 노력했음에도 초라했다.

☐ **trigger**
[trígər]

ⓢ 발사하다, 야기하다, 시작케 하다 ⓜ 방아쇠

You'll worry about achieving them, and that will trigger new anxieties. **수능 응용**
당신은 그것들을 달성하는 것에 대해 걱정할 것이고, 그것은 새로운 걱정을 야기할 것이다.

1291 · **rub** the surface	표면을 <u>문지르다</u>
1292 · **progressive** changes	<u>점진적</u> 변화
1293 · tropical **vegetation**	열대 식물
1294 · **exceed** the speed limit	제한 속도를 <u>초과하다</u>
1295 · push a wheelchair down a **ramp**	<u>경사로</u> 아래로 휠체어를 밀다
1296 · an animal **shelter**	동물 <u>보호소</u>

□ **rub**
[rʌb]

ⓢ 비비다, 문지르다

Ink stains don't rub off easily.
잉크 자국은 비벼도 잘 지지 않는다.

□ **progressive**
[prəgrésiv]

ⓔ 전진하는, 진보하는

Our goal is to create a progressive society.
우리들의 목표는 진보적인 사회를 창조하는 것이다.

□ **vegetation**
[vèdʒətéiʃən]

ⓜ 초목, 한 지방 (특유)의 식물

There is little vegetation on the hills.
그 산에는 식물이 적다.

□ **exceed**
[iksíːd]

ⓢ 넘다, 초과하다

Drivers must not exceed a maximum speed of 120 kilometers per hour.
운전자들은 시간당 120킬로미터의 최고 속도를 초과하지 말아야 한다.

□ **ramp**
[ræmp]

ⓜ 진입로, 경사로

Suppose the car breaks down or we skid into a ramp or run over a dog....? 94 수능
차가 고장나거나 진입로로 미끄러져 들어가거나 개를 친다고 가정하면…?

□ **shelter**
[ʃéltər]

ⓜ 피난처, 방공호　ⓢ 보호하다

They looked for a shelter from heavy rain.
그들은 폭우를 피하려고 대피소를 찾았다.

1297	· **flush** into rage	화가 나서 얼굴이 붉어지다
1298	· **transform** current	전류를 바꾸다
1299	· a civilian **charter** plane	민간 전세기
1300	· a heavy **workload**	과도한 업무량
1301	· **vine** leaves	포도 덩굴 잎
1302	· add and **subtract**	더하고 빼다

☐ flush
[flʌʃ]

동 확 붉어지다, 왈칵 흘러나오다

The professor flushed and faltered. 94 수능
교수는 얼굴이 붉어졌고 말을 더듬었다.

☐ transform
[trænsfɔ́:rm]

동 변형시키다

Each listener could transform the music. 수능 응용
청취자 각각은 음악을 변형시킬 수 있었다.

☐ charter
[tʃɑ́:rtər]

명 특허장, 전세, 헌장 동 전세내다

His charter flight will be delayed a few hours. 94 수능
그의 전세기는 몇 시간 정도 늦어질 것이다.

☐ workload
[wɔ́:rkloud]

명 작업, 일량

When will the workload ever let up?
언제쯤이면 업무량이 줄게 될까?

☐ vine
[váin]

명 포도나무, 덩굴식물

You need well drained soil in order to make the vine's roots dig deep into the soil. 수능 응용
당신은 포도 덩굴 뿌리가 흙 안으로 깊이 파고 들어갈 수 있도록 배수가 잘 되는 토양을 필요로 한다.

☐ subtract
[səbtrǽkt]

동 빼다, 덜다

You have to subtract 3.3% tax from your income.
당신은 소득에서 세금으로 3.3%를 공제해야 한다.

1303	· **pause** a moment	잠시 멈추다
1304	· globally **renowned**	세계적으로 <u>유명한</u>
1305	· **gloomy** skies	잔뜩 <u>흐린</u> 하늘
1306	· the **promotion** of health	건강 <u>증진</u>
1307	· **soak** up information	지식을 <u>흡수하다</u>
1308	· racial **prejudice**	인종적 <u>편견</u>

☐ **pause**
[pɔ́ːz]

동 중단하다, 잠시 멈추다 명 잠깐 멈춤

The girl was speaking without pausing for breath.
그 여자 아이는 숨도 멈추지 않고 말하고 있었다.

☐ **renowned**
[rináund]

형 유명한, 명성 있는

He was an internationally renowned and treasured artist.
그는 세계적으로 명성 있고 소중한 예술가였다.

☐ **gloomy**
[glúːmi]

형 어두운, 음침한

The rooms were small, dark and gloomy.
방들은 좁고, 어둡고 음침했다.

☐ **promotion**
[prəmóuʃən]

명 승진, 촉진

The firm repaid him with a promotion for his hard work.
회사는 그가 열심히 일한 대가를 승진으로 보답해 주었다.

☐ **soak**
[souk]

동 적시다, 빨아들이다

Humans do not simply soak up knowledge like sponges. 94 수능
인간은 스펀지처럼 단순히 지식을 흡수하는 것은 아니다.

☐ **prejudice**
[prédʒudis]

명 편견, 침해 동 편견을 갖게 하다

I try very hard to overcome my prejudice. 98 수능
나는 나의 편견을 극복하기 위해 매우 열심히 노력한다.

1309	· **maintain** a correct posture	바른 자세를 유지하다
1310	· **spank** the child	아이의 엉덩이를 찰싹 때리다
1311	· the **criterion** of beauty	미의 표준
1312	· remove a **tenant**	세입자를 내쫓다
1313	· agricultural **commodities**	농산물
1314	· **pledge** one's honor	명예를 걸고 맹세하다

□ maintain
[meintéin, mən-]

[동] 지속하다, 유지하다, 간수하다

Good food is necessary to maintain one's health.
좋은 음식은 건강을 유지하는 데 필요하다.

□ spank
[spæŋk]

[동] 찰싹 때리다

Some parents believe that spanking children is the best way to punish. [99 수능]
어떤 부모는 아이의 볼기를 때리는 것이 벌을 주는 가장 최고의 방법이라고 믿는다.

□ criterion
[kraitíəriən]

[명] 표준, 기준

These criteria were so vague that candidates had little choice. [97 수능]
이 기준들은 너무 모호해서 후보들은 선택의 여지가 거의 없었다.

□ tenant
[ténənt]

[명] 차용자, 소작인

It is wrong to ask the tenants to pay a large increase. [수능 응용]
세입자들로 하여금 상당한 집세 인상액을 요구하는 것은 잘못된 것이다.

□ commodity
[kəmádəti, -mɔ́d-]

[명] 상품

The prices of commodities dropped to the lowest point in a year.
물가가 연중 최저까지 떨어졌다.

□ pledge
[pledʒ]

[명] 맹세, 담보 [동] 맹세하다

He asked TV viewers to phone in pledges of money to give to African relief. [수능 응용]
그는 TV 시청자들에게 아프리카 구호 기금에 줄 모금 약속 전화를 해 줄 것을 부탁했다.

1315	· **jagged** rocks	삐죽삐죽한 바위
1316	· get **inspiration**	영감을 얻다
1317	· **respire** using a lung	폐를 이용하여 숨쉬다
1318	· a **wrecked** ship	난파선
1319	· **polish** furniture	가구를 닦다
1320	· **rigid** labor laws	경직된 노동법

□ **jag**
[dʒǽg]

동 뾰족뾰족하게 만들다

At all times the horizon's edge was jagged with rising waves that looked like rocks. **94 수능**
항상 수평선은 바위처럼 보이는 솟아오르는 파도로 들쭉날쭉했다.

□ **inspiration**
[ìnspəréiʃən]

명 영감

Dreams can be a good source of inspiration.
꿈은 영감의 좋은 원천이 될 수 있다.

□ **respire**
[rispáiər]

동 호흡하다, 숨쉬다

Some reptiles respire through their skin.
일부 파충류는 피부로 호흡한다.

□ **wreck**
[rék]

명 난파선, 잔해 동 난파시키다, 파괴하다

They can spend days without locating the wreck, a sunken ship. **수능 응용**
그들은 가라앉은 배인 난파선의 위치를 찾아내지 못하면서 며칠을 보낼 수도 있다.

□ **polish**
[páliʃ, pɔ́l-]

동 닦다 명 광택

Use only a soft and dry cloth to polish the lens.
렌즈를 닦으려면 부드럽고 마른 천만 사용하세요.

□ **rigid**
[rídʒid]

형 단단한, 딱딱한

Argument is often considered disrespectful in rigid families. **94 수능**
엄격한 가정에서는 흔히 논쟁이 불경스럽다고 간주된다.

1321	· **supervise** the machine's operation	기계의 작동을 관리하다
1322	· **book** a ticket	표를 예약하다
1323	· an **outcast** son	쫓겨난 아들
1324	· cause a **panic**	공포를 불러일으키다
1325	· **dye** a cloth red	천을 붉게 염색하다
1326	· an **outstanding** figure	두드러진 인물

□ **supervise** [sú:pərvàiz]

[동] 감독하다, 관리하다

Supervise children in the use of anything sharp or hot.
아이들이 날카롭거나 뜨거운 것을 사용할 때에는 감독하라.

□ **book** [búk]

[동] 기입하다, 예약하다 [명] 책, 장부

He booked a seat for the football game.
그는 풋볼 경기를 보려고 좌석을 예약했다.

□ **outcast** [áutkæ̀st, -kɑ̀:st]

[명] 내쫓긴 사람 [형] 쫓겨난, 버림받은, 의지할 곳 없는

The aged are often treated like outcasts by a prejudiced attitude. [95 수능]
나이든 사람들은 종종 편협된 태도에 의해 내쫓긴 사람과 같이 취급된다.

□ **panic** [pǽnik]

[명] 돌연한 공포, 공황

Don't be shocked or panic. [96 수능]
충격을 받거나 무서워하지 말라.

□ **dye** [dái]

[명] 염료 [동] 물들이다

A black and a red dyes are obtained from the fruit.
검정색과 빨간색 염료는 과일로부터 얻는다.

□ **outstanding** [àutstǽndiŋ]

[형] 눈에 띄는

He made an outstanding contribution to music.
그는 음악 분야에 현저한 공헌을 했다.

1327	· a dramatic **monologue**	극적 독백
1328	· start to **sprout**	움트기 시작하다
1329	· a constitutional **monarchy**	입헌 군주국
1330	· **acquaint** him with our plan	그에게 우리의 계획을 숙지시키다
1331	· prevent **decay**	부패를 방지하다
1332	· the **sole** survivor	유일한 생존자

☐ **monologue**
[mánəlɔ̀ːg, -làg]

[명] 독백극, 1인극

These monologues were recorded by famous comedians. [94 수능]
이 독백들은 유명한 코미디언들이 녹음했다.

☐ **sprout**
[spraut]

[명] 눈, 싹 [동] 나게 하다

It is possible to see a bean sprout growing up out of the ground. [수능 응용]
땅에서 콩의 싹이 자라나는 것을 보는 것이 가능하다.

☐ **monarchy**
[mánərki, mɔ́n-]

[명] 군주정치, 군주제

The monarchy is considered by some as an anachronism in present-day society.
현대사회에서는 군주제가 일부 사람들에게는 시대착오로 여겨진다.

☐ **acquaint**
[əkwéint]

[동] 익히 알게 하다, 알리다

You will soon become fully acquainted with the situation.
당신은 그 상황에 대해 곧 완전히 익숙하게 될 것입니다.

☐ **decay**
[dikéi]

[명] 부식 [동] 부식하다, 벌레 먹다

Preventive measures have reduced levels of tooth decay in humans.
예방 조치들이 행해지면서 인류의 충치 수준이 줄어들었다.

☐ **sole**
[sóul]

[형] 단 하나의, 단 한 사람의

His sole object in life is to earn as much money as possible.
인생에서 그의 유일한 목적은 가능한 한 많은 돈을 버는 것이다.

1333	· **poisonous** air	유독 가스
1334	· traffic **chaos**	교통 혼란
1335	· an audience **chamber**	접견실
1336	· on the **ranch**	농장에서
1337	· a new **enterprise**	새로운 **사업**
1338	· highly susceptible to **flattery**	아부에 매우 약한

☐ **poisonous**
[pɔ́izənəs]

형 유독한, 악취를 뿜는

Our vehicles pump out thousands of tones of poisonous fumes every year.
우리의 자동차가 매년 수천 톤의 유독성 가스를 뿜어낸다.

☐ **chaos**
[kéiɑs, -ɔs]

명 혼돈, 무질서

The house was in chaos after the party.
그 집은 파티 후에 무질서 상태였다.

☐ **chamber**
[tʃéimbər]

명 방, 회의소

The explorers founded a vast underground chamber.
탐험자들은 거대한 지하 공간을 찾아냈다.

☐ **ranch**
[ræntʃ]

명 대목장

I once worked for your great grandfather when he had the sheep ranch here. **수능 응용**
나는 한때 너의 증조부가 이곳에 양목장을 갖고 있었을 때 그를 위해 일했었다.

☐ **enterprise**
[éntərpràiz]

명 기획, 기업

This company is one of the leading enterprises of its kind.
이 회사는 동종 업체 중에서 가장 선도적인 기업의 하나이다.

☐ **flattery**
[flǽtəri]

명 아첨, 아부

He is too intelligent to fall for your flattery.
그는 아주 똑똑해서 너의 아첨에 넘어가지는 않을 것이다.

1339	· self-**esteem**	자아 존중
1340	· the electoral **register**	선거인 명부
1341	· **flourish** the business	사업이 번창하다
1342	· blue **outlook**	어두운 전망
1343	· **sting** his nose	그의 코를 쏘다
1344	· **stroll** the countryside	시골길을 거닐다

☐ **esteem**
[istíːm, es-]

동 존경하다, 생각하다 명 존중

His writings, as I remember, were highly esteemed.
내가 기억하고 있는 바로는, 그의 저서는 높이 평가되었다.

☐ **register**
[rédʒistər]

명 등록부, 자동 기록기 동 기재하다, 등기하다

Could you sign the hotel register please?
호텔 숙박부에 서명해 주시겠습니까?

☐ **flourish**
[fláːriʃ, flʌ́riʃ]

동 번창하다, 무성하게 자라다

These plants flourish in a dry climate.
이 식물들은 건조한 기후에서 잘 자란다.

☐ **outlook**
[áutlùk]

명 조망, 예측

The level of a person's mental outlook has much
more to do with quality of life. 수능 응용
한 개인의 정신적 견해의 수준은 삶의 질에 훨씬 밀접하게 관련되어
있다.

☐ **sting**
[stíŋ]

명 찌름, 쏨 동 찌르다, 쏘다

This ointment contains a mild analgesic to soothe
stings.
이 연고는 약간의 진통 효과가 있어서 벌레에 쏘인 상처를 가라앉힌다.

☐ **stroll**
[stróul]

동 한가로이 거닐다

He took a picture of them strolling through their
garden.
그는 정원을 거닐고 있는 그들의 사진을 찍었다.

1345	· **ascribe** his success to good luck	그의 성공을 행운으로 **돌리다**
1346	· a **craft** fair	**공예품** 전시회
1347	· a **prompt** reply	**즉답**
1348	· **mock** at a person's fears	남의 두려움을 **비웃다**
1349	· **hedge** a garden	뜰에 **산울타리를 두르다**
1350	· the earth's **orbit**	지구 **궤도**

☐ **ascribe**
[əskráib]

동 (~에) 돌리다

You're wrong to ascribe the mistake to him.
당신이 그 실수를 그의 탓으로 돌리는 것은 잘못된 것이다.

☐ **craft**
[kræft, krάːft]

명 기능, 기술, 수(공예), 우주선

They should apply both their caring and their craft
to their own work. 수능 응용
그들은 그들의 관심과 기교를 둘 다 작품에 적용시켜야만 한다.

☐ **prompt**
[praːmpt, prɔ́mpt]

형 즉석의, 신속한 동 자극하다

We are always prompt in paying our utility bills.
우리는 항상 지체 없이 공과금을 납부한다.

☐ **mock**
[mάk, mɔk]

동 조롱하다, 흉내내며 놀리다

They have mocked my religion.
그들은 나의 종교를 비웃었다.

☐ **hedge**
[hédʒ]

명 산울타리 동 산울타리를 만들다

A hedge forms the division between his land and
mine.
산울타리가 그의 땅과 내 땅의 경계를 이루고 있다.

☐ **orbit**
[ɔ́ːrbit]

명 궤도

The spacecraft went into orbit around the earth.
우주선은 지구 궤도에 진입했다.

1351	· a **plethora** of detail	과다한 세부 내용
1352	· a **pertinent** remark	적절한 말
1353	· severely **depleted**	극심하게 소모된
1354	· a true **patriot**	진정한 애국자
1355	· **subtle** humor	미묘한 유머
1356	· **plenty** of time	충분한 시간

☐ **plethora**
[pléθərə]

톙 과다, 과잉

Now there are a plethora of print technologies. 94 수능
이제는 수많은 인쇄 기술이 존재한다.

☐ **pertinent**
[pə́:rtənənt]

혱 적절한, 관계있는

The point is not pertinent to the topic.
그 점은 주제와는 관련이 없다.

☐ **deplete**
[diplí:t]

됭 격감시키다, 고갈시키다

Stocks of food for winter are depleted.
겨울 식량이 고갈되었다.

☐ **patriot**
[péitriət, pǽtriət]

혱 애국자

The early American patriots gained freedom.
미국 초기의 애국자들은 자유를 쟁취했다.

☐ **subtle**
[sʌ́tl]

혱 미묘한, 민감한

The subtle message of body language gets lost in phone conversations. 05 수능
신체 언어의 미묘한 메시지는 전화 대화에서는 잃어버리게 된다.

☐ **plenty**
[plénti]

톙 많음 혱 많은

People are still free to smoke in plenty of areas.
사람들은 여전히 많은 곳에서 흡연에 자유롭다.

1357 · an apprentice **plumber** 배관공 실습생
1358 · social **welfare** 사회 복지
1359 · **meditate** disputes 분쟁을 조정하다
1360 · **demonstrate** for lower taxes 세금 인하를 요구하는 데모를 하다
1361 · preach a **sermon** 설교하다
1362 · the **reign** of law 법의 지배

□ **plumber**
[plʌ́mər]

[명] 배관공

You'll have to call a plumber in to look at this.
당신은 이것을 보게 하기 위해 배관공을 불러야 합니다.

□ **welfare**
[wélfɛ̀ər]

[명] 복지, 복리

Anita became interested in social welfare. [04 수능]
아니타는 사회 복지에 관심을 갖게 되었다.

□ **mediate**
[míːdièit]

[동] 조정하다, 화해시키다

He has made tremendous efforts to mediate between the two parties.
그는 양당을 중재하기 위해 엄청나게 노력했다.

□ **demonstrate**
[démənstrèit]

[동] 논증하다, 설명하다, 시위운동을 하다

They demonstrated against a racial prejudice.
그들은 인종 차별에 대한 시위를 했다.

□ **sermon**
[sə́ːrmən]

[명] 설교, 설법

Especially, the sermons have been so dry. [98 수능]
특히, 그 설교들은 매우 재미없었다.

□ **reign**
[réin]

[명] 치세, 지배 [동] 군림하다

It happened in the reign of Elizabeth I.
그것은 엘리자베스 1세 치하에서 일어났다.

1363	· **withhold** information	정보를 알리지 않다
1364	· a **timid** person	소심한 사람
1365	· **embark** for France	프랑스를 향해 떠나다
1366	· well **irrigated**	관개가 잘 된
1367	· an **initial** impression	첫인상
1368	· **visual** effect	시각적 효과

□ **withhold**
[wiðhóuld, wiθ-]

[동] 억누르다, 보류하다

He is withholding an important fact from a person.
그는 남에게 중대한 사실을 알리지 않고 있다.

□ **timid**
[tímid]

[형] 겁 많은, 소심한

She is a very timid and shy character.
그녀는 매우 겁 많고 부끄럼타는 성격이다.

□ **embark**
[embáːrk, im-]

[동] 태우다, 승선시키다

Passengers with cars must embark on a ship first.
차가 있는 승객들부터 먼저 승선해야 한다.

□ **irrigate**
[írəgèit]

[동] 물을 대다, 관개하다

They will irrigate desert areas to make them fertile.
그들은 사막 지역을 비옥하게 하기 위하여 관개할 것이다.

□ **initial**
[iníʃəl]

[형] 처음의 [명] 머리글자

My initial reaction was to refuse the offer.
나의 최초의 반응은 제안에 거절하는 것이었다.

□ **visual**
[víʒuəl]

[명] 시각 정보 [형] 시각의

His presentation was accompanied by some striking visuals.
그의 발표는 놀라운 시각 자료들을 동반했다.

1369	· **monotonous** work	단조로운 일
1370	· relatively **passive**	비교적 수동적인
1371	· **abandon** hope	희망을 버리다
1372	· a **contemptuous** man	남을 멸시하는 사람
1373	· write for a **livelihood**	글을 써서 생활하다
1374	· the **sacred** ground	성지

☐ **monotonous**

[mənátənəs, -nɔ́t-]

⟨형⟩ 단조로운, 지루한

Financial difficulties recur with monotonous regularity.
경제난은 단조로울 정도로 규칙적으로 되풀이된다.

☐ **passive**

[pǽsiv]

⟨형⟩ 수동적인, 무저항의

The best moments in our lives are not the passive, receptive, relaxing times. **11 수능**
우리 삶의 최고의 순간들은 수동적이고, 수용적이며, 긴장을 풀고 있는 시간들이 아니다.

☐ **abandon**

[əbǽndən]

⟨동⟩ 버리다, 그만두다

The poor little cat had been abandoned.
그 가련한 어린 고양이는 버림을 받았었다.

☐ **contemptuous**

[kəntémptʃuəs]

⟨형⟩ 남을 얕잡아보는, 경멸하는

She has always shown herself to be contemptuous of all authority.
그녀는 모든 권위를 경멸하는 태도를 보여 왔다.

☐ **livelihood**

[láivlihùd]

⟨명⟩ 생계

Agriculture is the main source of economic livelihood.
농업은 경제적 생계의 주요한 원천이다.

☐ **sacred**

[séikrid]

⟨형⟩ 신성한, 종교적인

Many of his compositions were sacred music.
그가 작곡한 것의 많은 부분은 종교 음악이었다.

1375	· perfect **symmetry**	완벽한 <u>대칭</u>
1376	· a **fuzzy** photograph	<u>흐릿한</u> 사진
1377	· close **alliance**	긴밀한 <u>동맹관계</u>
1378	· flowers **wither**	꽃이 <u>시들다</u>
1379	· a maximum **thermometer**	최고 <u>온도계</u>
1380	· a person of **insight**	<u>통찰력</u>이 있는 사람

☐ **symmetry**
[símətri]

명 대칭

A sphere has proper rotational symmetry.
구는 적당한 회전 대칭이다.

☐ **fuzzy**
[fʌ́zi]

형 보풀 같은, 희미한, 불명확한

We are often confused by fuzzy edges. **02 수능**
우리는 종종 분명하지 않은 경계선들에 의해 혼란스럽다.

☐ **alliance**
[əláiəns]

명 동맹, 결연

Countries seek to become stronger through alliance.
국가들은 동맹을 통해 더 강력해지는 길을 모색하고 있다.

☐ **wither**
[wíðər]

동 시들다, 시들게 하다

Leaves wither and turn black.
나뭇잎은 시들고 검게 변한다.

☐ **thermometer**
[θərmámətər, -mɔ́m-]

명 온도계

When I entered the subway, the thermometer I had with me registered 32℃. **94 수능**
전철 안으로 들어갔을 때, 내가 가지고 있던 온도계는 섭씨 32도를 가리켰다.

☐ **insight**
[ínsàit]

명 통찰, 통찰력

Medical check-ups provide important insight into the patient's condition. **05 수능**
의료 검진으로 환자의 정확한 상태를 파악할 수 있다.

1381	· **intimate** friends	친한 친구들
1382	· spherical **geometry**	구면 기하학
1383	· The **Mediterranean** Sea	지중해
1384	· **indulge** in pleasures	쾌락에 빠지다
1385	· an **arrogant** manner	거만한 태도
1386	· achieve a **triumph**	승리를 거두다

☐ **intimate**

[íntəmət]

형 친밀한

We're not on intimate terms with our neighbours.
우리는 우리 이웃과 친밀한 사이가 아니다.

☐ **geometry**

[dʒiámətri]

명 기하학

Renaissance artists achieved perspective, using geometry. **05 수능**
르네상스 예술가들은 기하학을 이용하여 원근법을 터득하였다.

☐ **Mediterranean**

[mèdətəréiniən]

형 지중해의

At that moment the enemy was in flight over the Mediterranean Sea.
그 때 적은 지중해 상공을 비행 중이었다.

☐ **indulge**

[indʌ́ldʒ]

동 빠지다, 탐닉하다

They had indulged in fine French liquor.
그들은 좋은 프랑스 술에 탐닉했었다.

☐ **arrogant**

[ǽrəgənt]

형 거만한, 오만한

The professor has an authoritative manner that at times is almost arrogant.
그 교수는 때로 거의 교만하다고 할 만큼 권위적인 태도를 지니고 있다.

☐ **triumph**

[tráiəmf, -ʌmf]

명 승리 동 성공하다, 이기다

It was the triumph of right over force.
그건 무력에 대한 정의의 승리였다.

1387	·a **supplement** to the magazine	잡지의 **부록**
1388	· **medieval** literature	**중세** 문학
1389	·under **communism**	**공산주의** 하에
1390	·pay **homage**	**존경**을 표하다
1391	·Marxist **doctrine**	**마르크스주의**
1392	·in great **agony**	몹시 **고통스러워하다**

□ **supplement**
[sʌ́pləmənt]

몡 추가 됭 보충하다

There is a $10 supplement for a single room with a bed.
침대가 있는 1인실에는 10달러의 추가금액이 붙습니다.

□ **medieval**
[mìːdíːvəl, mèd-]

톙 중세의

On the page is a picture of medieval peasants carrying out daily tasks.
그 페이지에는 일상적인 일을 하고 있는 중세 농부들의 그림이 있다.

□ **communism**
[kámjunìzm, kɔ́m-]

몡 공산주의

He doesn't agree you are ignorant of communism.
그는 당신이 공산주의에 무지하다는 것에 동의하지 않는다.

□ **homage**
[hámidʒ, ám-]

몡 경의, 존경

The book is also a homage to a friendship.
그 책은 또한 우정에 경의를 표하고 있다.

□ **doctrine**
[dáktrin, dɔ́k-]

몡 교의, 주의

He studied the basis for the doctrine of the Trinity.
그는 삼위일체론의 기본 원리를 공부했다.

□ **agony**
[ǽgəni]

몡 심한 고통, 몸부림

The latest price increase is just piling on the agony.
최근의 물가 상승은 고통을 가중시키고 있다.

1393	· **interrogate** a witness	증인을 **심문하다**
1394	· lose the **throne**	**왕위**를 잃다
1395	· **radiation** levels	**방사능** 수치
1396	· **intricate** relationship	**복잡한** 관계
1397	· **induce** sleep	잠을 **오게 하다**
1398	· a **warehouse** overrun by rats	쥐가 들끓는 **창고**

interrogate
[intérəgèit]

동 심문하다

The police are interrogating the suspect.
경찰이 용의자를 심문하고 있다.

throne
[θroun]

명 왕좌, 왕위 동 왕위에 앉다

The master sat throned in his great chair upon a platform. 수능 응용
그 교사는 교단 위에 있는 큰 의자에 왕처럼 앉아 있었다.

radiation
[rèidiéiʃən]

명 방사, 발광

This is an instrument that can detect minute amounts of radiation.
이것은 극소량의 방사능을 탐지할 수 있는 기계이다.

intricate
[íntrikət]

형 얽힌, 복잡한

Don't make your design too intricate.
당신의 디자인을 너무 복잡하게 만들지 마세요.

induce
[indjúːs]

동 권유하다, 야기하다

Your resolve will induce you to spend weary days in tilling the ground. 수능 응용
당신의 결심은 당신이 땅을 경작하는 고된 나날들을 보내도록 만들 것이다.

warehouse
[wɛ́ərhàus]

명 창고

The warehouse stores 100 tons of rice.
그 창고에는 쌀이 100톤 들어간다.

1399	· produce **offspring**	아이를 낳다
1400	· a secondary **infection**	2차 감염
1401	· a **tremendous** explosion	어마어마한 폭발
1402	· **contrive** an escape	용케 도망치다
1403	· an ancient **monument**	고대 기념물
1404	· a **sanitary** cup	위생 컵

☐ offspring
[ɔ́:fsprìŋ, ɑ́:f-]

몡 자식, 결과

The contemporary child must travel much further than the offspring of primitive man. (수능 응용)
현대의 아이는 원시인의 아이보다 더 멀리 여행을 해야 한다.

☐ infection
[infékʃən]

몡 전염, 오염

I suffered a serious intestinal infection.
나는 심각한 장내 감염을 겪었다.

☐ tremendous
[triméndəs]

혱 거대한, 무서운

There is tremendous enthusiasm in the States for the game of football.
미국에서는 풋볼경기에 대한 열기가 대단하다.

☐ contrive
[kəntráiv]

통 고안하다, 궁리하다, 용케 (~)하다

I will contrive to come back home by seven o'clock.
어떻게든 7시까지는 집에 돌아오도록 하겠다.

☐ monument
[mánjumənt, mɔ́n-]

몡 기념비, 기념물

As a national monument, the site is open free to the public.
천연기념물로서, 그곳은 대중에게 개방되어 있다.

☐ sanitary
[sǽnətèri]

혱 위생의, 위생적인

Conditions in hospitals were far from sanitary.
병원의 상태는 위생적인 것과는 거리가 멀었다.

1405 · crowded **solitude** 군중 속에서 느끼는 고독
1406 · the music **metropolis** 음악의 중심지
1407 · **surrender** to the enemy 적에 항복하다
1408 · the **collapse** of a tower 탑의 붕괴
1409 · the **routine** procedure 판에 박힌 절차
1410 · **strain** a wire 철사를 잡아당기다

□ solitude
[sάlətjù:d, sɔ́li-]

[명] 고독, 쓸쓸한 곳

He needs a chance to reflect on himself in solitude.
그는 고독 속에서 자신을 성찰할 기회를 필요로 한다.

□ metropolis
[mitrάpəlis, -trɔ́p-]

[명] 주요 도시

I want to live in a great metropolis like Tokyo.
나는 도쿄와 같은 거대한 수도에서 살고 싶다.

□ surrender
[səréndər]

[동] 넘겨주다, 항복하다 [명] 인도

They surrendered the fort to the enemy.
그들은 요새를 적들에게 넘겨주었다.

□ collapse
[kəlǽps]

[동] 무너지다 [명] 붕괴, 실패

Lots of people were fired when the property market collapsed.
자산 시장이 붕괴하면서 많은 사람들이 직장에서 해고되었다.

□ routine
[ru:tí:n]

[명] 판에 박힌 일, 일상의 일

She felt the need to break out of her same routines.
그녀는 똑같은 일상에서 벗어날 필요를 느꼈다.

□ strain
[stréin]

[명] 팽팽함, 긴장, 피로 [동] 잡아당기다, 긴장시키다

The strain is beginning to tell on her health.
과로가 그녀의 건강에 영향을 미치기 시작했다.

1411	· **proficient** in English	영어에 숙달된
1412	· **crude** materials	원료
1413	· **dedicate** one's life	목숨을 바치다
1414	· a person in **hostage**	인질로 있는 사람
1415	· **abnormal** behavior	이상 행동
1416	· **tension** of the muscles	근육의 긴장

☐ **proficient** [prəfíʃənt]

[형] 익숙한, 능숙한

He has become proficient at the various sports skills.
그는 다양한 스포츠 기술에 숙달되어 있다.

☐ **crude** [krú:d]

[형] 천연 그대로의, 조잡한

Korea is the world's fourth-largest buyer of crude oil.
한국은 세계에서 네 번째로 많은 원유를 수입한다.

☐ **dedicate** [dédikèit]

[동] 봉납하다, 바치다

This business requires you to dedicate a lot of time and work.
이 사업은 당신이 많은 시간과 일을 바치기를 요구한다.

☐ **hostage** [hástidʒ, hɔ́s-]

[명] 인질, 볼모

We negotiated with them to rescue the hostages.
우리는 인질들을 구하기 위해 그들과 협상했다.

☐ **abnormal** [æbnɔ́:rməl]

[형] 비정상의, 이상한

He started an abnormal period of growth when he was 10 years old.
그는 10살 때에 비정상정인 성장의 시기가 시작되었다.

☐ **tension** [ténʃən]

[명] 긴장, 불안, 흥분

Large eyes, on the other hand, suggest suspicion or tension. [94 수능]
큰 눈은 반면에 의심 또는 긴장을 나타낸다.

1417	· **intrude** upon his privacy	그의 사생활을 <u>침해하다</u>
1418	· **conservative** policy	<u>보수</u> 정책
1419	· near the **equator**	<u>적도</u> 부근에
1420	· **abolish** slavery	노예제도를 <u>폐지하다</u>
1421	· an **insolent** reply	<u>무례한</u> 답변
1422	· a sore **calamity**	심한 <u>재난</u>

☐ **intrude**
[intrú:d]

동 억지로 들이닥치다

Don't intrude yourself on my privacy.
저의 사생활에 끼어들지 마세요.

☐ **conservative**
[kənsə́:rvətiv]

형 보수적인

He is conservative in his beliefs.
그는 그의 믿음을 좀체로 바꾸지 않는다.

☐ **equator**
[ikwéitər]

명 적도

The island lies on the equator.
그 섬은 적도에 위치해 있다.

☐ **abolish**
[əbáliʃ]

동 폐지하다

It is still too early to abolish the death penalty.
사형 제도를 폐지하는 것은 아직 너무 이르다.

☐ **insolent**
[ínsələnt]

형 건방진, 무례한

He was the sort of student that teachers would
describe as insolent.
그는 교사들이 건방지다고 묘사하는 종류의 학생이었다.

☐ **calamity**
[kəlǽməti]

명 큰 재난, 큰 불행

A series of calamities ruined their lives.
줄줄이 이어진 재난이 그들의 삶을 파멸시켰다.

1423	· **insert** a coin	동전을 끼워 넣다
1424	· a **vein** of gold	금맥
1425	· an **incurable** disease	불치병
1426	· **presume** her innocent	그녀의 결백을 가정하다
1427	· a public **domain**	공유지
1428	· **accelerate** growth	성장을 촉진하다

☐ **insert**
[insə́:rt]

ⓢ 끼워 넣다, 삽입하다

I don't know how to insert one file into another.
나는 한 파일을 다른 파일에 삽입하는 방법을 모른다.

☐ **vein**
[vein]

ⓜ 정맥, 기질

The tree has leaves with a reticulated vein structure.
그 나무는 그물형 잎맥 구조의 잎을 갖고 있다.

☐ **incurable**
[inkjúərəbl]

ⓗ 불치의, 교정 불능의

Her condition is now too serious and considered incurable.
그녀의 상태는 현재 너무 심각하고, 고칠 수 없는 것으로 여겨진다.

☐ **presume**
[prizú:m]

ⓢ 가정하다, 감히 하다

They must presume innocence until they have proof of guilt.
그들은 유죄라는 증거를 갖기까지는 무죄라고 생각해야만 한다.

☐ **domain**
[douméin, də-]

ⓜ 영토, 영지

She treated the office as her private domain.
그녀는 사무실을 자신의 사적 영역으로 취급했다.

☐ **accelerate**
[æksélərèit]

ⓢ 속력을 빠르게 하다

The results show global warming has accelerated.
결과는 지구 온난화가 가속화되었다는 것을 보여준다.

1429	· **execute** the plan	계획을 <u>실행하다</u>
1430	· an **adequate** supply	<u>충분한</u> 공급
1431	· **insulate** a patient	환자를 <u>격리하다</u>
1432	· a **symptom** of cold	감기의 <u>징후</u>
1433	· remove the **fragment**	<u>파편</u>을 제거하다
1434	· the **instinct** to survive	생존 <u>본능</u>

☐ **execute**
[éksikjùːt]

ⓢ 실행하다, 집행하다

James makes the plans and Tom executes them.
제임스는 계획을 짜고 톰은 그것들을 실행한다.

☐ **adequate**
[ǽdikwət]

ⓐ 충분한, 알맞은

The water supply in this town is adequate.
이 마을의 물 공급은 충분하다.

☐ **insulate**
[ínsəlèit, -sju-]

ⓢ 절연하다, 분리하다, 고립시키다

Several spots were insulated by placing obstacles.
여러 지역들이 장애물을 설치함으로써 고립되었다.

☐ **symptom**
[símptəm]

ⓝ 징후, 징조

The symptoms of the disease are fever and measles.
그 병의 증상은 열과 발진이다.

☐ **fragment**
[frǽgmənt]

ⓝ 부서진 조각, 파편

I heard only a fragment of his story.
나는 그의 이야기의 일부분만 들었다.

☐ **instinct**
[ínstiŋkt]

ⓝ 본능

Birds learn how to fly by instinct.
새들은 본능적으로 나는 법을 배운다.

1435	· in my **estimation**	내가 판단하기에는
1436	· the diameter of the **artery**	동맥의 직경
1437	· after some **hesitation**	약간 망설이다가
1438	· **snatch** at the chance	기회를 냉큼 붙잡다
1439	· local **currency**	국내 통화
1440	· **isolate** the enemy	적을 고립시키다

□ **estimation**
[èstəméiʃən]

명 판단, 평가

In my estimation, you are the more suitable for that job.
내 판단으로는 네가 그 직업에 더 적합한 것 같다.

□ **artery**
[ά:rtəri]

명 동맥, 주요 도로

Your arteries were blocked with deposits of cholesterol.
당신의 동맥은 콜레스테롤 침전물로 막혀 있습니다.

□ **hesitation**
[hèzətéiʃən]

명 주저, 망설임

She answered the question without the slightest hesitation.
그녀는 조금도 주저하지 않고 그 질문에 답했다.

□ **snatch**
[snǽtʃ]

동 와락 붙잡다, 잡아채다

The thief snatched my bag and left me penniless in France.
그 도둑이 내 가방을 훔쳐 가서 나를 프랑스에서 무일푼이 되게 했다.

□ **currency**
[kə́:rənsi, kʌ́r-]

명 통화, 유통

When we think of money, we usually think of currency. 수능 응용
우리가 돈에 대해 생각할 때, 우리는 보통 화폐를 생각한다.

□ **isolate**
[áisəlèit, ísə-]

동 고립시키다

The tribe is isolated from civilization.
그 부족은 문명으로부터 격리되어 있다.

1441	· a happy **infancy**	즐거웠던 어린 시절
1442	· **diverse** ideas	**다양한** 견해
1443	· remain **intact**	**온전히** 남아있다
1444	· **inalienable** rights	**양도할 수 없는** 권리
1445	· **derive** a word from a Latin root	단어의 어원을 라틴어<u>에서 찾다</u>
1446	· **eliminate** tariffs	관세를 <u>폐지하다</u>

□ **infancy**
[ínfənsi]

® 유년, 초기

The science was still in its infancy.
과학은 아직 초기 단계였다.

□ **diverse**
[divə́:rs, dáivə:rs]

® 다른 종류의, 다양한

The power of music is diverse and people respond in different ways. 08 수능
음악의 힘은 다양하고 사람들은 서로 다른 방식으로 반응한다.

□ **intact**
[intǽkt]

® 손대지 않은, 손상되지 않은

The intact mummy was found by a German climber.
그 손상되지 않은 미라는 한 독일 등반가에 의해 발견되었다. 97 수능

□ **inalienable**
[inéiljənəbl]

® 양도할 수 없는, 빼앗을 수 없는

An inalienable right is one which can not be taken away from anyone for any reason.
양도할 수 없는 권리란 어떠한 이유에서도 누군가에게 빼앗길 수 없는 것이다.

□ **derive**
[diráiv]

® 끌어내다, 유래하다

He derives great joy from playing games.
그는 게임하는 데에서 큰 기쁨을 얻는다.

□ **eliminate**
[ilímənèit]

® 제거하다

They framed a plan to eliminate unnecessary intervention.
그들은 불필요한 개입을 없앨 계획을 짰다.

1447	· **inherent** rights	생득권
1448	· **prohibit** smoking	흡연을 금지하다
1449	· things **indispensable** to life	생필품
1450	· an **exotic** hair style	별난 헤어스타일
1451	· sing a song with **trepidation**	떨면서 노래하다
1452	· in an act of **defiance**	저항하는 몸짓으로

☐ **inherent**
[inhíərənt, -hér-]

(형) 고유의, 본래부터의

An inherent weakness of a pure democracy is that half the voters are below average intelligence.
순수 민주주의의 본래의 약점은 투표자의 절반이 평균 지능 이하라는 것이다.

☐ **prohibit**
[prouhíbit, prə-]

(동) 금하다

That means that smoking is prohibited in this building.
그것은 이 건물에서 담배를 피울 수 없다는 뜻입니다.

☐ **indispensable**
[ìndispénsəbl]

(형) 없어서는 안 되는

Exercising is indispensable to everyone.
운동은 누구에게나 절대 필요하다.

☐ **exotic**
[igzátik, -zɔ́t-]

(형) 이국적인

People were attracted by her exotic features.
사람들은 그녀의 이국적인 용모에 끌렸다.

☐ **trepidation**
[trèpidéiʃən]

(명) 전율, 공포, 당황

I waited for the news with some trepidation.
나는 약간 불안한 마음으로 그 소식을 기다렸다.

☐ **defiance**
[difáiəns]

(명) 도전, 반항

He struck an attitude of defiance in an unusually harsh tone.
그는 대단히 강한 어조로 반항하는 척했다.

1453	· an **inborn** talent	타고난 재능
1454	· **convey** the meaning	뜻을 전달하다
1455	· **conform** to the laws	법률에 따르다
1456	· a **mode** of life	생활 양식
1457	· **ample** means	유복한 자산
1458	· **apprehend** a thief	도둑을 체포하다

inborn
[ínbɔ́ːrn]

(형) 타고난, 선천적인

She showed an inborn talent to sing and dance.
그녀는 노래하고 춤추는 데 선천적인 재능을 보였다.

convey
[kənvéi]

(동) 나르다, 전달하다

He conveyed his sentiment into his own words.
그는 자신만의 말로 그의 감정을 전달했다.

conform
[kənfɔ́ːrm]

(동) 따르게 하다, 맞게 하다

Conforming is necessary in any civilized community.
순응은 그 어떤 문명 공동체에서도 필수적이다. **96 수능**

mode
[moud]

(명) 방법, 양식

Different modes of consumer behavior do not
surprise us. **수능 응용**
소비자 행동의 다른 양식들은 우리를 놀라게 하지 않는다.

ample
[ǽmpl]

(형) 충분한, 넓은

There is ample room for another bed.
침대 한 개가 더 들어갈 충분한 공간이 있다.

apprehend
[æ̀prihénd]

(동) 체포하다, 파악하다, 걱정하다

Police have apprehended a teenager with
deliberately starting one fire.
경찰은 한 화재에 대한 방화 혐의로 십대 한 명을 검거했다.

1459	· the **plight** of the homeless	노숙자들의 곤경
1460	· a **timber**-merchant	목재상
1461	· **divine** grace	신의 은총
1462	· go to the **rear**	후방으로 가다
1463	· an **inevitable** conclusion	피할 수 없는 결론
1464	· **trail** a wild animal	야생동물을 뒤쫓다

☐ **plight**
[plait]

명 곤경, 궁지, (어려운) 상태

The African elephant is in a desperate plight.
그 아프리카 코끼리는 절망적인 곤경에 빠져있다.

☐ **timber**
[tímbər]

명 재목

Thick timbers supported the floor above.
굵은 목재들이 위층을 지탱하고 있었다.

☐ **divine**
[diváin]

형 신의, 신성한

To err is human, to forgive divine.
잘못을 저지르는 것은 사람의 일이고, 용서하는 것은 하느님의 일이다.

☐ **rear**
[riər]

동 기르다 명 뒤, 후방 형 후방의

They explained the similarities between identical
twins reared apart.
그들은 떨어져 양육된 일란성 쌍둥이의 유사성을 설명했습니다.

☐ **inevitable**
[inévitəbl]

형 피할 수 없는, 면하기 어려운

I cannot accept his argument that defeat is inevitable.
나는 패배가 불가피하다는 그의 주장을 받아들일 수 없다.

☐ **trail**
[tréil]

동 끌다, 질질 끌다 명 끌고 간 자국

The girl went upstairs trailing her doll behind her.
그 소녀는 인형을 끌며 이층으로 올라갔다.

1465	· a periodic **comet**	주기 혜성
1466	· **perish** with hunger	굶어 죽다
1467	· **profess** innocence	무죄를 공언하다
1468	· **deficient** funds	부족한 기금
1469	· **confirm** one's reservation	예약을 확인하다
1470	· a **duplicate** of a letter	편지의 사본

☐ **comet**
[kámit, kɔ́m-]

(명) 혜성

The orbit of this comet intersects the orbit of the planet.
이 혜성의 궤도가 그 행성의 궤도를 가로지른다.

☐ **perish**
[périʃ]

(동) 죽다, 멸망하다

All the houses perished in flames.
모든 집들이 불길 속에 싸여 사라져 버렸다.

☐ **profess**
[prəfés]

(동) 주장하다, 공언하다, 고백하다

To profess and to practice are very different things.
말하는 것과 실천하는 것은 전혀 별개의 것이다.

☐ **deficient**
[difíʃənt]

(형) 부족한

My knowledge of the law is still extraordinarily deficient.
법률에 대한 나의 지식은 아직도 턱없이 부족하다.

☐ **confirm**
[kənfə́ːrm]

(동) 굳게 하다, 확인하다

Research confirms that age is more a state of mind than of body. **04 수능**
나이는 체력이 아닌 마음의 상태라는 것을 연구가 확인해준다.

☐ **duplicate**
[djúːplikət]

(명) 복제 (형) 중복의

Is this a duplicate or the original?
이것은 사본입니까 아니면 원본입니까?

1471	· the **windshield** of the car	자동차의 <u>앞유리</u>
1472	· **usher** in a guest	손님을 <u>안내하다</u>
1473	· **inject** medicine	약을 <u>주사하다</u>
1474	· **fragile** economy	<u>취약한</u> 경제
1475	· **confess** one's crime	죄를 <u>자백하다</u>
1476	· a **radical** difference	<u>근본적인</u> 차이점

☐ **windshield**
[wíndʃiːld]

(명) 앞[전면]유리

The filty water splashed up to the windshield.
· 구정물이 차의 앞유리창까지 튀었다.

☐ **usher**
[ʌ́ʃər]

(동) 안내하다 (명) 안내인

I was ushered in the office and then the interview started.
나는 사무실 안으로 안내되었고 그러자 면접이 시작되었다.

☐ **inject**
[indʒékt]

(동) 주사하다, 주입하다

Injecting animals is all his work.
동물들에게 주사를 놓는 것이 그가 하는 모든 일이다.

☐ **fragile**
[frǽdʒəl, -dʒail]

(형) 부서지기 쉬운

I found out just how fragile my bones are last summer.
나는 지난 여름에 내 뼈들이 얼마나 부러지기 쉬운지 알았다.

☐ **confess**
[kənfés]

(동) 자백하다, 고백하다

He confessed that he didn't know the way to handle this.
그는 이것을 해결할 방법을 모른다고 실토했다.

☐ **radical**
[rǽdikəl]

(형) 근본적인, 과격한

There are ways improve and it will almost be some radical changes.
진전시킬 방법들이 있는데, 그것은 거의 급진적인 변화들일 것이다.

1477	· a **prudent** man	신중한 남자
1478	· **compile** a table	표를 작성하다
1479	· **accomplish** the purpose	목적을 성취하다
1480	· geopolitical **catastrophe**	지정학적 대재앙
1481	· an **extinct** custom	사라진 관습
1482	· select a **vocation**	직업을 선택하다

□ **prudent** [prúːdnt]

[형] 신중한, 현명한

It was prudent of you to buy that property.
저 토지를 산 것은 현명했다.

□ **compile** [kəmpáil]

[동] 편집하다, 수집하다

Have we finished compiling the list of mountains in Scotland?
스코틀랜드에 있는 산들의 목록을 작성했어요?

□ **accomplish** [əkámpliʃ, əkʌ́m-]

[동] 이루다, 성취하다

Such a result can only be accomplished by constant efforts.
그러한 결과는 꾸준한 노력에 의해서만 이루어질 수 있다.

□ **catastrophe** [kətǽstrəfi]

[명] 대참사

This would mean almost certain climatic catastrophe.
이것은 거의 어느 정도의 기후적 재앙을 의미할 것이다.

□ **extinct** [ikstíŋkt]

[형] 꺼진, 끊어진, 멸종된

Many tribes became extinct when they came into contact with external diseases.
많은 종족들이 외부의 질병과 접촉하게 되면서 절멸하게 되었다.

□ **vocation** [voukéiʃən]

[명] 천직, 사명감

Nursing is a vocation as well as a profession.
간호직은 전문직일 뿐 아니라 소명의식이 필요한 직업이기도 하다.

1483	· a **compound** substance	혼합물
1484	· **inhibit** economic growth	경제 발전을 가로막다
1485	· a unionized **workforce**	노조에 가입한 노동 인구
1486	· **sufficient** amount to supply	충분한 공급 물량
1487	· **accumulate** bonus points	보너스 포인트를 축적하다
1488	· **compatible** theories	양립되는 이론들

□ **compound**
[kάmpaund]

[동] 혼합하다 [형] 합성의 [명] 혼합물

Her character was compounded in equal parts of passivity and positiveness.
그녀의 성격은 동일한 정도의 소극성과 적극성이 복합되어 있었다.

□ **inhibit**
[inhíbit]

[동] 억제하다, 금하다

A lack of oxygen may inhibit brain development in the unborn child.
산소 부족은 태어나지 않은 아이의 두뇌 개발을 억제할지도 모른다.

□ **workforce**
[wɜ:rkfɔ:rs]

[명] 전 종업원, 노동력, 노동 인구

The demand for the required workforce is expected to grow. [수능 응용]
필요한 노동력에 대한 수요가 증가할 것으로 예상된다.

□ **sufficient**
[səfíʃənt]

[형] 충분한

When you're making a decision, following your instincts is necessary but not sufficient. [06 수능]
그러나 결단을 내릴 때, 스스로의 직관에 따르는 것은 필요하지만 충분하지는 않다.

□ **accumulate**
[əkjú:mjulèit]

[동] 모으다, 축적하다

Mileage tends to accumulate quickly on a rental car.
총 마일수는 렌트 차량에 경우 빠르게 증가하는 경향이 있다.

□ **compatible**
[kəmpǽtəbl]

[형] 양립할 수 있는

His matter of interest is not compatible with mine.
그의 관심사는 나의 관심사와 양립하지 않는다.

1489	· **accentuate** cheek bones	광대뼈를 두드러지게 하다
1490	· **trivial** matters	사소한 일
1491	· relative **velocity**	상대 속도
1492	· **glitter** in the sunlight	햇빛을 받아 반짝이다
1493	· **accord** with reason	도리에 맞다
1494	· **confront** fear	공포에 맞서다

☐ **accentuate**
[æksénťʃuèit]

[동] 강조하다, 역설하다, 두드러지게 하다

The barking of a distant dog served to accentuate the solitary scene. [수능 응용]
멀리서 개가 짖는 소리가 적막한 풍경을 두드러지게 했다.

☐ **trivial**
[tríviəl]

[형] 하찮은

We decide what is important or trivial in life. [05 수능]
우리는 인생에서 무엇이 중요한지 또는 무엇이 사소한 것인지 결정한다.

☐ **velocity**
[vəlάsəti, -lɔ́s-]

[명] 속도

Antelopes can move with an astonishing velocity.
영양은 놀라운 속도로 이동할 수 있다.

☐ **glitter**
[glítər]

[동] 반짝반짝 빛나다 [명] 반짝거림

All is not gold that glitters.
번쩍이는 것이 다 금은 아니다. 〈속담〉

☐ **accord**
[əkɔ́:rd]

[동] 일치하다, 조화시키다

The information accords with the known facts.
그 정보는 알려진 사실과 일치한다.

☐ **confront**
[kənfrʌ́nt]

[동] 직면하다, 맞서다, 비교하다

I was confronted with a crisis.
나는 위기에 직면했다.

1495	· a folk **remedy**	민간요법
1496	· **reform** a system	제도를 개혁하다
1497	· a **complacent** smile	만족한 미소
1498	· the final **consonant**	마지막 자음
1499	· a **vowel** shift	모음 추이
1500	· ghost **haunt**	유령이 나오다

☐ **remedy**
[rémədi]

명 치료, 개선책

This is a very effective home remedy.
이것은 아주 효과적인 가정 치료법이다.

☐ **reform**
[rifɔ́ːrm]

동 개정하다

Artists during the Renaissance reformed painting.
르네상스 시대 동안의 예술가들은 화법을 개혁했다. 05 수능

☐ **complacent**
[kəmpléisnt]

형 마음에 흡족한, 개의치 않는

We must not become complacent about progress.
우리는 진보에 대해 만족해서는 안 된다.

☐ **consonant**
[kánsənənt, kɔ́n-]

명 자음

Many languages do not permit consonant clusters at all.
많은 언어들에서 자음군을 전혀 허락하지 않는다.

☐ **vowel**
[váuəl]

명 모음

It appears only after long vowel sounds and is never at the beginning of a word.
그것은 오로지 장모음 뒤에 나타나고, 단어의 시작에는 나타나지 않는다.

☐ **haunt**
[hɔ́ːnt, háːnt]

명 단골 장소 동 자주 가다, 출몰하다, 괴롭히다

This snack bar is a favorite haunt of students.
이 간이 식당은 학생들이 즐겨 자주 찾는 곳이다.

1501	· the public **revenue**	국고 세입
1502	· a high financial **performance**	우수한 재무 실적
1503	· **abuse** one's authority	권력을 남용하다
1504	· a **companion** of one's youth	어릴 때의 친구
1505	· a relic of the **barbaric** times	야만 시대의 유물
1506	· **contemplate** a possibility	가능성을 생각하다

☐ **revenue**
[révənjùː]

(명) 세입, 수익

Taxes provide most of the government's revenue.
세금이 정부 세입의 대부분을 차지한다.

☐ **performance**
[pərfɔ́ːrməns]

(명) 실행, 성과, 연기, 연주

The background of her poor performance was that she didn't have enough time to practice. (수능 응용)
그녀의 형편없는 연주의 이유는 그녀가 연습할 시간을 충분히 갖지 못했다는 점이었다.

☐ **abuse**
[əbjúːs, -z]

(명) 남용, 욕설 (동) 남용하다, 학대하다

Is drug abuse a suitable topic for discussion?
약물 남용이 토론의 주제로 적절한가?

☐ **companion**
[kəmpǽnjən]

(명) 동료

Her sister Alice, two years older, was her constant companion.
그녀의 두 살 많은 언니 앨리스는 그녀의 영원한 동반자였다.

☐ **barbaric**
[bɑːrbǽrik]

(형) 야만인의, 야만적인

The way the minks are killed is barbaric.
밍크를 죽이는 방법은 야만적이다.

☐ **contemplate**
[kántəmplèit, kɔ́ntem-]

(동) 심사숙고하다, 응시하다

No one would contemplate such a thing happening again.
어느 누구도 그런 일이 다시 일어나리라고는 생각하지 않을 것이다.

1507 · a human **shield** 인간 **방패**
1508 · a **stout** gentleman **뚱뚱한** 신사
1509 · **seal** up a letter 편지를 **봉하다**
1510 · a **cliff** path **낭떠러지**를 따라 난 길
1511 · **trim** one's beard 수염을 **다듬다**
1512 · a charity **auction** 자선 **경매**

☐ shield
[ʃíːld]

[명] 보호물 [동] 보호하다

Korean kites such as the shield kite are good at "kite fighting." [06 수능]
방패연과 같은 한국 연들은 '연싸움'을 하기에 좋다.

☐ stout
[stáut]

[형] 뚱뚱한, 튼튼한

She became stout as she was in the thirties.
그녀는 삼십대가 되면서 뚱뚱해졌다.

☐ seal
[siːl]

[명] 도장, 봉인, 바다표범 [동] 도장을 찍다, 날인하다

Several countries joined in the campaign to protect whales and seals. [수능 응용]
몇몇 나라들이 고래와 바다표범을 보호하려는 캠페인에 동참했다.

☐ cliff
[klíf]

[명] 낭떠러지, 절벽

I had nightmares about falling off a cliff.
나는 벼랑에서 떨어지는 악몽을 꾸었다.

☐ trim
[trím]

[동] 다듬다, 장식하다 [명] 산뜻한

Forty-nine percent of men would like to trim their waistline. [97 수능]
49퍼센트의 남성이 자신들의 허리선을 보기 좋게 만들고 싶어 한다.

☐ auction
[ɔ́ːkʃən]

[명] 경매, 공매

This object turns up at auctions with surprising frequency.
이 물건은 놀랄 만큼 자주 경매에 나온다.

1513	· a peace **treaty**	평화 협정
1514	· a company **colleague**	회사 동료
1515	· an escaped **convict**	탈주범
1516	· a geographical **standpoint**	지리적 관점
1517	· the earth's **crust**	지구 표면
1518	· a **utility** vehicle	실용적인 차량

□ **treaty**
[trí:ti]

명 조약

Heads of most European governments will meet to ratify the treaty.
그 조약을 비준하기 위해 대부분 유럽 정부 수반들이 모일 것이다.

□ **colleague**
[káli:g, kɔ́l-]

명 동료

She is conscious of the effect she has on her colleagues.
그녀는 자기가 동료들에게 미치는 영향을 의식하고 있다.

□ **convict**
[kənvíkt]

동 (~에게) 유죄를 입증하다　명 죄인, 죄수

We have no evidence to convict him.
우리는 그의 유죄를 입증할 증거를 가지고 있지 않다.

□ **standpoint**
[stǽndpɔ̀int]

명 견지, 관념, 견해

Historically, the bay has been significant from a military standpoint.
역사적으로, 그 만은 군사적 견지에서 중요했다.

□ **crust**
[krʌst]

명 빵 껍질, 겉, 표면

Cut the crusts off the bread when you make sandwiches.
샌드위치를 만들 때는 빵 껍질을 잘라 내어라.

□ **utility**
[ju:tíləti]

명 유용　형 실용적인

The utility of the rescue equipment has still to be assessed in a real situation.
구조 장비의 유용성은 여전히 실제 상황 속에서 평가받아야 한다.

1519	· shaving **foam**	면도 **거품**
1520	· a mental **defect**	정신적 **결함**
1521	· the last **phase** of the test	테스트의 마지막 **단계**
1522	· **roam** from place to place	이곳 저곳을 **배회하다**
1523	· a **flexible** design	**융통성 있는** 디자인
1524	· **tyrannical** talk	**폭군적인** 이야기

☐ foam
[foúm]

동 거품이 일다 명 거품

These waves were foaming white. `94 수능`
이 파도들은 하얗게 거품이 일고 있었다.

☐ defect
[difékt, dí:-]

명 흠, 결점

There must be a structural defect in this computer.
이 컴퓨터에는 틀림없이 구조상의 결함이 있을 것이다.

☐ phase
[feiz]

동 단계적으로 실행하다 명 상, 면, 단계

Cost reduction were phased over a 3-year period.
경비 삭감은 3년간에 걸쳐 단계적으로 시행되었다.

☐ roam
[roúm]

동 걸어다니다, 배회하다

They should be let animals roam around as freely as possible.
그들은 가능한 동물들이 자유롭게 돌아다닐 수 있게 해야 한다.

☐ flexible
[fléksəbl]

형 구부리기 쉬운, 유순한

The branches go through a complex process to become flexible paper. `수능 응용`
나뭇가지들은 구부리기 쉬운 종이가 되기 위해 복잡한 과정을 거친다.

☐ tyrannical
[tirǽnikəl, tai-]

형 전제 군주적인, 포악한

Governments usually become tyrannical when democracy is lost.
민주주의를 잃게 되면 정부는 보통 전제 정치가 된다.

1525	· of three **dimensions**	3차원의
1526	· a **committee** chairman	위원장
1527	· **pave** the way	길을 닦다
1528	· a steel **rod**	강철 막대
1529	· the Victorian **era**	빅토리아 여왕 시대
1530	· a bunch of **hay**	한 더미의 건초

□ dimension
[diménʃən, dai-]

[명] 치수, 넓이, 차원

He shaped a new dimension to Chinese modern literature.
그는 중국 현대 문학에 새로운 국면을 형성했다.

□ committee
[kəmíti]

[명] 위원, 위원회

The organizing committee is appealing for the residents to step forward.
조직 위원회는 주민들이 나서 줄 것을 호소하고 있다.

□ pave
[peív]

[동] 포장하다

We could pave the streets with asphalt.
우리들은 도로를 아스팔트로 포장할 수 있었다.

□ rod
[rɑd, rɔd]

[명] 막대기, 장대

A little girl suddenly saw the fishing rod bowing like a question mark. [수능 응용]
어린 소녀는 갑자기 낚싯대가 물음표처럼 구부러지고 있는 것을 보았다.

□ era
[íərə, érə]

[명] 연대, 시대, 시기

The lunar landing inaugurated a new era in space exploration.
달 착륙은 우주 탐험에 새 시대를 열었다.

□ hay
[héi]

[명] 건초

Make hay while the sun shines.
볕이 났을 때 건초를 만들어라, 기회를 놓치지 마라. 〈속담〉

1531	· **thread** a needle	바늘에 **실을 꿰다**
1532	· the cultural **legacy**	문화적 **유산**
1533	· a **decent** living	**남부럽지 않은** 생활
1534	· build a **raft**	**뗏목**을 만들다
1535	· **nursery** rhymes	**동요, 자장가**
1536	· **heartfelt** sympathy	**마음으로부터의** 동정

☐ **thread**
[θréd]

명 실 동 실을 꿰다

I undid all the threads I had woven for three days.
나는 3일 동안 짰던 실을 모두 다시 풀었다.

☐ **legacy**
[légəsi]

명 유산

His writings and teachings are the lasting legacies.
그의 집필 작품들과 가르침들은 지속되는 유산이다.

☐ **decent**
[díːsnt]

형 남부럽지 않은, 어지간한, 고상한

If you know you are a good and decent person,
you can meet life's challenges. 수능 응용
당신이 선하고 예절바른 사람이란 것을 안다면, 당신은 인생의 도전들
과 직면할 수 있다.

☐ **raft**
[ræft, rάːft]

명 뗏목, 고무 보트 동 뗏목으로 건너다

The survivors were adrift on a raft for a week.
생존자들은 일주일 동안 뗏목을 타고 떠다녔다.

☐ **nursery**
[nə́ːrsəri]

명 육아실, 탁아소

The child goes to a day nursery.
그 아이는 주간 유아원에 간다.

☐ **heartfelt**
[hάːrtfèlt]

형 진심에서 우러난

A deeply heartfelt reply gives us much to think
about.
깊이 진심에서 우러난 대답은 우리들로 하여금 많은 것을 생각하게 하
였다.

1537	· **append** a label	꼬리표를 달다
1538	· **scan** the newspaper	신문을 훑어보다
1539	· see a **blink** of light	불빛이 깜빡거리는 것을 보다
1540	· the **ingredients** of a cake	과자 재료
1541	· applied **botany**	응용 식물학
1542	· **humid** air	눅눅한 공기

□ **append** [əpénd]

[동] 덧붙이다, 부가하다, 달다

He was appending notes to his book.
그는 그의 책에 주석을 달고 있었다.

□ **scan** [skǽn]

[동] 자세히 조사하다, 유심히 쳐다보다

I scan the village, and there is no sign of movement.
나는 그 마을을 자세히 살펴보지만, 움직임의 조짐이 없다. [98 수능]

□ **blink** [blíŋk]

[명] 깜빡거림 [동] 눈을 깜박거리다, 깜작이다

In the blink of an eye, my entire world changed, everything about me changed.
눈 깜빡할 사이에, 나의 전 세계가 변화했다. 나에 대한 모든 것이 변했다.

□ **ingredient** [ingríːdiənt]

[명] 성분, 원료

Blend the eggs with other ingredients.
달걀을 다른 재료와 섞어라.

□ **botany** [bátəni / bɔ́t-]

[명] 식물학

These are the technical terms used in botany.
이것들은 식물학에 쓰이는 전문용어이다.

□ **humid** [*h*júːmid]

[형] 습기 있는, 눅눅한

The weather is hot and humid in the summer and dry and cold in the winter.
여름에는 날씨가 덥고 습기가 높고 겨울에는 건조하고 춥다.

1543	· **prone** to anger	화내기 쉬운
1544	· raise **livestock**	가축을 기르다
1545	· aquatic **ecosystems**	수생 생태계
1546	· **cling** to old customs	옛날 관습에 집착하다
1547	· a **portion** of land	약간의 토지
1548	· **compel** a person to confess	~을 무리하게 자백시키다

□ prone
[próun]

[형] 경향이 있는

Elderly people are prone to blood clots.
나이 지긋한 사람들은 혈액이 응고되기 쉽다.

□ livestock
[láivstɑ̀k, -stɔ̀k]

[명] 가축, 가축류

Imagine the problems of carrying around enough livestock to do one's shopping. [수능 응용]
쇼핑을 하기 위해 충분한 가축을 들고 돌아다니는 노고를 상상해 보라.

□ ecosystem
[íːkousìstəm, ékou-]

[명] 생태계

The river ecosystem is very important for many species of animals.
그 강의 생태계는 많은 종의 동물들에게 매우 중요하다.

□ cling
[klíŋ]

[동] 달라붙다, 매달리다

The smell of something burning clings to one's clothes for a long time.
탄내는 오랫동안 옷에 배어서 없어지지 않는다.

□ portion
[pɔ́ːrʃən]

[명] 일부, 운명 [동] 분할하다

I am pretty sure it was a portion of the original story.
나는 그것이 원래 이야기의 일부분이었다는 것을 꽤 확신한다.

□ compel
[kəmpél]

[동] 억지로 시키다

The heavy rain compelled me to stay indoors.
나는 폭우 때문에 집에 있어야 했다.

1549	· **dispel** the notion	생각을 떨치다
1550	· infinite **stockpile**	막대한 저장량
1551	· an **immense** sum of money	막대한 돈
1552	· a **budget** bill	예산안
1553	· **terminal** cancer	말기 암
1554	· **glow** with pride	자부심으로 빛나다

□ **dispel**
[dispél]

(동) 쫓아버리다, (근심·의심 등을) 없애다

We tried to dispel the worries that benefits would be curtailed.
우리는 수당이 줄어들 것이라는 걱정을 떨치고자 했다.

□ **stockpile**
[stákpàil]

(명) 비축, 사재기 (동) 비축하다

Many locals have been stockpiling food as a precaution against drought.
많은 지방에서 가뭄에 대한 예방책으로 식량을 비축하고 있었다.

□ **immense**
[iméns]

(형) 거대한, 막대한

She was a woman of immense value.
그녀는 어마어마한 가치가 있는 사람이었다.

□ **budget**
[bʌ́dʒit]

(명) 예산 (동) 예산을 세우다

It ought to be possible to find a way to ventilate it at a cost within the budget. 수능 응용
예산 범위 내의 비용으로 그것을 환기시키는 방법을 찾는 것이 가능해야 한다.

□ **terminal**
[tə́:rmənl]

(형) 끝의, 정기의, 말기의 (명) 말단, 종점

We will get off the train at the terminal station.
우리는 기차에서 종착역에 내릴 것이다.

□ **glow**
[glóu]

(명) 백열, 달아오름 (동) 백열하다, 빛을 내다

Drinking water not only helps you to eat less, but gives your skin a glow.
물을 마시는 것은 당신이 덜 먹도록 할 뿐 아니라, 당신의 피부가 빛나도록 합니다.

1555	· a **profound** sleep	깊은 잠
1556	· **propelling** power	추진력
1557	· **afflict** oneself with illness	병으로 **고생하다**
1558	· the **prime** factor	주요인
1559	· the **respective** countries	각 나라들
1560	· an **impelling** force	추진력

☐ **profound**
[prəfáund]

⟨형⟩ 깊은, 심오한

Her writings are literate, thoughtful, at times profound.
그녀의 저서들은 문학적이고 사색적이며 때로는 심오하다.

☐ **propel**
[prəpél]

⟨동⟩ 추진하다, 나아가게 하다

Kangaroos have two strong back legs with which they propel themselves.
캥거루는 2개의 튼튼한 뒷다리를 갖고 있고 그것으로 자신들을 나아가게 합니다.

☐ **afflict**
[əflíkt]

⟨동⟩ 괴롭히다

She is afflicted with an eye disease.
그녀는 눈병으로 고통을 받고 있다.

☐ **prime**
[práim]

⟨형⟩ 제1의, 주요한 ⟨명⟩ 전성기, 초기

A prime reason for our economic decline is due to a lack of investment.
경기 하락의 주요 원인은 투자 부족 때문이다.

☐ **respective**
[rispéktiv]

⟨형⟩ 각자의, 각각의

After the party they all went off to their respective offices.
파티가 끝난 후 그들은 각자의 사무실로 돌아갔다.

☐ **impel**
[impél]

⟨동⟩ 억지로 시키다, 추진시키다

We are impelled to investigate the matter.
우리들은 그 문제를 조사해야만 했다.

1561	· a **cathedral** city	대성당이 있는 도시
1562	· a gross **stalk**	굵은 줄기
1563	· **rotting** vegetation	썩어가는 초목
1564	· a natural **magnet**	천연 자석
1565	· an **upright** post	곧추선 기둥
1566	· **evaporate** water	물을 증발시키다

□ cathedral
[kəθíːdrəl]

명 대성당 형 대성당 소속의

The dome of the cathedral is 76 feet in diameter and 186 feet high.

대성당의 둥근 지붕은 직경이 76 피트이고, 높이가 186 피트이다.

□ stalk
[stɔ́ːk]

동 몰래 접근하다, 활보하다 명 줄기

These spiders use their large front eyes to stalk their prey.

이 거미들은 먹이에 접근하기 위해 커다란 앞 눈을 사용한다.

□ rot
[rát / rɔ́t]

동 썩다, 썩이다 명 썩음

The fish will rot if it isn't kept in a freezer.

냉동고에 보관하지 않으면 생선은 썩을 것이다.

□ magnet
[mǽgnit]

명 자석, 사람의 마음을 끄는 사람

In the 1990s the district became a magnet for new investment.

1990년대에 그 지역은 새로운 투자의 매력이 되었다.

□ upright
[ʌ́práit, ʌ́práit]

부 똑바로 형 똑바로 선

An empty bag will not stand upright.

빈 포대는 바로 서지 않는다. (먹고 입는 것이 충족되어야 예절을 안다.) 〈속담〉

□ evaporate
[ivǽpərèit]

동 증발시키다, 증발하다

If the water begins to evaporate, add a little bit more.

물이 증발하기 시작하면, 조금 더 추가하세요.

1567	· **repel** an enemy	적을 격퇴하다
1568	· be **expelled** from the school	퇴학당하다
1569	· an **academy** of music	음악 학교
1570	· **magnify** objcets 2 times	사물을 2배로 확대하다
1571	· **discriminate** right from wrong	선악을 분별하다
1572	· social **satire**	사회 풍자

□ **repel**
[ripél]

[동] 쫓아버리다

North magnetic poles repel each other.
자석의 북극끼리는 서로 밀어낸다.

□ **expel**
[ikspél]

[동] 내쫓다

Loneliness can be expelled only when these barriers are lowered. [수능 응용]
외로움은 이러한 장벽들이 낮춰질 때에만 물리쳐질 수 있다.

□ **academy**
[əkǽdəmi]

[명] 학원, 협회, 학회

The academy was modeled after a British private school.
그 학교는 영국의 사립학교를 모델로 해서 만들어졌다.

□ **magnify**
[mǽgnəfài]

[동] 확대하다

A microphone is used to magnify the sounds or to transmit sounds.
확성기는 소리를 확대하거나 전달하는 데 쓰인다.

□ **discriminate**
[diskrímənèit]

[동] 구별하다, 차별하다

When do babies learn to discriminate voices?
아기들은 언제 목소리를 구분하게 되나요?

□ **satire**
[sǽtaiər]

[명] 풍자, 비꼼

Her book was a cruel satire on life in the 80s.
그녀의 책은 80년대의 삶에 관한 신랄한 풍자였다.

1573	· **toss** a thing away	물건을 내던져 버리다
1574	· solve an **algebra** problem	대수학 문제를 풀다
1575	· the swing of a **pendulum**	진자의 진폭
1576	· **inflict** heavy losses	큰 손실을 가하다
1577	· **primitive** man	원시인
1578	· **vow** not to smoke	담배를 피우지 않기로 맹세하다

□ toss
[tɔːs, tɑs]

[동] 던지다, 동요하다, 뒹굴다

I remembered that I had tossed them into the box to open later on. [수능 응용]
나는 나중에 열어보려고 그것들을 상자 속에 던져 놓았던 것을 기억했다.

□ algebra
[ǽldʒəbrə]

[명] 대수(학)

Algebra is a field of mathematics in which letters are used to represent quantities.
대수학은 수학의 한 분야로 양을 나타내는 데 문자를 사용한다.

□ pendulum
[péndʒuləm, -dju-]

[명] 추, 진자

In 1656, Dutch astronomer Christian Huygens constructed the first pendulum clock. [05 수능]
1656년에 네덜란드 천문학자 크리스티앙 후이겐스는 최초의 추시계를 고안하였다.

□ inflict
[inflíkt]

[동] (타격·고통을) 가하다, 주다

The punishments inflicted on the students were too severe.
그 학생들에게 부과된 벌은 너무 심했다.

□ primitive
[prímətiv]

[형] 원시의, 미개의

Human laws had been considered unchangeable in primitive times. [96 수능]
인간의 법은 원시 시대에는 불변의 것으로 생각되었다.

□ vow
[váu]

[명] 맹세 [동] 맹세하다

She made a solemn vow not to tell a lie again.
그녀는 두 번 다시 거짓말하지 않기로 굳게 맹세했다.

1579	· cast **anchor**	**닻을** 내리다
1580	· a handy sized **torch**	편리한 크기의 손전등
1581	· the **enchanted** face	**기쁨에 찬** 얼굴
1582	· **nurture** a hope	희망을 **키우다**
1583	· **crawl** out of the ruins	잔해 속에서 **기어 나오다**
1584	· **shoals** of people	**많은** 사람들

☐ **anchor**
[ǽŋkər]

명 닻 동 닻으로 고정시키다, 닻을 내리다

The sailors brought the boat into the harbor and dropped the anchor.
선원들은 배를 항구로 끌고 들어와 닻을 내렸다.

☐ **torch**
[tɔ́:rtʃ]

명 횃불

After the torch is lit, the games begin.
횃불이 밝혀지면, 경기가 시작된다.

☐ **enchant**
[intʃǽnt, -tʃɑ́:nt]

동 매혹하다, 황홀케 하다

People were enchanted by the scenery.
사람들은 풍경에 매료되었다.

☐ **nurture**
[nə́:rtʃər]

동 양육하다 명 양육, 교육

We are part of and nurtured by the earth. 수능 응용
우리는 지구의 일부이며 지구로부터 영양을 공급받는다.

☐ **crawl**
[krɔ́:l]

동 기어가다, 서행하다

Snakes like warm places so they might like to crawl around your shirt.
뱀들은 따뜻한 장소를 좋아해서, 당신 셔츠 주위를 기어다니는 것을 좋아할지도 모른다.

☐ **shoal**
[ʃóul]

명 떼, 무리, 다수, 다량 동 떼를 짓다

There are shoals of fish living in the lake, which are commercially exploited.
연못에 살고 있는 고기떼가 있는데, 상업적으로 활용된다.

1585 · during **intermission** 막간에
1586 · **curse** at a person 남에게 욕하다
1587 · social **interaction** 사회적 상호 작용
1588 · a **vapor** bath 증기욕
1589 · **exterminate** vermin 해충을 박멸하다
1590 · the **realm** of nature 자연계

☐ **intermission**
[ìntərmíʃən]

[명] 휴식시간, 막간

Coffee was served during the intermission.
커피는 휴식시간 동안에 제공되었다.

☐ **curse**
[kəːrs]

[동] 저주하다, 욕지거리하다 [명] 저주

She cursed him for his mistakes.
그녀는 그의 실수에 욕설을 퍼부었다.

☐ **interaction**
[ìntərǽkʃən]

[명] 상호 작용

There is not enough interaction between a manager and his workers.
경영자와 근로자 사이에 충분한 상호 작용이 없다.

☐ **vapor**
[véipər]

[명] 증기 [동] 증발하다

You can change water into vapor by heating.
당신은 열을 가함으로써 물을 증기로 변화시킬 수 있다.

☐ **exterminate**
[ikstə́ːrmənèit]

[동] 근절하다, 몰살하다

Global Warming will exterminate our species.
지구 온난화가 우리 종을 근절할 것이다.

☐ **realm**
[rélm]

[명] 왕국, 범위

It is a relatively new term in the realm of literature.
그것은 문학의 영역에서 비교적 새로운 용어이다.

1591	· **acid** soil	산성 토양
1592	· **rush** at the enemy	적을 향해 **돌격하다**
1593	· the **glare** of the sun	태양의 **눈부신 빛**
1594	· an Egyptian **mummy**	이집트 **미라**
1595	· **reckless** driving	**무모한** 운전
1596	· **suck** the juice from an orange	오렌지 과즙을 **빨아 먹다**

☐ **acid**
[ǽsid]

ⓗ 산성의, 신, 신맛이 나는 ⓝ 산(성물)

Carbonic acid gas contaminates the air of the room.
탄산 가스는 방의 공기를 오염시킨다.

☐ **rush**
[rʌ́ʃ]

ⓥ 돌진하다, 돌진시키다 ⓝ 돌진

The children rushed on ahead to this joyful reunion.
아이들은 이 기쁜 재회를 위해서 앞서서 돌진했다.   **수능 응용**

☐ **glare**
[glɛər]

ⓗ 섬광, 번쩍이는 빛 ⓥ 번쩍번쩍 빛나다

Hour after hour, the changeless glare of the hot sky
shone upon the same object.   **94 수능**
몇 시간에 걸쳐, 뜨거운 하늘의 변화 없는 눈부신 빛은 똑같은 물체를
비추었다.

☐ **mummy**
[mʌ́mi]

ⓝ 미라

Then I had visions of mummies coming toward us
with cold, dead hands.   **02 수능**
그때 나는 차가운 죽은 손을 가진 채 우리를 향해 다가오는 미라들의
환영을 보았다.

☐ **reckless**
[réklis]

ⓗ 무모한

She was a good driver, but reckless.
그녀는 운전을 잘 하지만 난폭하다.

☐ **suck**
[sʌ́k]

ⓥ 빨다, 흡수하다

The leaf fish's large jaws enables it to suck in the
unfortunate individual.   **수능 응용**
리프 피시는 큰 턱을 재빨리 벌림으로써 운이 없는 먹잇감을 빨아들인
다.

1597 · have a **limp** 절름거리며 걷다
1598 · a **ritual** dance 종교적 의식에 사용되는 춤
1599 · a **zip**-fastener 지퍼 잠그개
1600 · express in **verse** 시로 짓다
1601 · a ticket **booth** 매표소
1602 · a **pile** of hay 건초 더미

☐ **limp**
[límp]

[동] 절뚝거리다 [명] 절름거리기

The dog was limping along the ground.
개는 절뚝거리며 땅위를 걸어가고 있었다.

☐ **ritual**
[rítʃuəl]

[명] 종교적인 의식 [형] 의식의

Humans have evolved rituals of eating, such as a drink before dinner. [수능 응용]
인간은 식사 전 음주와 같은 식사 의식을 발전시켜 왔다.

☐ **zip**
[zíp]

[명] 우편번호, 지퍼 [동] 지퍼로 잠그다

Like many colleges and universities, it has its own zip code, 37682.
많은 대학들처럼, 그것은 고유의 우편번호인 37682를 갖고 있다.

☐ **verse**
[vəːrs]

[명] 운문, 절

The series include a book of short stories and several volumes of verse.
그 시리즈에는 단편 소설집 한 권과 시집 몇 권이 포함된다.

☐ **booth**
[búːθ]

[명] 노점, 매점, 칸막이한 좌석

The booths were set up to promote the event.
그 이벤트를 홍보하기 위해 부스들이 설치되었다.

☐ **pile**
[páil]

[동] 쌓아 올리다, 쌓다 [명] 쌓아 올린 더미, 다수

Their counter piled high with clothes. [수능 응용]
그들의 카운터에는 옷이 산더미 같이 쌓여 있다.

1603 · have a **drip** 물방울이 떨어지다
1604 · **ponder** over a problem 문제를 곰곰이 생각하다
1605 · an **affirmative** answer 긍정적 대답
1606 · Buddhist **monks** 불교 승려
1607 · **interpret** the tarot 카드 점괘를 해석하다
1608 · a **dense** forest 밀림

□ drip
[dríp]

[동] 똑똑 떨어뜨리다 [명] 똑똑 떨어지기, 물방울

Water was dripping onto the carpet.
물이 카펫 위로 똑똑 떨어지고 있었다.

□ ponder
[pándər, pɔ́n-]

[동] 숙고하다, 곰곰이 생각하다

He pondered before deciding to move to the city.
그는 그 도시로 이사를 결정하기 전에 곰곰이 생각했다.

□ affirmative
[əfə́ːrmətiv]

[형] 긍정의, 확언적인

I answered in the affirmative.
나는 긍정적으로 대답했다.

□ monk
[mʌ́ŋk]

[명] 수도사

As a monk, he had taken vows of poverty, obedience and chastity.
그는 수도사로서, 가난과 복종, 순결의 서약을 했다.

□ interpret
[intə́ːrprit]

[동] 해석하다, 통역하다

He interpreted difficult parts of the paragraph.
그는 그 단락의 어려운 부분들을 해석했다.

□ dense
[déns]

[형] 밀집한

Few plants grow under the dense shade cast by the large tree.
그 커다란 나무의 짙은 그늘 아래서는 식물이 거의 자라지 않는다.

1609	· a **magnificent** sight	장관
1610	· **interfere** with health	건강을 해치다
1611	· a **prose** writer	산문 작가
1612	· commit a **sin**	죄악을 범하다
1613	· **stubborn** resistance	완강한 저항
1614	· a hardy **assertion**	폭언

□ magnificent
[mægnífəsnt]

형 장려한, 훌륭한

The tourists admired the magnificent palace.
관광객들은 그 장려한 궁전에 탄복했다.

□ interfere
[ìntərfíər]

동 방해하다, 간섭하다

The noise from flights interferes with my work.
비행기 소음이 내 작업을 방해한다.

□ prose
[próuz]

명 산문, 산문체

He translated a lyric poem into prose.
그는 서정시를 산문으로 번역했다.

□ sin
[sin]

명 죄, 죄악, 과실

May God forgive us our sins.
주여, 저희 죄를 용서하소서. 〈성서〉

□ stubborn
[stʌ́bərn]

형 완고한, 없애기 힘든

This synthetic detergent dissolves stubborn stains.
이 합성 세제는 찌든 얼룩을 용해시킨다.

□ assertion
[əsə́:rʃən]

명 단언, 주장

I seriously question a number of his assertions.
나는 그의 많은 단언들에 심각하게 의문을 제기한다.

1615	· the **reverse** of a painting	그림의 **뒷면**
1616	· **weary** in body and mind	심신이 **지친**
1617	· lead young boys **astray**	어린 소년들을 <u>엇나가게</u> 하다
1618	· meet one's **doom**	**파멸**을 맞다
1619	· the **bond** of friendship	우정의 **유대**
1620	· **implore** forgiveness	용서를 <u>간청하다</u>

☐ **reverse**
[rivə́:rs]

⟨동⟩ 거꾸로 하다 ⟨명⟩ 역, 뒤 ⟨형⟩ 거꾸로의, 상반되는

She used to help me, but our situations are now reversed.
그녀가 나를 도와주곤 했었는데, 지금 우리의 상황은 완전히 바뀌었다.

☐ **weary**
[wíəri]

⟨형⟩ 피곤한, 싫증이 난 ⟨동⟩ 지치게 하다, 지치다

He was never weary of talking music.
그는 음악에 대한 얘기라면 조금도 싫증내지 않았다.

☐ **astray**
[əstréi]

⟨형⟩ 길을 잃고

The fence is crushed and all the pigs have gone astray.
울타리가 무너졌고 모든 돼지들이 흩어져 길을 잃었다.

☐ **doom**
[dú:m]

⟨동⟩ 운명 짓다, 불행할 운명이다 ⟨명⟩ 불운, 멸망

Parents and their other-sex child are doomed to miscommunicate with each other. 수능 응용
부모와 그들의 이성 자녀는 서로 의사소통을 잘 못할 운명에 처해 있다.

☐ **bond**
[bánd, bɔ́nd]

⟨명⟩ 속박, 유대, 채권 ⟨동⟩ 접착(접합)하다

The bond between the boy and his dog is friendly.
그 소년과 그의 개의 유대는 돈독하다.

☐ **implore**
[implɔ́:r]

⟨동⟩ 간청하다, 애원하다

The man begins to implore that he needs more time, but it is too late.
그 남자는 시간이 더 필요하다고 애원하기 시작하지만, 너무 늦었다.

1621	· **expose** a plot	계획을 폭로하다
1622	· **modify** one's decision	결심을 바꾸다
1623	· a **potential** source of conflict	잠재적인 갈등 요인
1624	· **grasp** the point of a subject	요점을 파악하다
1625	· **draft** a contract	계약서의 초안을 작성하다
1626	· an island **inhabited** only by birds	새만 살고 있는 섬

☐ **expose**
[ikspóuz]

[동] 드러내다, 폭로하다

Expose your child to as many things, places, and people as possible. [95 수능]
당신의 아이를 가능한 한 많은 물건과 장소, 사람들에게 노출시켜라.

☐ **modify**
[mádəfài, mɔ́d-]

[동] 변경하다, 수정하다

Adults often modify their words when talking to young children.
어른들은 어린아이들에게 말을 할 때는 흔히 단어를 변경한다.

☐ **potential**
[pəténʃəl]

[명] 가능성, 잠재력 [형] 가능한, 잠재하는

Why do so many people fail to reach their potential or fully realize it? [01 수능]
왜 그토록 많은 사람들이 자신의 잠재적 가능성에 다다르거나 그것을 완전히 실현시키는 데에 실패하는가?

☐ **grasp**
[grǽsp, grá:sp]

[동] 붙잡다, 움켜잡다 [명] 움켜잡기

They finally grasped that it was false.
그들은 마침내 그것이 틀렸다는 것을 파악했다.

☐ **draft**
[drǽft, drá:ft]

[동] 초벌 그림을 그리다, 징병·선발하다 [명] 밑그림, 초고

He was drafting the last chapter.
그는 마지막 장의 초안을 쓰고 있었다.

☐ **inhabit**
[inhǽbit]

[동] 살다, 거주하다

We incorrectly imagine that our ancestors inhabited an innocent world. [수능 응용]
우리는 우리의 조상들이 단순한 세상에서 살았다고 잘못 생각한다.

1627	· a **vague** promise	애매한 약속
1628	· an exploring **expedition**	탐험 여행
1629	· **exploit** natural resources	천연 자원을 이용하다
1630	· **frugal** of one's money	돈을 절약하는
1631	· a **genuine** writing	진필
1632	· **grin** with delight	기뻐서 씩 웃다

☐ **vague**
[véig]

형 막연한, 흐릿한

Out of the dark came a vague voice. 02 수능
어둠 속에서 희미한 목소리가 들려 왔다.

☐ **expedition**
[èkspədíʃən]

명 원정, 여행, 탐험

The second scientific expedition was taken to the mountain range.
두 번째 과학 탐험은 산악 지방으로 보내졌다.

☐ **exploit**
[éksplɔit, iksplɔ́it]

동 개척하다, 개발하다, 이용하다

They are poor at exploiting their solar energy.
그들은 태양 에너지를 이용하는 데 서툴다.

☐ **frugal**
[frú:gəl]

형 절약하는

For many, the reality of frugal living is not as bad as it may seem.
많은 이들에게, 검소한 생활의 실제는 보이는 것만큼 나쁘지 않다.

☐ **genuine**
[dʒénjuin]

형 진짜의

If it is a genuine Picasso's drawing, it will sell for millions.
만약 이것이 진짜 피카소의 그림이면, 수백만 불에 팔릴 것이다.

☐ **grin**
[grín]

명 싱긋 웃음 동 이를 드러내고 싱긋 웃다

He had the weak grin on his face.
그는 얼굴에 옅은 웃음을 띠고 있었다.

1633	· **elaborate** preparations	정성 들인 준비들
1634	· **undergo** medical treatment	치료를 받다
1635	· a **barren** effort	무익한 노력
1636	· an **absorbing** book	흥미진진한 책
1637	· the **external** walls	외벽
1638	· **foster** exports	수출을 촉진하다

☐ **elaborate**
[ilǽbərət, ilǽbərèit]

[형] 공들인 [동] 애써 만들다

They had an elaborate social system.
그들은 공들인 사회적 체계가 있었다.

☐ **undergo**
[ʌ̀ndərgóu]

[동] 받다, 경험하다

Clear your schedule for 90 minutes each week to undergo treatment for your wrinkles.
당신의 주름 치료를 받기 위해 매 주에 90분씩 스케줄을 비워두세요.

☐ **barren**
[bǽrən]

[형] 불모의, 메마른

Patients and staff can get away from barren, indoor surroundings. [08 수능]
환자들과 직원들은 메마른 실내 환경으로부터 벗어날 수 있다.

☐ **absorbing**
[əbsɔ́ːrbiŋ, -zɔ́ːrb-]

[형] 흡수하는, 열중하게 하는, 흥미진진한

Watching the cows come to this town was utterly absorbing.
소들이 이 마을에 오는 것을 보는 것은 매우 흥미진진했다.

☐ **external**
[ikstə́ːrnl]

[형] 외부의 [명] 외부, 외관

They were incessantly exposed to external force.
그들은 외부의 영향력에 끊임없이 노출되었다.

☐ **foster**
[fɔ́(ː)stər, fɑ́s-]

[동] 육성하다, 기르다

Facilities should be improved to foster a more positive attitude to rural life. [수능 응용]
편의시설들은 시골 생활에 대한 더욱 긍정적인 태도를 조장하기 위해 개선되어야 한다.

1639	· agricultural **implements**	농기구
1640	· an **absurd** idea	터무니없는 생각
1641	· **avenge** oneself on an enemy	적에게 보복하다
1642	· **imprisoned** on political grounds	정치적인 이유로 **투옥된**
1643	· **obstruct** the view	전망을 **가로막다**
1644	· **stimulus** and reaction	자극과 반응

□ implement
[ímpləmənt]

명 도구 동 이행하다, 수행하다

Man's first implements were carved from stone and bone.
인간의 최초의 도구는 돌과 뼈를 깎아 만들었다.

□ absurd
[æbsə́:rd, -zə́:rd]

형 불합리한, 어리석은

Point out what is humorous or absurd about a situation. 수능 응용
어떤 상황에 대해 우습거나 어리석은 점을 포착하시오.

□ avenge
[əvéndʒ]

동 복수를 하다

He attempted to save the children and avenge his wife's death.
그는 아이들을 구하고, 아내의 죽음에 대한 복수를 시도했다.

□ imprison
[imprízn]

동 교도소에 넣다, 수감하다

They were imprisoned for possession of drugs.
그들은 마약 소지죄로 체포되었다.

□ obstruct
[əbstrʌ́kt]

동 막다, 차단하다

Large trees may obstruct the passage of light.
큰 나무들이 빛의 통행을 차단할지도 모른다.

□ stimulus
[stímjuləs]

명 자극, 격려

The party called on the government to accept its economic stimulus program.
그 당은 정부에 대해 경기 부양 계획을 받아들이도록 요청했다.

1645	· **foretell** the future	미래를 <u>예언하다</u>
1646	· the **exquisite** rose garden	<u>아주 아름다운</u> 장미 정원
1647	· a **dismal** room	<u>음침한</u> 방
1648	· a sewage **disposal** system	하수 <u>처리</u> 시설
1649	· be **punctual** for class	수업 시간을 <u>정확히 지키다</u>
1650	· **impose** taxes	<u>과세하다</u>

☐ **foretell**
[fɔːrtél]

동 예고하다, 예언하다

Moles are believed to foretell the future. `05 수능`
점은 미래를 예언한다고 믿어진다.

☐ **exquisite**
[ikskwízit, ékskwi-]

형 아주 아름다운, 절묘한, 정교한

They drew with exquisite detail and great effect on paper.
그들은 종이 위에 정교한 세부 사항과 굉장한 효과를 그렸다.

☐ **dismal**
[dízməl]

형 음침한

Their attempt to finish the job quickly was a dismal failure.
일을 빨리 끝내려고 하는 그들의 시도는 참담하게 실패했다.

☐ **disposal**
[dispóuzəl]

명 처분, 처리

The safe disposal of nuclear waste is a major current affairs of the state.
핵폐기물 안전 처리가 주요한 국정 현안이다.

☐ **punctual**
[pʌ́ŋktʃuəl]

형 시간을 잘 지키는

The tenant is punctual in paying his rent.
그 세입자는 집세를 꼬박꼬박 내고 있다.

☐ **impose**
[impóuz]

동 지우다, 강요하다

Schools should not impose religion on students.
학교는 학생들에게 종교를 강요해서는 안 된다.   `94 수능`

1651	· **extinguish** a fire	화재를 진화하다
1652	· a sweet **illusion**	달콤한 환상
1653	· a blood **donation**	헌혈
1654	· without **warrant**	정당한 이유 없이
1655	· **extraordinary** talent	비범한 재능
1656	· **animate** creatures	생물

☐ **extinguish** [ikstíŋgwiʃ]

[동] 끄다, 진화하다

Teach your children how to escape and how to extinguish a fire.
당신의 아이들에게 불을 피하고 진화하는 방법을 가르치세요.

☐ **illusion** [ilú:ʒən]

[명] 환각, 환영

The boss is under the illusion that the business will be succeeded.
보스는 그 사업이 성공하게 될 거라는 착각에 빠져 있다.

☐ **donation** [dounéiʃən]

[명] 기부, 기증

The TV program made an appeal to the public for donations.
그 TV 프로그램은 시민들에게 기부를 호소했다.

☐ **warrant** [wɔ́(:)rənt, wɑ́r-]

[명] 정당한 이유, 보증 [동] 정당화하다, 보증하다

A minor slight improvement like this scarcely warrants the media attention it has received.
이와 같은 미미한 개선은 이에 대한 언론의 관심을 거의 보증하지 못한다.

☐ **extraordinary** [ikstrɔ́:rdənèri]

[형] 비상한, 임시의

It was the fresh memory of the dream that was so extraordinary.
정말로 범상치 않은 것은 그 꿈의 생생한 기억이었다.

☐ **animate** [ǽnəmèit]

[동] 생명을 불어넣다 [형] 생명 있는, 살아 있는

Dimples on his cheeks animated his face whenever he smiled.
그의 볼에 있는 보조개는 그가 웃을 때마다 그의 얼굴에 활기를 띠게 했다.

1657	· a man of **impulse**	충동적인 사람
1658	· an ink **stain**	잉크 자국
1659	· speak in **dialect**	사투리로 말하다
1660	· **plead** for mercy	자비를 간원하다
1661	· nitrogenous **fertilizer**	질소 비료
1662	· a survival **strategy**	생존 전략

☐ impulse
[ímpʌls]

(명) 추진, 충격, 충동

She felt an impulse to shout.
그녀는 소리지르고 싶은 충동을 느꼈다.

☐ stain
[stein]

(명) 얼룩 (동) 더럽히다, 더러워지다

She wore a T-shirt spotted with household stains.
그녀는 집안일을 하다가 때가 묻은 얼룩진 티셔츠를 입고 있었다.

☐ dialect
[dáiəlèkt]

(명) 방언, 사투리

Most of the poems reflect the local dialect of that area.
그 시들의 대부분은 그 지역의 지방 사투리를 반영한다.

☐ plead
[pli:d]

(동) 변호하다, 탄원하다, (~을) 이유로 진술하다

He apologized for not coming to the graduation ceremony, pleading pressure of work.
그는 일로 인한 압박감을 이유로 내세우며 졸업식에 오지 못한 것을 사과했다.

☐ fertilizer
[fə́:rtəlàizər]

(명) 비료

We used remains of the grapes as fertilizer.
우리들은 포도 찌꺼기를 비료로 사용했다.

☐ strategy
[strǽtədʒi]

(명) 전략

You must develop problem-solving strategies if you want to succeed.
성공하고 싶다면 문제 해결 전략을 개발해야만 한다.

1663 · the **ordeal** of divorce 이혼의 호된 시련
1664 · **disguise** my terror 나의 두려움을 감추다
1665 · an **astonishing** fact 놀라운 사실
1666 · the **ultimate** goal 궁극적 목표
1667 · **sacrifice** to God 신에게 제물을 바치다
1668 · **foresee** the end 결과를 예상하다

ordeal
[ɔːrdíːəl, ɔːrdíːl]

[명] 시련, 고난

After the ordeal, he had a nervous breakdown.
그 호된 시련을 겪은 후에, 그는 신경 쇠약에 걸렸다.

disguise
[disgáiz]

[동] 변장시키다, 가장하다 [명] 변장

She could not disguise her amusement at the way he was dancing.
그녀는 그가 춤추는 방식을 재미있어 하는 마음을 숨길 수 없었다.

astonishing
[əstániʃiŋ, -tɔ́n-]

[형] 놀라운, 눈부신

His capacity for learning is quite astonishing.
배움에 대한 그의 수용력은 꽤 놀랍다.

ultimate
[ʌ́ltəmət]

[형] 최후의, 결정적인, 근본적인

The ultimate solution to this problem is getting all of us healthy.
이 문제에 대한 궁극적 해결책은 우리들 모두를 건강하게 만드는 것이다.

sacrifice
[sǽkrəfàis]

[명] 희생 [동] 희생으로 바치다, 희생하다

They cared for disabled people for 20 years, at great personal sacrifice.
그들은 커다란 개인적 희생을 감수하면서 장애인들을 20년간 돌보았다.

foresee
[fɔːrsíː]

[동] 예견하다, 예지하다

They could not have foreseen how things would turn out in the end.
결국 일이 어떻게 될지 그들이 예견했을 리가 없다.

1669	· in **imminent** danger	절박한 위험에 처하여
1670	· a man of **eminent** good sense	뛰어난 분별력을 가진 남자
1671	· a **moderately** good play	꽤 괜찮은 연극
1672	· **carve** wood	나무를 조각하다
1673	· in the face of **adversity**	역경에 직면하여
1674	· a **mischievous** child	장난을 좋아하는 아이

□ imminent
[ímənənt]

혱 절박한, 임박한

The patient has a pain his chest, a sign that a heart attack is imminent.
환자는 가슴에 통증이 있는데, 그것은 심장마비가 임박하다는 표시이다.

□ eminent
[émənənt]

혱 높은, 저명한, 뛰어난

Even the most eminent expert in a given field can be wrong.
정해진 분야에서 가장 저명한 전문가일지라도 틀릴 수 있다.

□ moderately
[mádərətli]

튕 알맞게, 적당히

The wood is moderately soft and white, used for paper manufacture.
그 나무는 적당히 부드럽고 하얘서, 종이 제품을 만드는 데 사용된다.

□ carve
[kɑːrv]

튕 베다, 새기다, 조각하다

Choose a design to carve before you go shopping for pumpkins.
호박을 쇼핑하러 가기 전에 새길 디자인을 결정하세요.

□ adversity
[ædvɔ́ːrsəti, əd-]

혱 역경, 불운

Adversities will make a jewel of you.
사람은 많은 고난을 겪어야 비로소 훌륭한 사람이 된다. 〈속담〉

□ mischievous
[místʃivəs]

혱 장난이 심한

Like all children, Ron was an active and mischievous child.
모든 아이들처럼, 론도 활기차고 장난이 심한 아이였다.

1675	· **negotiate** a deal	거래를 협정하다
1676	· **encounter** with danger	위험을 맞닥뜨리다
1677	· live in **misery**	비참하게 살다
1678	· **alter** a house into a store	집을 가게로 개조하다
1679	· the **twilight** of one's life	인생의 황혼기
1680	· like a **miser**	구두쇠 같이

☐ **negotiate**
[nigóuʃièit]

영 협상하다, 협정하다, 교섭하다

Not a good time to negotiate with me.
저와 협상할 좋은 시간이 아닙니다.

☐ **encounter**
[enkáuntər]

동 만나다, 부닥치다 명 마주침

This is similar to people getting wiser by overcoming
the hardships they encounter. 수능 응용
이것은 사람들이 직면하는 고난을 이겨냄으로써 현명해지는 것과 유사
하다.

☐ **misery**
[mízəri]

명 비참, 곤궁

As food supplies slowly decreased, their misery
quotient increased.
식량 보급품이 점차 줄어듦에 따라, 그들의 비참함의 정도는 더해 갔다.

☐ **alter**
[ɔ́ːltər]

동 변경하다, 바꾸다, 달라지다

He altered his office into a house.
그는 자기 사무실을 집으로 개조했다.

☐ **twilight**
[twáilàit]

명 여명, 황혼

I couldn't see his figure clearly in the twilight.
나는 어둠 속이라서 그의 형체를 분명히 볼 수 없었다.

☐ **miser**
[máizər]

명 구두쇠

'A lavish miser' is a contradiction in terms.
'사치스러운 수전노'란 용어 모순이다.

1681	· the **ruin** of the country	국가의 **멸망**
1682	· **meditate** revenge	복수를 **계획하다**
1683	· **forbear** from asking questions	질문을 **삼가다**
1684	· **smear** bread with butter	빵에 버터를 **바르다**
1685	· the steel **skeleton** of a building	건물의 **철골**
1686	· scenery of **surpassing** beauty	**빼어나게** 아름다운 경치

☐ **ruin**
[rúːin]

몡 폐허, 파멸 (pl.) 옛터 동 파멸시키다

Her house still stands and can be seen in the ruins of Pompeii.
그녀의 집은 여전히 서있고, 폼페이의 유적에서 볼 수 있다.

☐ **meditate**
[médətèit]

동 꾀하다, 명상하다, 깊이 생각하다

They decided to meditate on the question for an additional day or so.
그들은 하루 가량 더 그 문제에 대해 숙고하기로 결정했다.

☐ **forbear**
[fɔːrbéər]

동 삼가다, 참다

He forbore to mention the subject again.
그는 다시 그 문제를 언급하는 것을 삼갔다.

☐ **smear**
[smíər]

동 바르다, 칠하다

I accidentally smeared the paints before it was dry.
나는 물감이 마르기 전에 실수로 문질러 버렸다.

☐ **skeleton**
[skélətn]

몡 골격, 해골, 뼈대

A nearly complete skeleton has been found.
거의 완벽한 골격이 발견되었다.

☐ **surpass**
[sərpǽs, -páːs]

동 (~)보다 낫다

She easily surpassed the other candidates in ability and motivation.
그녀는 실력과 동기 면에서 다른 후보들을 쉽게 능가했다.

1687	· a **peculiar** smell	<u>묘한</u> 냄새
1688	· a long **drought**	오랜 <u>가뭄</u>
1689	· **weave** threads together	실들을 함께 <u>엮다</u>
1690	· a **supreme** fool	<u>천하의</u> 바보
1691	· a **precise** statement	<u>명확한</u> 성명
1692	· **dwell** in retirement	은퇴 <u>생활을 하다</u>

☐ peculiar
[pikjú:ljər]

형 기묘한, 특이한

He has his own peculiar style which you'll soon get used to.
그는 당신이 곧 익숙해질 그만의 특이한 스타일을 가지고 있다.

☐ drought
[dráut]

명 가뭄

This was followed by a severe drought.
이것은 심각한 가뭄의 결과로서 일어났다.

☐ weave
[wi:v]

동 짜다, 뜨다, 천을 짜다

The family earns their living by weaving.
그 가족은 베짜기로 생계비를 번다.

☐ supreme
[səprí:m, sju(:)-]

형 최고의, 대단한 명 최고의 것

He was succeeded as supreme commander.
그는 최고 사령관으로서 성공했다.

☐ precise
[prisáis]

형 정확한, 정밀한

The fort's precise location is a closely guarded secret.
요새의 정확한 위치는·엄격히 비밀에 부쳐지고 있다.

☐ dwell
[dwél]

동 살다, 거주하다

Light and darkness cannot dwell together.
빛과 어둠은 공존할 수 없다.

1693	· a **hazard** to health	건강에 유해한 것
1694	· **surface** temperature	표면 온도
1695	· **assemble** a crew	승무원을 집합시키다
1696	· **alternative** therapies	대체 요법
1697	· **surmount** obstacles	장애를 극복하다
1698	· my nose **tickles**	코가 간질간질하다

☐ **hazard**
[hǽzərd]

[명] 위험, 위험 요소 [동] 모험 삼아 추측하다, 위태롭게 하다

I don't know where the treasure is but I could hazard a guess.
보물이 어디 있는지 모르지만 모험 삼아 추측을 해보겠다.

☐ **surface**
[sə́ːrfis]

[명] 표면

The surface of an object will absorb some of this light's wavelengths. [수능 응용]
한 물체의 표면은 이러한 빛의 파장에서 일부는 흡수할 것이다.

☐ **assemble**
[əsémbl]

[동] 모으다, 조립하다, 모이다

The man assembled the parts of the machine.
그 남자는 그 기계의 부품들을 조립했다.

☐ **alternative**
[ɔːltə́ːrnətiv, æl-]

[명] 대안, 선택 가능한 것 [형] 대체 가능한, 대안의

We have no alternative but to ask you.
너에게 물어보는 수밖에 다른 대안이 없다.

☐ **surmount**
[sərmáunt]

[동] 오르다, 극복하다

With effort we can surmount every difficulty.
노력으로써 우린 모든 어려움을 극복할 수 있다.

☐ **tickle**
[tíkl]

[동] 간질이다, 기쁘게 하다 [명] 간지럼

The toy laughs when you tickle it under the arms.
그 장난감은 겨드랑이를 간질이면 웃는다.

1699	· tariff **barriers**	관세 **장벽**
1700	· a wide **forehead**	넓은 **이마**
1701	· a **theme** for discussion	토론의 **주제**
1702	· **rigorous** discipline	**엄격한** 훈련
1703	· **plow** a field	밭을 **갈다**
1704	· **statistics** on drug usage	약물 사용에 대한 **통계**

☐ **barrier**
[bǽriər]

영 방벽, 장애

Barriers have been erected all along the route that the summits will take.
정상들이 지나갈 길목을 따라 방책이 세워졌다.

☐ **forehead**
[fɔ́:rid, fɔ́:rhèd]

영 이마

He wiped his forehead with a dry towel.
그는 마른 수건으로 이마를 닦았다.

☐ **theme**
[θí:m]

영 주제

Find out recurring themes in an author's work.
작가의 작품에 반복해서 등장하는 주제들을 찾아내라.

☐ **rigorous**
[rígərəs]

형 엄한, 엄격한

That's not rigorous enough, so we don't have to accept it.
그것은 충분히 엄격하지 않아서, 우리는 그것을 받아들일 필요가 없다.

☐ **plow**
[pláu]

영 쟁기 통 갈다

The cow pulled the plow through the field.
그 소는 쟁기를 끌어 밭을 갈았다.

☐ **statistics**
[stǽtistiks]

영 통계, 통계학

These statistics show death per 1,000 of population.
이들 통계는 인구 천 명당 사망자 수를 보여준다.

1705	· **credulous** people	잘 <u>속는</u> 사람들
1706	· commit **suicide**	<u>자살</u>하다
1707	· a **superficial** resemblance	<u>외견상의</u> 유사
1708	· the **foremost** painter of his time	그가 살던 시대의 <u>최고</u> 화가
1709	· a **superior** product	<u>상급</u> 상품
1710	· a **sweeping** statement	<u>개략적인</u> 진술

☐ **credulous**
[krédʒələs]

(형) 잘 믿는, 쉽게 속는

Human beings are much too credulous.
인류는 너무 잘 속는다.

☐ **suicide**
[súːəsàid]

(명) 자살

Climbing the cliff alone is nothing short of suicide.
그 절벽에 단독으로 오르다니 자살 행위나 다름없다.

☐ **superficial**
[sùːpərfíʃəl]

(형) 표면(상)의, 외면의

He claims that a lot of journalism is vulgar and superficial.
그는 많은 언론이 저속하며 피상적이라고 주장한다.

☐ **foremost**
[fɔ́ːrmòust]

(형) 맨 앞의, 으뜸가는

Einstein is thought to be one of the foremost scientists of this century.
아인슈타인은 금세기 최고의 과학자 중 한 사람으로 여겨진다.

☐ **superior**
[səpíəriər, su-]

(형) 뛰어난, 우수한 (명) 우수한 사람, 윗사람, 선배

They were indoctrinated to believe that their products were superior.
그들은 자기들의 상품이 우수하다고 믿도록 주입받았다.

☐ **sweeping**
[swíːpiŋ]

(형) 광범위한, 포괄적인, 전면적인

But the sweeping beautiful view made the hard climb worthwhile. 01 수능
그러나 그 광범위한 아름다운 경치가 힘든 등반을 보람있게 해주었다.

1711	· the Greek **myths**	그리스 신화
1712	· in **surplus**	여분으로
1713	· **sink** to the bottom	바닥에 가라앉다
1714	· **lament** one's hard fate	자신의 불운을 한탄하다
1715	· the **forefather** of these people	이 사람들의 조상
1716	· an **obstacle** to success	성공의 장애물

☐ **myth**
[míθ]

®명 신화

Mercury was the messenger of the gods in Roman myth.
로마 신화에서 머큐리는 신들의 사자였다.

☐ **surplus**
[sə́ːrplʌs, -pləs]

®명 나머지, 과잉 ®형 과잉의

Periods of great surplus were leading by periods of shortage.
엄청난 과잉 기간에 이어 부족 기간이 이어졌다.

☐ **sink**
[síŋk]

®동 가라앉다, 침몰하다

The bridge was sinking into the Thames river. **07 수능**
다리는 템스 강 밑으로 가라앉고 있었다.

☐ **lament**
[ləmént]

®명 비탄 ®동 슬퍼하다

There will be few laments for a loss of the past.
과거의 손실에 대해 별로 슬퍼하지 않을 것이다.

☐ **forefather**
[fɔ́ːrfɑ̀ːðər]

®명 조상, 선조

Consequently, he can be regarded as a forefather of the Industrial Revolution.
결과적으로, 그는 산업 혁명의 선조로서 여겨질 수 있다.

☐ **obstacle**
[ɑ́bstəkl]

®명 장애

They had the dedication to continue their studies in spite of the obstacles.
장애물에 굴하지 않고, 그들은 자신들의 학업에 계속해서 전념했다.

1717	· **smudged** lipstick	짓이겨진 립스틱
1718	· inshore **patrol**	연안 경비(대)
1719	· a very **creditable** result	매우 명예가 되는 결과
1720	· a **dose** of medicine	일회 복용분의 약
1721	· **drift** out to sea	바다로 떠내려가다
1722	· the **barter** stage	물물교환 시대

□ **smudge** [smʌdʒ]

[동] 번지게 하다, 때 묻히다 [명] 더러움, 얼룩, 짙은 연기

Smudge black eyeshadow over the eyelids.
눈꺼풀에 검정색 아이섀도를 묻히세요.

□ **patrol** [pətróul]

[동] 순찰하다 [명] 순찰병, 순찰 경관

Security officials make hourly patrols of the site.
보안 요원들이 그 구역을 시간마다 순찰한다.

□ **creditable** [kréditəbl]

[형] 명예가 되는, 훌륭한

It was a very creditable effort for a 17-year-old.
그것은 17살짜리에게는 매우 명예가 되는 노력이었다.

□ **dose** [dóus]

[명] 복용량, 1회분(량)

The usual dose is one tablet every six hours as needed for pain.
통증 시에 필요로 하는 경우 일반적인 복용량은 6시간마다 1알입니다.

□ **drift** [dríft]

[동] 표류하다 [명] 표류, 흐름

They drifted from town to town.
그들은 이 마을에서 저 마을로 전전했다.

□ **barter** [bá:rtər]

[명] 물물교환 [동] 물물교환하다, 교환하다

Mankind used the barter system of trading objects for other objects or services. [수능 응용]
인류는 다른 물건 또는 용역을 위해 물건을 교환하는 물물교환 제도를 이용했다.

1723	· a **ban** on imports	수입에 대한 <u>금지령</u>
1724	· an **obscure** writer	<u>무명</u> 작가
1725	· the **core** of a problem	문제의 <u>핵심</u>
1726	· the **perils** of the sea	바다의 <u>위험</u>
1727	· a **tragic** actor	<u>비극</u> 배우
1728	· **qualified** as a doctor	의사 <u>자격이 있는</u>

☐ **ban**
[bǽn]

명 금지 동 금지하다

It is not until 1978 that the ban is lifted.
1978년이 되서야 금지령이 해제되었다.

☐ **obscure**
[əbskjúər]

형 분명치 않은, 흐릿한, 무명인

His early life is obscure, but his family was not poor.
그의 초기의 삶은 불투명하지만, 그의 가족은 가난하지 않았다.

☐ **core**
[kɔ́ːr]

명 응어리, 핵심

Math is a subject on the core curriculum.
수학은 핵심 교육과정에 들어 있는 과목이다.

☐ **peril**
[pérəl]

명 위험

The human race is in peril.
인류는 위험에 처해 있다.

☐ **tragic**
[trǽdʒik]

형 비극의, 비참한

Despite the tragic accident, the show continued to play that night.
비극적 사고에도 불구하고, 그 쇼는 그날 밤에 계속 상영되었다.

☐ **qualified**
[kwálǝfàid, kwɔ́l-]

형 자격이 있는, 제한적인

However qualified a person may be, he will not be able to make the best without concentration. 수능 응용
어떠한 자격을 갖추고 있을지라도, 사람은 집중하지 않으면 최선을 다할 수 없다.

1729	· a dump **heap**	쓰레기 더미
1730	· **cradle** a child	아이를 흔들어 어르다
1731	· **obsolete** equipment	노후 설비
1732	· **soar** high into the air	하늘 높이 날아 오르다
1733	· a federal **attorney**	연방 검사
1734	· **yield** possession	소유권을 양도하다

□ heap
[hí:p]

[동] 쌓아 올리다 [명] 더미, 많음

Recyclable waste was heaped together in the road.
재활용 쓰레기가 도로에 쌓아 올려졌다.

□ cradle
[kréidl]

[명] 요람 [동] 요람에 눕다, 흔들어 재우다

What is learned in the cradle is carried to the grave.
요람에서 배운 것이 무덤까지 간다. (세 살 적 버릇 여든까지) 〈속담〉

□ obsolete
[àbsəlí:t, ɔ́bsəlì:t]

[형] 쓸모없게 된, 안 쓰이는

Even these will become obsolete in the next couple of years.
심지어 이것들은 앞으로 몇 년 후에는 쓸모없게 될 것이다.

□ soar
[sɔ́:r]

[동] 높이 치솟다 [명] 높이 날기, 비상

Usually the ratings soar when he makes an appearance.
그가 나타나면 보통 시청률은 치솟는다.

□ attorney
[ətə́:rni]

[명] 대리인, 변호사

Professors and attorneys can be good role models.
교수들과 변호사들은 훌륭한 역할 모델이 될 수 있다.

□ yield
[ji:ld]

[동] 산출하다, 낳다, 굴복하다 [명] 산출

A week's labor might have yielded one goat. [98 수능]
일주일의 노동은 염소 한 마리의 가치를 낼 수도 있었다.

1735	· a **spur** to greater efficiency	더 큰 효율성을 위한 박차
1736	· **tease** the weak	약자를 괴롭히다
1737	· a character **flaw**	성격상의 결함
1738	· **stifle** one's anger	노여움을 참다
1739	· eggs **hatch** out	달걀이 부화하다
1740	· a **chill** wind	쌀쌀한 바람

☐ **spur**
[spə́ːr]

[동] 박차를 가하다, 몰아대다 [명] 박차, 자극

His miraculous goal spurred the whole team to victory.
그의 기적적인 골이 팀 전체에 자극을 주어 승리로 이끌었다.

☐ **tease**
[tíːz]

[동] 괴롭히다

Teasing is one thing, speaking in a threatening tone is quite another.
놀리는 것하고 협박조로 말하는 것하고는 전혀 별개의 문제이다.

☐ **flaw**
[flɔː]

[명] 흠, 결함

The sofa is perfect except for a few small flaws in its bottom.
그 소파는 바닥에 작은 흠이 몇 개 있는 것 외에는 완벽하다.

☐ **stifle**
[stáifl]

[동] (~의) 숨을 막다, 질식시키다, 억제하다

We were stifling in that hot room with all the doors closed.
문이 모두 닫힌 그 더운 방에서 우리는 질식할 것 같았다.

☐ **hatch**
[hǽtʃ]

[동] 깨다, 부화하다

Don't count your chickens before they are hatched.
부화하기도 전에 병아리 셈부터 하지 말아라. (김칫국부터 마시지 말아라.) 〈속담〉

☐ **chill**
[tʃíl]

[명] 냉기, 한기 [형] 냉랭한, 냉담한 [동] 춥게 하다

Her words sent a chill down my spine.
그녀의 말에 나는 등골이 오싹했다.

1741	· **steer** into the wind	바람 속으로 <u>조종해 나아가다</u>
1742	· **embrace** liberal views	자유주의적 사상을 <u>받아들이다</u>
1743	· **soothe** the crying child	우는 아이를 <u>달래다</u>
1744	· a **discredit** to one's family	집안의 <u>불명예</u>
1745	· a religious **creed**	종교적 <u>신념</u>
1746	· an **incredible** memory	<u>굉장한</u> 기억력

☐ **steer**
[stíər]

통 (~의) 키를 잡다, 이끌다

The manual steers the user through the program's main features.
지도서를 통해 사용자는 그 프로그램의 주된 특징을 알게 된다.

☐ **embrace**
[embréis, im-]

통 포옹하다, 기꺼이 받아들이다, 포섭하다

The water seemed to welcome and embrace her.
물이 그녀를 반갑게 맞아주고 포옹해 주는 것 같았다. **01 수능**

☐ **soothe**
[suːð]

통 달래다, 위로하다

The acids from the tomatoes can soothe the pain.
토마토의 신맛은 고통을 진정시킬 수 있다.

☐ **discredit**
[diskrédit]

통 신용을 떨어뜨리다, 평판을 나쁘게 하다 명 불신, 불명예

What are your motives in attempting to discredit me?
나를 불명예스럽게 하려고 시도했던 당신의 동기는 무엇입니까?

☐ **creed**
[kriːd]

명 교의, 신조

Candidates are assessed on merit, irrespective of educational background, creed or color.
지원자들은 학력, 신념이나 피부색에 상관없이 공적에 따라 평가되었다.

☐ **incredible**
[inkrédəbl]

형 놀라운, 믿어지지 않는

Chattanooga has made an incredible urban comeback. **수능 응용**
채터누가는 믿을 수 없는 도시로 복구되었다.

1747	· abolish **segregation**	인종차별을 폐지하다
1748	· **invert** a glass	컵을 엎어 놓다
1749	· be **startled** at the sound	그 소리에 깜짝 놀라
1750	· a **basement** car park	지하 주차장
1751	· **notify** a crime	범죄를 신고하다
1752	· the N- **Atlantic**	북대서양

☐ **segregation**
[sègrigéi∫ən]

명 분리, 격리, 인종차별

He echoed an opinion adverse to segregation.
그는 인종차별에 반대하는 의견을 내놓았다.

☐ **invert**
[invə́:rt]

동 거꾸로 하다, 뒤집다

Cool for 15 minutes, then invert the cake onto a flat plate.
15분 동안 식힌 후에, 케이크를 평평한 접시에 뒤집어 놓으세요.

☐ **startle**
[stá:rtl]

동 깜짝 놀라게 하다

Seeing a student a carry a sword, a startled teachers exclaimed, "A sword!" 94 수능
한 학생이 칼을 가지고 다니는 것을 보고 놀란 교사들이 "칼이다!"라고 소리쳤다.

☐ **basement**
[béismənt]

명 최하층, 지하실

She was kept in her basement for five hours. 01 수능
그녀는 지하실 안에 5시간 동안 갇혀 있었다.

☐ **notify**
[nóutəfài]

동 통지하다, 알리다

Notify your cell phone company that you will be traveling abroad.
당신이 외국에 갈 거라고 당신의 휴대전화 회사에 알리세요.

☐ **Atlantic**
[ətléntik]

명 대서양 형 대서양의

The Atlantic coast of the country is well known for having beautiful beaches.
그 나라의 대서양 연안은 아름다운 해변으로 유명하다.

1753	· a **distraction** after study	공부한 뒤의 **기분 전환**
1754	· an **abrupt** change	**갑작스런** 변화
1755	· be **nominated** to a committee	위원에 **임명되다**
1756	· **transmit** a parcel by rail	소포를 철도편으로 **보내다**
1757	· complex social **hierarchy**	복잡한 사회 **계층제**
1758	· a philosophical **paradox**	철학적 **모순**

☐ **distraction**

[distrǽkʃən]

명 주의 산만, 기분 전환

TV can be a welcome distraction after a hard working.

힘들게 일한 뒤에는 TV가 반가운 기분 전환 거리가 될 수 있다.

☐ **abrupt**

[əbrʌ́pt]

형 갑작스러운, 뜻밖의, 퉁명스러운

Afterward heavy rain began to fall and the battle came to an abrupt end.

이후에 폭우가 내리기 시작했고 그 싸움은 갑자기 끝났다.

☐ **nominate**

[nάmənèit, nɔ́m-]

동 지명하다, 임명하다

Anyone can nominate representatives to the meeting.

어떤 사람이라도 그 회의에 대표자들을 지명할 수 있다.

☐ **transmit**

[trænsmít, trænz-]

동 부치다, 전하다

I will transmit the checks by special messenger.

나는 수표를 특별 배달인을 통해 보낼 것이다.

☐ **hierarchy**

[háiərὰːrki]

명 계층제

She's quite high up in the management hierarchy.

그녀는 경영진 계층에서 상당히 높은 자리에 있다.

☐ **paradox**

[pǽrədὰks]

명 역설, 패러독스

One of the paradoxes is that the more difficult the word, the shorter the explanation. 수능 응용

역설 중의 하나는 단어가 어려우면 어려울수록 설명은 더 짧아진다는 것이다.

Part 4 /
그 외
10종
교과서 단어

단어 외우기 | 교육부 지정 2067＊최다 빈출 단어 2004

1759 · the term **expires** 기한이 만료하다
1760 · **erupt** in tears 울음을 터트리다
1761 · **flammabel** materials 인화성 물질들
1762 · a dominant **gene** 우성 유전자
1763 · a brain **cell** 뇌세포
1764 · a **trick** of vision 눈의 착각

□ expire
[ikspáiər]

[동] 만기가 되다, 끝나다

Copyright expires fifty years after the death of the author.
저작권은 저작자의 사후 50년이 되면 소멸된다.

□ erupt
[irʌ́pt]

[동] 분출하다, 폭발하다

An immense volume of hot ashes and molten lava was erupted.
막대한 양의 화산재와 용해된 용암이 분출됐다.

□ flammable
[flǽməbl]

[형] 가연성의

Methane is highly flammable and can be dangerous.
메탄은 매우 불에 잘 타기 때문에 위험할 수 있다.

□ gene
[dʒíːn]

[명] 유전자

They have discovered a gene that leads to lung cancer.
그들은 폐암에 이르게 하는 유전자를 발견했다.

□ cell
[sél]

[명] 작은 방, 세포

When do we should the embryonic cells be considered a human being?
우리는 배아 세포를 언제부터 인간으로 보아야 하는가?

□ trick
[trík]

[명] 계교, 장난 [동] 속이다

The boy's favorite trick is filling the sugar bowl with salt.
그 소년이 즐겨하는 장난은 설탕 그릇에 소금을 채워 놓는 것이다.

1765	· a **prolonged** absence	장기 부재
1766	· **artificial** flowers	조화
1767	· a **broom** cupboard	빗자루 보관장
1768	· **cease** work	일을 그만두다
1769	· **hesitate** momentarily	잠시 망설이다
1770	· in **haste**	성급하게

☐ **prolonged**
[prɔlɔ́ːŋd]

⟨형⟩ 오래 끄는, 장기의

Harvests were poor because of the prolonged drought.
기나긴 가뭄 때문에 수확이 좋지 않았다.

☐ **artificial**
[ɑ̀ːrtəfíʃəl]

⟨형⟩ 인조의, 인공적인, 부자연스러운

Reservoir is a natural or artificial pond used in an emergency.
저수지는 긴급 시에 사용되는 자연적 또는 인공적인 연못을 말한다.

☐ **broom**
[brú(ː)m]

⟨명⟩ 비, 빗자루

A new broom sweeps clean.
새 비는 잘 쓸린다. (새로 부임한 자는 열심히 개혁한다.) 〈속담〉

☐ **cease**
[siːs]

⟨동⟩ 그치다, 그만두다, 중지하다

We must cease dumping garbage in the sea.
우리는 바다에 쓰레기를 버리는 일을 중단해야만 한다.

☐ **hesitate**
[hézətèit]

⟨동⟩ 주저하다

If you have any questions, don't hesitate to let me know.
궁금한 것이 있으시면, 주저마시고 저에게 알려 주십시오.

☐ **haste**
[héist]

⟨명⟩ 급함 ⟨동⟩ 서두르다

More haste, less speed.
바쁠수록 천천히. 〈속담〉

1771	· **pierce** a hole	구멍을 **뚫다**
1772	· a roar of **disapproval**	**불만**의 소리
1773	· be **irritated** by	(~) 때문에 **짜증나다**
1774	· **appreciate** something highly	어떤 것을 높이 **평가하다**
1775	· an American **citizen**	미국 **국민**
1776	· **defend** press freedom	언론의 자유를 **수호하다**

☐ **pierce**
[píərs]

ⓢ 꿰뚫다, 구멍을 뚫다

A strange sound pierced the silence of the night.
이상한 소리가 밤의 정적을 깨뜨렸다.

☐ **disapproval**
[dìsəprúːvəl]

ⓜ 불찬성

There is widespread disapproval of his opinions.
그의 의견에 대해서는 광범위한 반대가 있다.

☐ **irritate**
[írətèit]

ⓢ 짜증나게 하다, 초조하게 하다, 자극하다

Stomach acid irritates the stomach lining.
위산은 위벽을 자극한다.

☐ **appreciate**
[əpríːʃièit]

ⓢ 진가를 알다, 감상하다, 올바르게 인식하다

You don't seem to appreciate how tired I am.
넌 내가 얼마나 피곤한지 아는 것 같지가 않다.

☐ **citizen**
[sítəzən, -sən]

ⓜ 시민, 국민

The citizens' indifference to local affairs resulted in poor government.
지역 일에 대한 시민들의 무관심으로 형편없는 정부가 생겨났다.

☐ **defend**
[difénd]

ⓢ 방어하다, 옹호하다

The odds are three to one on the defending champion.
방어에 나선 챔피언에 대한 확률은 3대 1이다.

1777	· the present **generation**	현대의 사람들
1778	· the **principal** aim	주된 목적
1779	· **devise** a plan	계획을 생각해 내다
1780	· **react** spontaneously	자발적으로 반응을 보이다
1781	· a **credible** alternative	신뢰할만한 대체 방안
1782	· become **infirm**	약해지다

☐ **generation**
[dʒènəréiʃən]

[명] 동시대의 사람들, 세대, 대

He was probably the most prolific writer of his generation.
그는 아마 그 세대에 가장 작품을 많이 쓴 작가였을 것이다.

☐ **principal**
[prínsəpəl]

[형] 주요한 [명] 우두머리, 장

The diaphragm is the principal muscle when we breathe.
횡경막은 우리가 호흡할 때 중요한 근육이다.

☐ **devise**
[diváiz]

[동] 궁리하다, 고안하다

They devised a method to extract proteins.
그들은 단백질을 추출해내는 방법을 고안했다.

☐ **react**
[riǽkt]

[동] 반작용하다, 반응하다

When he does get angry, he tends to react in a violent manner.
그는 화가 났을 때, 폭력적인 방식으로 반응하는 경향이 있다.

☐ **credible**
[krédəbl]

[형] 신용[신뢰]할 수 있는, 확실한

He is a credible witness.
그는 신뢰할 만한 증인이다.

☐ **infirm**
[infə́ːrm]

[형] 약한, 허약한, 박약한

He tells us that he was then old and infirm.
그는 우리들에게 그가 그 당시 늙고 허약했다고 말한다.

1783	· draw up a **document**	<u>서류</u>를 작성하다
1784	· run an **errand**	<u>심부름</u> 가다
1785	· turn cows to **pasture**	소떼를 <u>목장</u>으로 몰아내다
1786	· a **complicated** machine	<u>복잡한</u> 기계
1787	· a **vigorous** player	<u>활기찬</u> 참가자
1788	· by way of **ornament**	<u>장식</u>으로서

☐ **document**
[dάkjumənt, dɔ́k-]

명 문서, 서류

This is a detailed document explaining all aspects of the trials.
이것은 재판에 대한 모든 측면을 설명한 자세한 서류이다.

☐ **errand**
[érənd]

명 심부름

He asked me to run a couple of errands for him.
그는 나에게 몇 가지 심부름을 부탁했다.

☐ **pasture**
[pǽstʃər, pάːs-]

명 목장

The next day, the giant ordered him to bring in a horse from pasture.
다음 날, 거인은 그에게 말을 목장에서 데려오라고 명령했다.

☐ **complicated**
[kάmpləkèitid, kɔ́m-]

형 복잡한, 뒤섞인

There is no reason to make things more complicated than necessary.
문제를 필요 이상으로 복잡하게 만들 이유가 없다.

☐ **vigorous**
[vígərəs]

형 정력적인, 원기왕성한, 격렬한

Exercise doesn't have to be vigorous.
운동이 격렬할 필요는 없다.

☐ **ornament**
[ɔ́ːrnəmənt]

명 꾸밈, 장식품 동 꾸미다

Put plenty of wrapping materials round the glass ornaments when you pack them.
유리 장식품을 포장할 때에는 주위에 포장재를 많이 넣어라.

1789	· **bury** treasure	보물을 숨기다
1790	· the **principles** of economics	경제학의 원리들
1791	· a rococo **fountain**	로코코식 분수
1792	· a **political** theory	정치 이론
1793	· a **forest** fire	산불
1794	· **adopt** a method	한 방법을 택하다

□ **bury** [béri]

[동] 묻다, 파묻다, 매장하다

Many materials will decay if buried, but this can take a long time.

많은 물질들이 땅에 묻히면 썩지만, 이것은 시간이 오래 걸릴 수 있다.

□ **principle** [prínsəpl]

[명] 원리, 원칙

I quite like meat, but I don't eat it on principle.

나는 고기를 꽤 좋아하지만, 원칙에 따라 그것을 먹지 않는다.

□ **fountain** [fáuntn]

[명] 분수, 샘

Tourism is a fountain of wealth for the city.

관광 사업은 그 도시 부의 원천이다.

□ **political** [pəlítikəl-]

[형] 정치의

Political development is a long slow process.

정치 발전은 장기간에 걸쳐 서서히 진행된다.

□ **forest** [fɔ́:rist, fa:r-]

[명] 숲, 산림

Very little forest is left unexplored these days.

요즈음 탐험되지 않은 산림이 거의 남아 있지 않다.

□ **adopt** [ədápt, ədɔ́pt]

[동] 채용하다, 양자로 삼다

The new policy was adopted in the face of fierce criticism.

그 새 정책은 격렬한 비판을 무릅쓰고 채택되었다.

1795	· **intensive** instruction	집중 교육
1796	· in **contrast**	대조적으로
1797	· **forecast** a heavy snowfall	대설을 예보하다
1798	· adopt a **scheme**	계획을 채택하다
1799	· **hostile** forces	적군
1800	· **disgusting** smell	메스꺼운 냄새

□ **intensive**
[inténsiv]

[형] 강한, 집중적인

In an experiment, 17 people received three months of intensive training.
실험에서, 17명의 사람들은 3개월의 강력한 훈련을 받았다.

□ **contrast**
[kántræst, kəntrǽst-]

[동] 대조하다 [명] 대조, 차이

This color contrasts well with yellow.
이 색깔은 노란색과 좋은 대조를 이룬다.

□ **forecast**
[fɔ́:rkæ̀st, -kà:st]

[명] 예상, 예보 [동] 예보하다, 예상하다

Tomorrow is going to be sunny according to the weather forecast.
일기예보에 따르면 내일은 맑을 것이다.

□ **scheme**
[skí:m]

[명] 계획, 음모

The main purpose of the scheme is to bring employment to the area.
그 계획의 주된 목적은 그 지역에 고용을 창출하는 것이다.

□ **hostile**
[hástl, hɔ́stail]

[형] 적의, 적의 있는

His way of talking could fairly be described as hostile.
그의 말투는 적대적이라고 단언해도 괜찮을 것이다.

□ **disgusting**
[disgʌ́stiŋ]

[형] 메스꺼운, 역겨운

It is pretty disgusting to see somebody vomiting.
누군가가 토하는 것을 보는 일은 상당히 역겹다.

1801	· public **transportation**	공공 교통 기관
1802	· **admire** at your performance	당신의 연기에 **감탄하다**
1803	· **obvious** to everybody	누가 보기에도 **명백한**
1804	· an **endurance** test	내구 시험
1805	· supreme **authority**	최고 **권위**
1806	· **general** rules	총칙

☐ **transportation**
[trænspərtéiʃən]

몡 수송, 교통 기관

The new item forbade a strike by the transportation union.
새로운 항목에선 운송 노조의 파업을 금하고 있다.

☐ **admire**
[ædmáiər, əd-]

통 감탄하다, 탄복하다

The tourists admired the mountain scenery.
관광객들은 그 산의 경치에 탄복했다.

☐ **obvious**
[ábviəs, ɔ́b-]

형 명백한

It's fairly obvious to me that you have no experience.
당신이 경험이 없다는 것은 내게 꽤 명백하다.

☐ **endurance**
[indjúərəns, en-]

몡 지구력, 인내

He exhibited great powers of endurance throughout the game.
그는 경기 내내 대단한 인내력을 발휘했다.

☐ **authority**
[əθɔ́:rəti, əθár-]

몡 권위, 권한

The boss must be a person of authority
그 사장은 권위 있는 사람임에 틀림없다.

☐ **general**
[dʒénərəl]

몡 대장 혱 일반적인, 전체의, 대체적인

A general should have a military mind.
장군은 군대식 마음가짐을 지녀야 한다.

· 315

1807	· **delicate** gold adornments	<u>정교한</u> 금 장식품
1808	· a religious **ceremony**	종교 <u>의식</u>
1809	· an **anxious** person	<u>걱정이 많은</u> 사람
1810	· a **faint** light	<u>희미한</u> 빛
1811	· a **harbor** of refuge	<u>피난항</u>
1812	· a **narrow** street	<u>협소한</u> 도로

☐ **delicate**
[délikət]

⟨형⟩ 섬세한, 고운, 예민한

The flower has a delicate fragrance.
그 꽃은 은은한 향기를 갖고 있다.

☐ **ceremony**
[sérəmòuni]

⟨명⟩ 의식, 의례

All the family members have been invited to the ceremony
모든 가족 구성원들이 식에 초대되었다.

☐ **anxious**
[ǽŋkʃəs]

⟨형⟩ 걱정하는, 열망하는

As he was born in weak, he is always anxious about his health.
그는 워낙 몸이 약해서, 항상 건강을 염려하고 있다.

☐ **faint**
[féint]

⟨동⟩ 졸도하다 ⟨형⟩ 희미한, 어렴풋한

He attempted to revive his brother who had fainted.
그는 기절한 형을 소생시키고자 했다.

☐ **harbor**
[há:rbər]

⟨명⟩ 항구, 피난처 ⟨동⟩ 숨겨 주다

We could see the twinkle of the harbor lights from distance.
우리는 멀리서 항구 불빛이 반짝이는 것을 볼 수 있었다.

☐ **narrow**
[nǽrou]

⟨형⟩ 폭이 좁은, 한정된 ⟨동⟩ 좁히다, 좁아지다

There was only a narrow gap between the bed and the wall.
침대와 벽 사이에는 단지 좁은 간격이 있었다.

1813	· **overhear** their conversation	그들의 대화를 <u>엿듣다</u>
1814	· the **foundation** of the national library	국립 도서관의 <u>설립</u>
1815	· dissolve **parliament**	<u>의회</u>를 해산하다
1816	· **tilt** to the left	왼쪽으로 <u>기울다</u>
1817	· be in a **furious** mood	<u>격노해</u> 있다
1818	· **boast** of one's success	성공을 <u>자랑하다</u>

☐ **overhear**
[òuvərhíər]

(동) 우연히 듣다, 엿듣다

I overheard the snatches of their conversation.
나는 그들의 대화 몇 토막을 엿들었다.

☐ **foundation**
[faundéiʃən]

(명) 창설, 근거, 토대, 협회, 재단

The Ford Foundation allotted millions of dollars for cancer research.
포드 재단은 암 연구에 엄청난 돈을 할당했다.

☐ **parliament**
[pá:rləmənt, -ljə-]

(명) 의회

The new bill had a difficult passage through Parliament.
그 새 법안은 의회에서 어렵게 통과되었다.

☐ **tilt**
[tílt]

(동) 기울이다, 기울다 (명) 경사

He sat listening, with his head tilted slightly to one side.
그는 고개를 약간 한 쪽으로 기울인 채 앉아서 듣고 있었다.

☐ **furious**
[fjúəriəs]

(형) 노하여 펄펄 뛰는, 맹렬한

The battle was furious and lasted several hours.
그 싸움은 맹렬했고, 몇 시간 동안 지속되었다.

☐ **boast**
[bóust]

(명) 자랑 (동) 자랑하다

Her claim that she could do it was clearly no boast.
그녀가 그것을 할 수 있다는 주장은 분명 자랑이 아니었다.

1819 · **appropriate** to the occasion 그 경우에 어울리는
1820 · **flesh** and bone 살과 뼈
1821 · a **convenient** appliance 편리한 기구
1822 · **function** keys 기능 키
1823 · ring for the **maid** 벨을 울려 하녀를 부르다
1824 · **paste** the wall with the paper 벽에 벽지를 바르다

□ **appropriate** [əpróuprièit]

[동] 사용하다, 충당하다 [형] 적당한

Invoking God's mercy on this occasion would not be appropriate.
이 상황에서 신의 자비에 호소하는 것은 적절치 않을 것이다.

□ **flesh** [fléʃ]

[명] 살, 살집

The trap had cut deeply into the deer's flesh.
올가미가 사슴의 살 깊숙이 박혀 있었다.

□ **convenient** [kənvíːnjənt]

[형] 편리한, 형편이 좋은

An electronic oven is one of the most convenient domestic appliances.
전자레인지는 가장 편리한 가전용품 중 하나이다.

□ **function** [fʌ́ŋkʃən]

[명] 기능, 직능

A stroke is a disturbance in blood flow to the brain that causes a loss of brain function.
뇌졸중은 뇌로 가는 피의 흐름을 방해해서 뇌의 기능 감소를 야기한다.

□ **maid** [méid]

[명] 하녀, 소녀

The maid was vacuuming when we got back to our room.
우리가 방에 돌아왔을 때 가정부가 진공청소기를 돌리고 있었다.

□ **paste** [péist]

[명] 풀, 밀가루 반죽 [동] 풀칠하다, 풀로 바르다

The cook mixed the flour and water to a paste.
요리사는 밀가루와 물을 섞어 반죽을 만들었다.

1825	· a personal **insult**	인신 공격
1826	· **noticeable** progress	현저한 진보
1827	· a wedding **feast**	결혼 피로연
1828	· a man of good **reputation**	평판이 좋은 사람
1829	· the shop **doorway**	가게 입구
1830	· a chemical **experiment**	화학 실험

□ insult
[insʌ́lt]

동 모욕하다 명 모욕

He insulted me by calling me a coward.
그는 나를 겁쟁이라고 부르며 모욕했다.

□ noticeable
[nóutisəbl]

형 눈에 띄는, 현저한

There's been a noticeable improvement in her health.
그녀의 건강이 눈에 띄게 좋아졌다.

□ feast
[fi:st]

명 축하연, 즐겁게 하는 것

On special feast days, large crowds of thousands will show up.
특별 축하 일에, 수천 명의 대규모 군중들이 나올 것이다.

□ reputation
[rèpjutéiʃən]

명 평판, 명성

Such slander could seriously injure her reputation.
그러한 험담은 그녀의 명성을 매우 심하게 해칠 수 있다.

□ doorway
[dɔ́:rwèi]

명 문간, 현관, 출입구

She stood in the doorway for a moment before going in.
그녀는 안으로 들어가기 전에 잠시 동안 현관에 서 있었다.

□ experiment
[ikspérəmənt]

명 실험 동 실험하다

They are required to undertake simple experiments.
그들은 간단한 실험을 하게끔 되어있다.

1831	· **mercury** poisoning	수은 중독
1832	· **forbid** smoking	흡연을 금지하다
1833	· undiluted **enthusiasm**	희석되지 않은 열의
1834	· **absolutely** impossible	절대로 불가능한
1835	· **comprehend** the significance	중요성을 이해하다
1836	· **distribute** pamphlets	소책자를 배포하다

☐ **mercury** [mə́ːrkjuri]

[명] 수은, 수은주

Water and mercury are fluids.
물과 수은은 액체다.

☐ **forbid** [fərbíd, fɔːr-]

[동] 금하다, 허락하지 않다

Her parents forbade their marriage.
그녀의 부모님이 그들의 결혼을 허락하지 않았다.

☐ **enthusiasm** [enθúːziæ̀zm]

[명] 열광, 열의

Finally, his enthusiasm for the job was evident.
결국, 그 일에 대한 그의 열의는 명백했다.

☐ **absolutely** [ǽbsəlùːtli]

[부] 절대적으로, 완전히, 전혀

I think this way is right but I'm not absolutely sure about it.
이 길이 맞는 것 같지만 전적으로 확신하지는 못하겠다.

☐ **comprehend** [kàmprihénd]

[동] 이해하다, 파악하다

She has no choice because she is too stupid to comprehend simple logic.
그녀는 간단한 논리를 이해할 수 없을 만큼 어리석어서 선택의 여지가 없다.

☐ **distribute** [distríbjuːt]

[동] 분배하다, 살포하다

This game is now legal to distribute and use freely.
이 게임은 이제 배포하거나 자유롭게 이용하는 것이 합법적이다.

1837	· the **rate** of discount	할인율
1838	· a strong sense of **duty**	강한 의무감
1839	· **lodge** at a hotel	호텔에 묵다
1840	· a **hollow** tree	속이 빈 나무
1841	· an **academic** degree	학위
1842	· **calculate** the speed of light	빛의 속도를 계산하다

□ rate
[réit]

몡 비율, 요금, 등급 동 평가하다, 어림되다, 평가되다

They have orders coming in at the rate of 10 an hour.
그들은 1시간에 10건의 비율로 주문이 들어온다.

□ duty
[djúːti]

몡 의무, 임무

I don't want you to visit me simply out of a sense of duty.
나는 당신이 단순히 의무감에서 나를 방문하기를 원하지 않는다.

□ lodge
[lɑdʒ, lɔdʒ]

동 숙박하다, 숙박시키다 몡 조그만 집

Where are you lodging?
어디에 투숙하고 계세요?

□ hollow
[hάlou, hɔ́l-]

혱 속이 빈, 오목한

When the bread is done, it should sound hollow when tapped.
빵이 다 되었을 때, 두드리면 속이 빈 소리가 나야 합니다.

□ academic
[æ̀kədémik]

혱 학원의, 대학의

The university is noted for its academic excellence.
그 대학은 학문적 탁월함으로 이름이 높다.

□ calculate
[kǽlkjulèit]

동 계산하다, 추정하다

This system calculates when to switch the heating on.
이 장치가 난방을 언제 가동시킬 것인지를 계산한다.

1843	· **shrug** one's shoulder	어깨를 <u>으쓱하다</u>
1844	· ability to **govern**	<u>통치</u> 능력
1845	· **broadcast** by wireless	무선으로 <u>방송하다</u>
1846	· **annoying** to everyone	모두에게 <u>성가신</u>
1847	· **doubt** her honesty	그녀의 정직성을 <u>의심하다</u>
1848	· **frighten** a cat away	고양이에게 <u>겁을 주어</u> 쫓아버리다

☐ **shrug**
[ʃrʌg]

동 으쓱하다

I asked her where he was, but she simply shrugged and said nothing.
나는 그녀에게 그가 어디에 있는지 물어보았지만, 그녀는 어깨만 으쓱 거리고는 아무 말도 하지 않았다.

☐ **govern**
[gʌ́vərn]

동 다스리다, 통치하다

The country is governed by elected public representatives.
그 나라는 선출된 국민의 대표에 의해 통치된다.

☐ **broadcast**
[brɔ́ːdkæst, -kɑ̀ːst-]

동 방송하다 명 방송, 방영

At the end of the year the musical was broadcasted on German television.
그 해 말에 그 뮤지컬은 독일 텔레비전에서 방영되었다.

☐ **annoying**
[ənɔ́iiŋ]

형 성가신, 귀찮은, 골치 아픈

It is annoying to hear nothing but bad news.
나쁜 뉴스밖에 들을 게 없다는 것은 짜증스러운 일이다.

☐ **doubt**
[daut]

동 의심하다 명 의심

I doubt if she will want to go on a picnic.
그녀가 소풍가고 싶어 할지 의문이다.

☐ **frighten**
[fráitn]

동 소스라쳐 놀라게 하다, 무서워지다, 무서워하다

The noise frightened the birds away.
그 소리는 새들을 놀라서 날아가게 했다.

1849	· **perform** a contract	계약을 <u>이행하다</u>
1850	· **appear** in person	직접 <u>나타나다</u>
1851	· **concentrate** upon a problem	어떤 문제에 <u>전심전력하다</u>
1852	· bean **flour**	콩<u>가루</u>
1853	· an **inferior** officer	<u>하급</u> 장교
1854	· driver's **license**	운전<u>면허증</u>

☐ **perform**
[pərfɔ́:rm]

동 이행하다, 실행하다, 연주하다

They performed a solemn ritual.
그들은 엄숙한 의식을 거행했다.

☐ **appear**
[əpíər]

동 나타나다, (~인) 것 같이 보이다

In fact, she was the youngest actress ever to appear in the series.
사실상, 그녀는 그 시리즈에 등장한 가장 어린 여배우였다.

☐ **concentrate**
[kánsəntrèit, kɔ́n-]

동 집중하다, 전력을 기울이다

When you don't know what to say, you concentrate on how to say it.
당신이 뭐라고 말해야 할지 모를 때, 어떻게 말할 것인지에 전력을 기울이세요.

☐ **flour**
[flauər]

명 밀가루

We mixed butter, sugar, milk and flour for making cookies.
우리는 쿠키를 만들기 위해 버터와 설탕, 우유, 그리고 밀가루를 섞었다.

☐ **inferior**
[infíəriər]

형 하위의, 열등한

Do you think that poor people are genetically inferior?
당신은 가난한 사람들이 유전적으로 열등하다고 생각합니까?

☐ **licence**
license
[láisəns]

명 면허, 허가증 동 면허를 내주다

The man's driver's licence was suspended because of his drunk driving.
음주 운전 때문에 남자의 운전면허가 정지되었다.

1855	· an **approximate** amount	대략의 양
1856	· **betray** a trust	신뢰를 저버리다
1857	· **equip** oneself for a journey	여행 차림을 하다
1858	· **financial** difficulties	재정난
1859	· **shrink** from responsibility	책임을 회피하다
1860	· a high **credit** rating	높은 신용 등급

☐ approximate
[əpráksəmèit]

동 가까워지다, 접근시키다 형 대략의, 가까운

His novel approximated to the truth.
그의 소설은 진실에 가까웠다.

☐ betray
[bitréi]

동 팔다, 배반하다, 누설하다

He betrayed his country.
그는 그의 조국을 배신했다.

☐ equip
[ikwíp]

동 갖추어 주다, 장비하다, 채비를 하다, 갖추게 하다

Ability has equipped him to deal with the task.
그에게는 그 일을 처리해낼 만한 능력이 있다.

☐ financial
[finǽnʃəl, fai-]

형 재정(상)의, 재무의

In spite of financial problem, he persisted in his opinion.
재정 문제에도 불구하고, 그는 자신의 의견을 고집했다.

☐ shrink
[ʃríŋk]

동 오그라들다, 줄다, 피하다

All wood tends to shrink.
모든 목재는 수축하는 경향이 있다.

☐ credit
[krédit]

명 신뢰, 신용, 대출금, 예금, 명예

I will pay the bill by credit card.
제가 신용카드로 계산할게요.

1861	· **assign** a limit	한계를 정하다
1862	· the **business** section	상업 지구
1863	· **compete** for first prize	1위를 다투다
1864	· a man of **fortune**	재산가
1865	· **awkward** instruments	사용하기에 불편한 기구
1866	· **discuss** a subject openly	어떤 주제를 공개적으로 토론하다

□ assign
[əsáin]

[동] 할당하다, 임명하다

They've assigned their best man to the starting time.
그들은 최고의 인물을 시작 시간에 배치했다.

□ business
[bíznis]

[명] 사무, 직업, 상업

This business engrosses my whole time and money.
이 일에 나는 시간과 돈을 모조리 쏟고 있다.

□ compete
[kəmpíːt]

[동] 경쟁하다

There is no room for cooperation between the two competing firms.
두 경쟁 회사가 협력할 여지가 없다.

□ fortune
[fɔ́ːrtʃən]

[명] 부, 재산, 운

Bless you, and may good fortune come to you and your family.
신의 축복이 있기를, 그리고 행운이 당신과 당신의 가족에게 있기를.

□ awkward
[ɔ́ːkwərd]

[형] 곤란한, 어색한, 서투른

The actor had to fend off some awkward questions from reporters.
그 영화배우는 기자들의 일부 거북한 질문들을 받아넘겨야 했다.

□ discuss
[diskʌ́s]

[동] 논의하다, 토론하다

The notebook contains all the ideas being discussed at that time.
이 공책에는 당시 토의된 모든 아이디어가 포함되어 있다.

1867	· **impress** the audience	청중에게 **감명을 주다**
1868	· a hot water **faucet**	뜨거운 물의 **수도꼭지**
1869	· **multiply** five by ten	5에 10을 **곱하다**
1870	· a **chemist**'s shop	약국
1871	· fall **apart**	산산이 흩어지다
1872	· **examine** a car for defects	차에 결함이 없는지 조사하다

☐ **impress**
[imprés]

동 (~에게) 인상을 주다, 감동시키다

The anthology of her poetry impressed me.
그녀의 시의 작품집은 내게 깊은 인상을 주었다.

☐ **faucet**
[fɔ́:sit]

명 (수도·통의) 물꼭지, 물주둥이

Rinse the pasta with cold water under the faucet.
물꼭지 아래에서 차가운 물로 파스타를 씻으세요.

☐ **multiply**
[mʌ́ltəplài]

동 증가시키다, 곱하다, 늘다

Our problems have multiplied since last month.
지난 달 이후 우리의 문제가 증가했다.

☐ **chemist**
[kémist]

명 화학자, 약사

The chemist made a mistake when making up the prescription.
그 약제사가 처방대로 조제하면서 실수를 했다.

☐ **apart**
[əpá:rt]

부 산산이, 떨어져

The houses were spaced out three or four miles apart.
집들은 3, 4마일의 간격으로 떨어져 있다.

☐ **examine**
[igzǽmin]

동 검사하다, 진찰하다, 시험하다

I would seriously examine my statements, if I were you.
내가 너라면 나는 나의 성명서들을 심각하게 검사할 것이다.

1873	· a **horrible** crime	무시무시한 범죄
1874	· at an **interval** of three years	3년의 간격을 두고
1875	· **attract** attention	관심을 끌다
1876	· **investigate** complaints	불만을 조사하다
1877	· **dairy** products	낙농 제품
1878	· a **charity** auction	자선 경매

☐ **horrible**
[hɔ́:rəbl, hár-]

형 무서운, 소름 끼치도록 싫은

My scalp began to prickle as I saw the horrible sight.
그 끔찍한 광경을 보았을 때 나는 모골이 송연했다.

☐ **interval**
[íntərvəl]

명 간격, 틈, 휴식 시간

When the interval came, everyone in the classroom went out.
중간 휴식 시간이 되자, 교실 안에 있는 모든 사람이 나갔다.

☐ **attract**
[ətrǽkt]

동 끌다, 유인하다

His ability to attract a big pool of skilled labor is the best in the industry.
많은 숙련 노동자를 이끄는 그의 능력은 업계에서 최고이다.

☐ **investigate**
[invéstəgèit]

동 조사하다, 수사하다

The government set up a commission to investigate the movement of population.
정부는 인구 동태를 조사하는 위원회를 구성했다.

☐ **dairy**
[déəri]

형 우유의, 유제품의 명 착유장, 우유버터 판매점

I have an allergic reaction to dairy products.
나는 유제품에 대해 알레르기 반응을 나타낸다.

☐ **charity**
[tʃǽrəti]

명 자애, 자비, 자선

He donated two million won to a charity.
그는 자선사업에 2백만 원을 기부했다.

1879	· **liquid** soap	액체 비누
1880	· a **master** of deceit	속임수의 대가
1881	· **correspond** with a friend	친구와 편지를 주고 받다
1882	· a **deliberate** choice	신중한 선택
1883	· **beat** a person on the head	남의 머리를 때리다
1884	· strike one's **fist** on the table	주먹으로 탁자를 치다

☐ liquid
[líkwid]

형 액체의 명 액체

A proper liquid cooling system would have been far more efficient.
적당한 액체의 냉각 시스템은 훨씬 더 효율적일 것이다.

☐ master
[mǽstər, mɑ́:stər]

동 지배하다, 통달하다 명 주인, 선생

She has mastered the technique of wood engraving.
그녀는 나무를 조각하는 기술에 통달했다.

☐ correspond
[kɔ̀:rəspánd, kàr-]

동 일치하다, 상당하다, 교신하다

The written record of the conversation doesn't always correspond to what was actually said.
대화를 글로 옮긴 기록이 항상 실제 말로 한 내용과 일치하지는 않는다.

☐ deliberate
[dilíbərət]

형 신중한, 고의의

Time wasting can be used as a deliberate tactic to win a game.
시간을 보내는 것은 경기에 이기기 위한 고의적인 책략으로 이용될 수 있다.

☐ beat
[bí:t]

동 치다, 퉁퉁 두드리다, 뛰다, 패배시키다

If you beat somebody up, no matter what the reason, it is against the law.
만약에 당신이 누군가를 때린다면, 이유를 막론하고, 법에 어긋나는 것이다.

☐ fist
[físt]

명 주먹

Obviously they didn't hold them tight in their fist.
분명히 그들은 그것들을 주먹 안에 세게 쥐지 않았다.

1885 · **cheer** on the participants 참가자를 응원하다
1886 · his **disappointed** face 그의 실망한 얼굴
1887 · popular **superstition** 민간의 미신
1888 · **decide** buying a car 차를 구입하기로 결정하다
1889 · **complete** the whole course 전 과정을 마치다
1890 · heavy **mist** 짙은 안개

□ **cheer**
[tʃiər]

[동] 갈채하다, 기운을 북돋우다, 환성을 지르다 [명] 환호, 갈채

Some plants would really cheer up the room.
화초가 좀 있으면 방 분위기가 밝아질 것이다.

□ **disappointed**
[dìsəpɔ́intid]

[형] 실망한, 기대가 어긋난

He was disappointed to see she wasn't at the party.
그는 그녀가 파티에 없다는 것을 보고 실망했다.

□ **superstition**
[sù:pərstíʃən]

[명] 미신

According to superstition, breaking a mirror brings bad luck.
미신에 따르면, 거울이 깨지면 재수가 없다고 한다.

□ **decide**
[disáid]

[동] 결심하다, 결정하다, 해결하다

The publisher decided to print thirty thousand copies of the pocket book.
출판사는 그 포켓북을 3만부 인쇄하기로 결정했다.

□ **complete**
[kəmplí:t]

[형] 전부의, 완전한 [동] 완료하다

He enjoyed complete freedom to do as he wanted.
그는 자기가 원하는 대로 하는 완전한 자유를 누렸다.

□ **mist**
[mist]

[명] 안개

The sun burned off the clouds of low mist in the air.
태양이 공기 중의 자욱한 안개 무더기들을 증발시켜 없앴다.

1891 · a **quarrel** over an inheritance 유산 싸움
1892 · **disturb** a person in his work 남의 일을 방해하다
1893 · **opponents** of the proposal 그 계획의 반대자들
1894 · an amateur **astronomer** 아마추어 천문학자
1895 · **contribute** to charities 자선 단체에 기부하다
1896 · a bad **harvest** 흉작

□ quarrel
[kwɔ́:rəl, kwɑ́r-]

[명] 말다툼, 싸움 [동] 싸우다

A husband and his wife had a bitter quarrel on the day of their 40th wedding anniversary.
남편과 그의 아내는 40주년 결혼기념일에 심하게 다투었다.

□ disturb
[distə́:rb]

[동] 방해하다, 어지럽히다

Do not use strong perfumes that might disturb others.
다른 사람들을 방해할 정도의 강한 향수는 사용하지 마세요.

□ opponent
[əpóunənt]

[명] 상대, 적수 [형] 적대하는, 반대하는

Good chess players can guess their opponents thoughts.
뛰어난 체스 선수들은 상대편의 생각을 짐작할 수 있다.

□ astronomer
[əstrɑ́nəmər]

[명] 천문학자

Astronomers discovered one of the most distant galactic systems.
천문학자들은 가장 멀리 떨어진 은하계 중 하나를 발견했다.

□ contribute
[kəntríbju:t]

[동] 기부하다, 기여하다, 공헌하다

They contributed substantially to our present success.
그들이 현재 우리의 성공에 지대한 공헌을 했다.

□ harvest
[hɑ́:rvist]

[동] 수확하다 [명] 수확, 수확기

When farmers grow and harvest crops, they remove some of these nutrients from the soil.
농부들이 작물들을 기르고 수확할 때, 그것들은 땅으로부터 이러한 여러 가지 영양분들을 없앤다.

1897	· a **casual** remark	<u>무심코</u> 한 말
1898	· **destroy** nature	자연을 <u>파괴하다</u>
1899	· **institute** a suit	<u>소송을 제기하다</u>
1900	· **nuclear** division	<u>핵</u>분열
1901	· crushed **garlic**	다진 <u>마늘</u>
1902	· the **height** of Mt. Halla	한라산의 <u>높이</u>

☐ **casual**
[kǽʒuəl]

⟨혱⟩ 우연의, 무심결의, 평상복의 ⟨몡⟩ 평상복

We went out for a walk in casual wear.
우리들은 간편한 차림으로 산책을 나갔다.

☐ **destroy**
[distrɔ́i]

⟨동⟩ 파괴하다, 멸하다, 죽이다

The house was destroyed by a typhoon six months ago.
그 집은 6개월 전에 태풍으로 부서졌다.

☐ **institute**
[ínstətjùːt]

⟨몡⟩ 협회 ⟨동⟩ 세우다, 설립하다, (소송을) 시작하다

They plan to establish a fashion institute.
그들은 패션 협회를 설립할 계획이다.

☐ **nuclear**
[njúːkliər]

⟨혱⟩ 핵의, 원자핵의

It is terrible even to think of the horrors of nuclear war.
핵전쟁의 공포는 생각만 해도 무섭다.

☐ **garlic**
[gáːrlik]

⟨몡⟩ 마늘

His breath smells of garlic.
그의 입김에서 마늘 냄새가 난다.

☐ **height**
[hait]

⟨몡⟩ 높음, 높이, 신장

Adjust the height of your chair then you will feel comfortable.
당신의 의자 높이를 조절하면, 편안하게 느낄 것입니다.

1903 · a **lump** of clay — 진흙 덩이
1904 · a **breath** of sea air — 바다 공기를 들이마심
1905 · money secreted in a **drawer** — 서랍에 숨겨진 돈
1906 · **cooperate** with him in the work — 그 일을 그와 협력하다
1907 · a **horrific** crash — 무시무시한 사고
1908 · a **depressed** market — 침체된 시황

□ **lump** [lʌ́mp]

[명] 덩어리

There were lumps in the soup.
수프 속에 덩어리들이 있었다.

□ **breath** [bréθ]

[명] 숨, 호흡

If you take a deep breath, you can stay under water for more than a minute.
숨을 크게 들이마시면, 물 속에서 1분 이상 견딜 수 있다.

□ **drawer** [drɔ́:ər]

[명] 서랍

The drawers slide in and out easily.
서랍은 매끄럽게 여닫힌다.

□ **cooperate** [kouάpərèit / -ɔ́p-]

[동] 협력하다, 협동하다

Everyone cooperated with the police to find an eyewitness.
목격자를 찾기 위해 모든 사람들이 경찰에 협력했다.

□ **horrific** [hɔ:rífik, hαr-]

[형] 무서운, 소름끼치는

He said that it was one of the most horrific moments in his life.
그는 그것이 그의 인생에서 가장 끔찍한 순간이었다고 말했다.

□ **depressed** [diprést]

[형] 의기소침한, 내려앉은

If you start to become depressed, try going out for a movie or doing something fun.
당신이 우울해지기 시작하면, 나가서 영화를 보거나 재미있는 무언가를 하려고 해 보세요.

1909	· **glue** two boards together	판자 두 개를 접착제로 붙이다
1910	· **offend** one's mind	마음에 상처를 주다
1911	· house **lots**	주택 용지
1912	· in **debt**	빚을 지고
1913	· **encourage** exports	수출을 장려하다
1914	· the **battle** of life	생존 투쟁

☐ **glue**
[gluː]

명 아교 동 아교로 붙이다

Hot glue can burn the skin, so be careful.
뜨거운 접착제는 화상을 입을 수 있으므로, 주의하세요.

☐ **offend**
[əfénd]

동 성나게 하다, 죄를 범하다

The way foreigners dress sometimes offends local standards of propriety.
외국인들이 옷을 입는 방식이 때로는 지역의 예의 수준에 어긋날 때가 있다.

☐ **lot**
[lát, lɔ́t]

명 제비, 몫, 운, 한 벌, 부지

The front parking lot was also expanded.
앞쪽 주차장도 또한 넓혔다.

☐ **debt**
[dét]

명 빚

Make him believe you have a lot of credit card debt.
당신에게 신용카드 빚이 많다는 것을 믿도록 하라.

☐ **encourage**
[inkə́ːridʒ, -kʌ́r-]

동 용기를 북돋우다, 장려하다

Many people believe that private education encourages fierce competition.
많은 사람들이 사교육이 치열한 경쟁을 조장한다고 믿는다.

☐ **battle**
[bǽtl]

명 전투, 투쟁 동 싸우다

The enemy soldiers were defeated in a decisive battle.
적군은 결정적인 전투에서 패배했다.

1915	· an arrival **platform**	도착 플랫폼
1916	· a **harsh** master	무자비한 주인
1917	· take **dictation**	받아쓰다
1918	· the **charm** of life	인생의 즐거움
1919	· a sense of **identity**	일체감
1920	· **hose** down the car	호스로 물을 뿌려 차를 씻다

☐ platform
[plǽtfɔ̀:rm]

(명) 대, 플랫폼

He picked up his suitcase and hurried along the platform.
그 여행 가방을 집어 들고 서둘러 플랫폼을 걸어갔다.

☐ harsh
[hɑ́:rʃ]

(형) 거친, 가혹한

The chemicals in these products are quite harsh and can harm your skin.
이 제품들의 화학 물질들은 꽤 강해서 당신 피부를 상하게 할 수 있다.

☐ dictation
[diktéiʃən]

(명) 구술, 받아쓰기

Dictation is an excellent way to improve your listening and spelling skills.
받아쓰기는 당신의 듣기와 쓰는 실력을 향상시키는 가장 좋은 방법이다.

☐ charm
[tʃɑ́:rm]

(동) 매혹하다 (명) 매력, 마력

He was charmed with her appearance.
그는 그녀의 외모에 매료되었다.

☐ identity
[aidéntəti, id-]

(명) 동일함, 일체감, 본인임, 신분

You must confirm your identity showing an identification card.
당신 신분증을 보이며 본인 확인을 받아야 한다.

☐ hose
[hóuz]

(명) 호스, 긴 양말 (동) 호스로 물을 뿌리다

She is watering flowers with a hose.
그녀는 호스로 꽃에 물을 주고 있다.

1921	· a **bill** for $10	10달러짜리 고지서
1922	· an **insect** bite	곤충에 물린 상처
1923	· a giant **cabbage**	거대한 양배추
1924	· an **avenue** of trees	가로수
1925	· the **departure** lounge	출국 라운지
1926	· an **insane** hospital	정신 병원

☐ **bill**
[bíl]

명 계산서, 청구서, 지폐, 법안

We're supposed to pay the bill by Friday.
우리는 금요일까지 그 고지서를 지불해야 한다.

☐ **insect**
[ínsekt]

명 곤충, 벌레

Moonlight has connection with the activities on insects at night.
달빛은 곤충의 야간 활동과 관계가 있다.

☐ **cabbage**
[kǽbidʒ]

명 양배추

Best buys of the week are cabbages, which are of good quality and cheap.
금주의 최고 쇼핑 품목은 양배추입니다. 질도 좋고, 값도 쌉니다.

☐ **avenue**
[ǽvənjùː]

명 큰 가로, 대로, 수단, 길

Many people joined the Easter parade on Fifth Avenue.
많은 사람들이 5번가의 부활절 행렬에 참가했다.

☐ **departure**
[dipáːrtʃər]

명 출발, 이탈

As luck would have it, I arrived in England just on the day of her departure.
다행히, 그녀가 출발하는 바로 그날 나는 영국에 도착했다.

☐ **insane**
[inséin]

형 제정신이 아닌

It's enough to make you go insane.
그것은 너를 미치게 하는 데 충분하다.

1927	· **blind** to danger	위험을 알아차리지 못하는
1928	· be **fond** of reading	독서를 좋아하다
1929	· a **lorry** driver	트럭 운전사
1930	· **bless** one's child	자식의 행복을 빌다
1931	· a Walt Disney **cartoon**	월트 디즈니 만화
1932	· a **clown** costume	광대 의상

□ **blind**
[bláind]

형 눈 먼, 구별 못하는 동 눈멀게 하다

This is a dog trained to help blind people.
이것은 맹인을 돕도록 훈련된 개다.

□ **fond**
[fánd, fɔ́nd]

형 좋아하는, 정다운, 다정한

I have very fond memories of my 20s.
나는 나의 이십대에 대해 매우 애정 어린 기억을 갖고 있다.

□ **lorry**
[lɔ́(ː)ri, lári]

명 화물 자동차

Lorries may only park in front of the building when loading or unloading.
트럭들은 짐을 싣거나 내릴 경우에 건물 앞에 주차할 수 있습니다.

□ **bless**
[blés]

동 축복하다, 은혜를 베풀다

I am blessed with good health.
나는 건강의 축복을 누리고 있다.

□ **cartoon**
[kɑːrtúːn]

명 만화

This character did not appear in the cartoon series.
이 캐릭터는 만화 시리즈에는 등장하지 않았다.

□ **clown**
[kláun]

명 어릿광대 동 어릿광대짓을 하다

The children couldn't stop giggling at the clown's funny costume.
광대의 우스꽝스러운 복장에 아이들은 킥킥거림을 멈추지 못했다.

1933	· **primary** causes	<u>첫째</u> 이유	
1934	· have **cash**	<u>현금</u>을 갖고 있다	
1935	· deflate a **bubble**	<u>거품</u>을 걷어내다	
1936	· a **clinic** for the homeless	노숙자를 위한 <u>진료소</u>	
1937	· the **heel** of a train	열차의 <u>뒷부분</u>	
1938	· a **damp** day	<u>습기찬</u> 날	

□ **primary**
[práimèri, -məri]

휑 첫째의, 초기의

The experiment is still in its primary stage.
그 실험은 아직은 초기 단계에 있다.

□ **cash**
[kǽʃ]

명 현금 통 현금으로 바꾸다

We give a 10% discount for cash.
현금 지불 시에는 10%를 할인해 드립니다.

□ **bubble**
[bʌ́bl]

명 거품 통 거품이 일다

Champagne is full of bubbles.
샴페인에는 거품이 많다.

□ **clinic**
[klínik]

명 진료소

The clinic is operated by registered nurses and one doctor.
그 진료소는 공인된 간호사들과 한 명의 의사에 의해 운영된다.

□ **heel**
[hí:l]

명 뒤꿈치, 뒤꿈치 모양의 것

These new shoes have given me blisters on my heels.
이 새 신발 때문에 발뒤꿈치에 물집이 생겼다.

□ **damp**
[dǽmp]

휑 축축한 명 습기 통 축축하게 하다

After the stain is removed, wipe the area with the clean damp cloth and allow to dry.
얼룩이 제거된 후에, 그 부분을 깨끗하고 물기 있는 천으로 닦고 말리세요.

1939	· **belong** to an organization	조직에 <u>소속되다</u>
1940	· the travel **bug**	여행 <u>벌레</u>
1941	· a **dozen** apples	<u>12개의</u> 사과
1942	· an **informal** visit	<u>비공식</u> 방문
1943	· **lick** the plate clean	접시를 깨끗하게 <u>핥다</u>
1944	· claim **damages**	<u>손해</u> 배상을 요구하다

☐ **belong**
[bilɔ́(:)ŋ, -láŋ]

(동) 속하다, 소속하다

My brother belongs to the golf club.
나의 형은 골프 클럽 회원이다.

☐ **bug**
[bʌ́g]

(명) 곤충, 세균, 병, 오류

I noticed tiny bugs that were all over the desk.
나는 작은 벌레들이 책상 위를 뒤덮고 있는 것을 알아차렸다.

☐ **dozen**
[dʌ́zn]

(명) 1다스 (형) 1다스의

Every year in Russia gas explosions in homes kill
dozens of people.
매년 러시아에서는 가정 내 가스 폭발로 수십 명이 죽는다.

☐ **informal**
[infɔ́:rməl]

(형) 형식을 따지지 않는, 비공식의

The novel suddenly switches from a formal to an
informal register.
그 소설은 갑자기 정중한 어투에서 구어체 어투로 바뀌고 있다.

☐ **lick**
[lík]

(동) 핥다

The cat licked up the milk from the dish.
고양이는 접시의 우유를 깨끗이 핥아 먹었다.

☐ **damage**
[dǽmidʒ]

(명) 손해 (동) 손해를 입히다

The city was under cloud and the damage was not
severe.
그 도시는 구름 아래에 있었고, 피해는 심각하지 않았다.

1945	· **sincere** sympathy	**진심으로의** 동정
1946	· under **negotiation**	**교섭** 중
1947	· the **probable** results	**예상되는** 결과
1948	· **intend** to go	갈 **작정이다**
1949	· an **ambassador** extraordinary	**특명 대사**
1950	· an elemental **concept**	**근본적인** 개념

☐ sincere
[sinsíər]

휑 성실한, 참된

Please accept our sincere condolences on your mother's death.
당신 어머니의 죽음에 진심어린 애도를 표합니다.

☐ negotiation
[nigòuʃiéiʃən]

몡 교섭, 협상

The both sides in the negotiations are still miles apart.
협상에 참여하는 그 양측 간의 간격이 아직 상당히 동떨어져 있다.

☐ probable
[prábəbl, prɔ́b-]

휑 있음직한, 거의 확실한

It is possible but not probable that he will go there.
그가 그곳에 갈 가능성이 없지는 않지만 있음직하지 않다.

☐ intend
[inténd]

뙹 (~할) 작정이다, 의도하다

You seem to be reading the opposite of what I intended to write.
당신은 내가 글을 쓰며 의도했던 것과는 정반대로 읽는 것 같다.

☐ ambassador
[æmbǽsədər]

몡 대사, 사절, 특사, 대표

The conference was dignified by the presence of the ambassador.
그 회의는 대사의 참석으로 더 위엄을 갖췄다.

☐ concept
[kánsept, kɔ́n-]

몡 개념, 구상

So how does the little girl get the concept of a human being?
그래서 어떻게 그 어린 소녀가 인간이라는 개념을 알게 되었나요?

1951	· **protest** low wages	저임금에 <u>항의하다</u>
1952	· in **recess**	<u>휴회</u> 중에
1953	· **convert** a barn into a garage	헛간을 차고로 <u>개조하다</u>
1954	· directly **opposite** the station	역의 바로 <u>맞은편에</u>
1955	· a scented **candle**	<u>양초</u>
1956	· muslim **pilgrims**	이슬람교 <u>순례자들</u>

☐ protest
[prətést, próutest]

동 항의하다, 주장하다 명 항의

By not protesting you are overlooking the destruction of the environment.
당신은 항의하지 않음으로써 환경 파괴를 묵인하고 있다.

☐ recess
[rí:ses, risés]

명 쉼, 휴식, 휴게

What time will we have recess?
몇 시에 휴식시간을 갖죠?

☐ convert
[kənvə́:rt]

동 변하게 하다, 전환하다, 개종시키다

The room was converted from a storehouse to a lavatory.
그 공간은 창고에서 화장실로 개조되었다.

☐ opposite
[ápəzit, -sit]

형 반대편의, 정반대의 명 정반대의 일 전 건너편에

The dog ran away in the opposite direction.
그 개는 반대 방향으로 도망쳐 버렸다.

☐ candle
[kǽndl]

명 양초

Somebody opened the window and the candle blew out.
누군가가 창문을 열자 바람에 촛불이 꺼져 버렸다.

☐ pilgrim
[pílgrim, -grəm]

명 순례자

He is one of thousands of muslim pilgrims on their way to Mecca.
그는 메카로 가는 수천의 이슬람교 순례자들 중에 하나이다.

1957 · **creep** up the wall 벽을 기어오르다
1958 · **indoor** games 실내 경기
1959 · a homing **pigeon** 제 집으로 돌아오는 비둘기
1960 · the darkened **hallway** 어두워진 복도
1961 · without **bias** 편견 없이
1962 · an orange **grove** 밀감 밭

□ creep
[kri:p]

[동] 기다, 살금살금 걷다 [명] 너무 싫은 사람

The cat crept silently towards the mouse.
고양이가 소리 안 나게 쥐를 향해 살금살금 다가갔다.

□ indoor
[índɔ̀:r]

[형] 실내의

It is an indoor amusement park located on the north side of the mall.
그 상점가의 북쪽에는 실내 놀이 공원이 위치해 있다.

□ pigeon
[pídʒən]

[명] 비둘기

If the pigeon can fly perfectly, let him go into the wild.
비둘기가 완벽하게 날 수 있다면, 야생으로 가도록 두세요.

□ hallway
[hɔ́:lwèi]

[명] 현관, 복도

She follows the rabbit into a large hallway with a tiny door at the opposite end.
그녀는 반대쪽 끝에 작은 문이 있는 커다란 복도로 토끼를 따라간다.

□ bias
[báiəs]

[동] (~에게) 편견을 품게 하다 [명] 선입견, 편견

The rumors have biased people against her.
소문이 사람들로 하여금 그녀에 대해 편견을 갖게 했다.

□ grove
[grouv]

[명] 작은 숲, 과수원

This road branches off to an olive grove.
이 길은 갈라져서 올리브 숲으로 통한다.

1963 · a grateful **pupil** 고마워하는 학생
1964 · **peer** out from behind the curtains 커튼 뒤에서 내다보다
1965 · a great **compliment** 대단한 찬사
1966 · a **cape** shooting out into the sea 바다로 돌출한 곶
1967 · have a **haughty** air 불손한 태도를 취하다
1968 · run a country **inn** 시골 작은 여관을 경영하다

☐ **pupil** [pjúːpəl]

[명] 학생, 제자, 눈동자, 동공

The school has about 3,000 pupils.
그 학교에는 약 3,000명의 학생들이 있다.

☐ **peer** [píər]

[명] 동등한 사람, 동배, 귀족 [동] 자세히 들여다보다

Peer pressure is strong among young people.
젊은 사람들 사이에서는 또래 압력이 강하다.

☐ **compliment** [kámpləmənt]

[동] 경의를 표하다, 칭찬하다, 인사하다 [명] 찬사, 칭찬의 말

Try to compliment him for the things he does do, even if they are very tiny.
그가 한 일들이 매우 작더라도 그를 칭찬하도록 노력하세요.

☐ **cape** [kéip]

[명] 곶

The cape pushes out into the sea.
곶이 바다로 돌출해 있다.

☐ **haughty** [hɔ́ːti]

[형] 오만한, 거만한

Her personality, at times easygoing, defensive and haughty, irritated many people.
그녀의 성격은 때로는 천하태평이고, 방어적이면서 오만하여 많은 사람들을 화나게 했다.

☐ **inn** [ín]

[명] 여인숙

The primary destination was an inn.
첫 도착지는 여관이었다.

1969	· **disappear** from sight	시야에서 사라지다
1970	· a national **anthem**	국가
1971	· a **puff** of the wind	한 번 휙 부는 바람
1972	· a **token** of thanks	감사의 표시
1973	· a **relevant** document	관련 서류
1974	· the **blaze** of noon	대낮의 강렬한 빛

□ **disappear**
[dìsəpíər]

동 사라지다, 없어지다

The art of letter-writing is fast disappearing.
편지를 쓰는 기술이 빠르게 사라지고 있다.

□ **anthem**
[ǽnθəm]

명 성가, 찬송가

Before the national anthem, all the lights in the gym are turned off.
국가가 울리기 전에, 체육관의 모든 조명들은 꺼졌다.

□ **puff**
[pʌ́f]

동 뻐끔뻐끔 피우다, 헐떡거리다 명 한 번 불기

I'm quite puffed out after climbing the hill.
그 언덕을 올라오고 나니 숨이 상당히 차다.

□ **token**
[tóukən]

명 표, 기념품, 토큰

Please accept this small gift as a token of my apology.
사과의 표시로 이 작은 선물을 받아주세요.

□ **relevant**
[rélǝvənt]

형 관련된, 적절한

Do you think he has got expertise in your relevant fields?
그가 당신의 관련 분야에 전문 지식을 갖고 있다고 생각합니까?

□ **blaze**
[bléiz]

동 타오르다 명 불꽃, 섬광, 광휘, 격발

When the firemen arrived, the whole house was blazing.
소방관들이 도착했을 때, 집 전체가 활활 타고 있었다.

1975 · an **irrational** animal 이성이 없는 동물
1976 · wrap up a **parcel** 소포를 싸다
1977 · a near **relative** 가까운 친척
1978 · an apple **orchard** 사과 과수원
1979 · a wide **circulation** 많은 발행 부수
1980 · a **reliable** friend 믿을 수 있는 친구

□ irrational
[iræ'ʃənl]

[형] 이성을 잃은, 불합리한

She has an irrational dread of developing cancer.
그녀는 터무니없는 암 공포증이 있다.

□ parcel
[pá:rsəl]

[명] 꾸러미, 소포

I will give you a hand with these parcels.
제가 짐을 꾸리는 것을 도와드릴게요.

□ relative
[rélətiv]

[명] 친척 [형] 비교적인, 상대적인

They set up a special hot line for those who fear their relatives were in the area.
그들은 친척들이 그 지역에 있을까봐 걱정하는 사람들을 위해 긴급 직통 전화를 개설했다.

□ orchard
[ɔ́:rtʃərd]

[명] 과수원, 과수

I don't ask you pick grapes in a pear orchard.
나는 당신에게 배 과수원에서 포도를 따달라고 요구하지 않는다.

□ circulation
[sə̀:rkjəléiʃən]

[명] 순환, 유통, 발행 부수

This newspaper has a circulation of one hundred thousand.
이 신문은 발행 부수가 10만 부이다.

□ reliable
[riláiəbl]

[형] 믿을 수 있는

Thank you for years of reliable delivery of a first-rate newspaper. [11 수능]
최고의 신문을 수년간 믿을 수 있게 배달해 주신 점에 대해 감사드립니다.

1981	· **satisfactory** results	<u>만족스런</u> 결과
1982	· behind **enemy** lines	<u>적</u>의 전선 뒤에서
1983	· **request** formal approval	공식적인 승인을 <u>요청하다</u>
1984	· a **significant** day	<u>중요한</u> 날
1985	· **reveal** a secret	비밀을 <u>폭로하다</u>
1986	· the world of **spirit**	<u>정신</u> 세계

☐ **satisfactory**
[sæ̀tisfǽktəri]

형 만족스러운

It was a satisfactory response to me.
그것은 나에게 만족스러운 반응이었다.

☐ **enemy**
[énəmi]

명 적

The enemy was superior in numbers.
적이 수적으로 우세했다.

☐ **request**
[rikwést]

동 청하다 명 부탁

I gave my cellphone number as requested.
나는 요청받은 대로 휴대폰 전화번호를 주었다.

☐ **significant**
[signífikənt]

형 중요한, 의미있는

Their change of places is strange but I don't think it's significant.
그들의 장소 변경이 이상하긴 하지만 중요한 것은 아니라고 본다.

☐ **reveal**
[riví:l]

동 드러내다, 폭로하다

The investigation revealed no damage.
그 조사는 아무런 손해를 들추어내지 못했다.

☐ **spirit**
[spírit]

형 정신, 영혼

There's not much civil spirit around here.
여기에서는 시민 정신을 찾기 어렵다.

1987	• wholesale **trade**	도매업
1988	• **scatter** leaflets	전단을 **뿌리다**
1989	• **uphold** a policy	정책을 **지지하다**
1990	• the **stem** of ivy	담쟁이 덩굴의 **줄기**
1991	• a **vacant** look	공허한 표정
1992	• a **trash** can	쓰레기통

☐ **trade**
[treid]

> 몡무역, 상업   동장사를 하다, 교환하다

Foreign trade has enriched the nation.
대외 무역이 그 나라를 부유하게 만들었다.

☐ **scatter**
[skǽtər]

> 동흩뿌리다, 뿌리다, 뿔뿔이 흩어지다

When the weather is dry, mosses suddenly scatter their spores.
건조한 날씨일 때, 이끼는 갑자기 자신의 포자를 흩뿌린다.

☐ **uphold**
[ʌphóuld]

> 동지지하다, 받치다

I cannot uphold your theories.
나는 너의 이론을 지지할 수 없다.

☐ **stem**
[stém]

> 몡줄기, 대

Mosses have small stems and numerous leaves.
이끼는 작은 줄기들과 많은 잎을 가지고 있다.

☐ **vacant**
[véikənt]

> 혱빈, 비어있는

There are some vacant offices on the fifth floor.
5층에 빈 사무실이 몇 개 있다.

☐ **trash**
[trǽʃ]

> 몡폐물, 쓰레기

Rake up the trash on the street and burn it.
거리의 쓰레기를 긁어모아 태워라.

1993	· **coarse** sand	굵은 모래
1994	· cultivate **virtue**	덕을 닦다
1995	· a **foe** of health	건강의 적
1996	· on **urgent** business	급한 볼일로
1997	· a **vain** effort	헛된 노력
1998	· **tunnel** a hole	구멍을 파다

☐ **coarse**
[kɔ́:rs]

⟨형⟩ 조잡한, 결이 거친

His language is sometimes coarse, but his general attitude is moral.

그의 언어는 때때로 거칠지만, 그의 일반적 태도는 도덕적이다.

☐ **virtue**
[vɔ́:rtʃuː]

⟨형⟩ 덕, 미덕

He praised the virtue of modesty.

그는 겸양의 미덕을 칭찬했다.

☐ **foe**
[fóu]

⟨형⟩ 적수, 원수

He makes no friend who never made a foe.

적을 만들어 본 적이 없는 사람은 친구도 사귀지 못한다.

☐ **urgent**
[ɔ́:rdʒənt]

⟨형⟩ 긴급한, 죄어치는

There are a lot of papers to read, but the only urgent one is this contract.

읽어야 할 서류가 매우 많지만 유일하게 시급한 건은 이 계약서이다.

☐ **vain**
[véin]

⟨형⟩ 헛된, 자만심이 강한

Day after day she waited in vain for him to visit her.

매일매일 그녀는 그가 방문해 주기만을 헛되이 기다렸다.

☐ **tunnel**
[tʌ́nl]

⟨형⟩ 터널, 굴 ⟨동⟩ 터널[굴]을 파다

A tunnel under the main road connects the two buildings.

중심로 아래에 있는 터널은 두 빌딩을 연결한다.

1999	· **wicked** habits	나쁜 습관들
2000	· a right punch to the **jaw**	**턱**에 가한 오른손 펀치
2001	· **worthwhile** to visit	방문할 **가치가 있는**
2002	· a **cane** with a rubber tip	끝에 고무를 댄 **지팡이**
2003	· the **host** nation	**주최** 국가
2004	· a being intermediate between **ape** and man	**원숭이**와 인간과의 중간 생물

□ **wicked**
[wíkid]

> 휑 사악한, 심술궂은

The wicked magician cast a spell over the princess.
그 사악한 마술사가 공주에게 마술을 걸었다.

□ **jaw**
[dʒɔ́ː]

> 명 턱

The fourth tooth in the lower jaw is apparent when a crocodile's jaw is closed.
악어의 턱이 닫힐 때, 아래턱의 4번째 이빨이 눈에 보인다.

□ **worthwhile**
[wɔ́ːrθhwail]

> 휑 보람이 있는, 시간과 노력을 들일만한

The journey costed a lot of money, but seeing him again made it all worthwhile.
여행은 비용이 많이 들었지만, 그를 다시 만난다는 것이 모든 것을 보람 있게 만들었다.

□ **cane**
[kéin]

> 명 지팡이, 회초리, 줄기

Most of the slaves were sent to work in the sugar cane fields.
대부분의 노예들은 사탕수수 농장으로 일하러 보내졌다.

□ **host**
[hóust]

> 명 주인, 무리, 군

We thanked our hosts for the Christmas party.
우리는 주인에게 크리스마스 파티에 대해 감사했다.

□ **ape**
[éip]

> 명 유인원 동 흉내내다

Early man shows certain similarities with the ape.
초기 인류는 원숭이와 특정한 유사성들을 보인다.

Part 5 /
만점에
도전하는
수능 영숙어

단어 외우기 | 교육부 지정 2067 * 최다 빈출 단어 2004

001 · **allow for** a traffic jam	교통 체증을 고려하다
002 · **answer** jointly **for** a thing	공동 책임을 지다
003 · **dispose of** the rubbish	쓰레기를 처리하다
004 · **bear** a thing **in mind** all the time	한시도 잊지 않다
005 · **abound in** apples	사과가 많다
006 · **add to** one's repertoire	레퍼토리를 늘리다

☐ **allow for**   ~을 감안하다, 고려하다

The plant expansion will allow for a significant increase in production volume.
공장 확장은 생산 물량의 상당한 증가를 감안한 것이다.

☐ **answer for**   ~의 책임을 지다(=be responsible for)

Knowing her well I can certainly answer for her ability.
그녀를 잘 아는 나는 그녀의 능력을 확실히 보장할 수 있다.

☐ **dispose of**   ~을 처분하다

We called in a hazardous materials team to dispose of broken medicine bottles.
우리는 깨진 약병들을 처분하기 위해 위험물 처리반을 불렀다.

☐ **bear in mind**   ~을 명심하다, 기억해두다(=remember, keep in mind)

Bear in mind that the cameras are usually sold very quickly.
그 카메라들은 대개 매우 빨리 판매된다는 것을 기억하십시오.

☐ **abound in(with)**   ~이 풍부하다

Venice abounds in famous restaurants.
베니스에는 유명한 음식점들이 많이 있다.

☐ **add to**   ~을 증가시키다(=increase)

I have to decide if I should add something to the food or leave it as it is.
나는 그 음식에 무엇인가를 더해야 할지, 아니면 그대로 두어야 할지를 결정해야 한다.

007	· **account for** it	그것을 <u>설명하다</u>
008	· **ask for** another medical opinion	다른 의학상의 소견<u>을 구하다</u>
009	· to **add insult to injury**	<u>설상가상으로</u>
010	· I do, **as a matter of fact**	<u>사실</u> 그렇다네
011	· **at least** 2 months	<u>최소한</u> 2달
012	· **be about to** rain	<u>비가 오려고 하다</u>

☐ **account for**   ~을 설명하다, ~의 비율을 차지하다

White people account for 50% of the population of the district.
백인이 그 지역의 인구 50퍼센트를 차지한다.

☐ **ask for**   ~을 요구하다

Maybe I should just ask for another day off.
아마 저는 다른 휴가를 하루 더 요청해야겠어요.

☐ **add insult to injury**   악화시키다(=make matters worse)

I ran out of money and, to add insult to injury, my car broke down.
돈이 다 떨어졌는데, 엎친 데 덮친 격으로, 차까지 고장났다.

☐ **as a matter of fact**   사실(=in fact)

As a matter of fact, I looked it up in a book.
사실은, 나는 그것을 책에서 찾아보았다.

☐ **at least**   적어도(=not less than)

At least one in ten women suffers from postpartum depression.
최소한 여성 10명 중 1명이 산후 우울증을 겪는다.

☐ **be about to**   막 ~하려고 하다

The expert may be about to explain something new to you.
그 전문가는 당신에게 뭔가 새로운 것을 설명하려고 할지도 모른다.

013	· **be fond of** cheese	치즈를 좋아하다
014	· **be good at** mathematics	수학을 잘하다
015	· dream **come true**	꿈이 실현되다
016	· **lead to** happy results	행복한 결과에 이르다
017	· **showing off** to everyone	모든 사람에게 뽐내다
018	· **be inclined to** be curious	호기심을 갖는 경향이 있다

☐ **be fond of** ~을 좋아하다

He is fond of listening to music, particularly R&B.
그는 음악 듣는 것을 좋아하는데, 특히 R&B를 좋아한다.

☐ **be good at** ~을 잘하다

Someday you'll get to be good at it.
언젠가 너는 그것을 잘할 것이다.

☐ **come true** 실현되다(=be realized)

These predictions are 100% guaranteed to come true.
이러한 예언들은 실현될 것을 100퍼센트 보증한다.

☐ **lead to** ~에 이르다

Family breakdown can lead to personality disorder in children.
가정 파괴는 아이들의 성격 장애로 이어질 수 있다.

☐ **show off** 뽐내다(=boast of)

Tossing pizza dough isn't just a way to show off your culinary skills.
피자 도우를 던지는 것이 꼭 당신의 요리 실력을 뽐내는 방법은 아니다.

☐ **be inclined to** ~하고 싶은 기분이다(=be disposed to, feel like -ing)

I am inclined to believe whatever your explanation was.
나는 당신의 변명이 무엇이든 간에 믿고 싶은 기분이다.

019	· **in addition to** his salary	봉급 이외에도
020	· **settle down** into a routine	일상의 틀을 잡다
021	· near **at hand**	바로 부근에
022	· **In any case**, I'm not going.	어떠한 경우에도, 나는 가지 않는다.
023	· **attribute** his longevity **to** two factors	그의 장수는 두 가지 요인에 기인한다
024	· **look after** a baby	아기를 돌보다

☐ **in addition to**　~에 부가하여

She often does 100 percent of those jobs at home, in addition to her job at work.
그녀는 회사일 뿐만 아니라 모든 집안일을 다 도맡아 하는 경우가 많다.

☐ **settle down**　정착하다, 진정하다

As we get older and settle down, we realize that our home is a valuable asset.
우리는 나이가 들고, 정착함에 따라, 우리의 가정이 귀중한 자산임을 깨닫는다.

☐ **at hand**　가까운, 머지 않아

Help was close at hand.
도움은 아주 가까운 곳에 있었다.

☐ **in any case**　어쨌든(=at any rate)

There's no point complaining about the service – we'll be leaving in any case.
서비스에 대해 항의할 필요 없다. 어쨌든 우린 떠날 거니까.

☐ **attribute A to B**　A를 B 탓으로 돌리다(=ascribe A to B)

I attribute my success to intelligence.
나는 나의 성공이 지능 때문이라고 여긴다.

☐ **look after**　~를 돌보다(=take care of)

She's been a real friend, looking after me while I've been ill.
그녀는 내가 아픈 동안에 날 보살펴 준 정말 좋은 친구이다.

025	· **pay attention to** the fact	그 사실에 유의하다
026	· without **breaking one's word**	약속을 어기지 않고
027	· **give in** my report	나의 보고서를 제출하다
028	· **bring about** a cure	치유시키다
029	· **except for** essential cases	절대 필요한 경우를 제외하고
030	· **be accustomed to** bed late	늦게 자는데 익숙해져 있다

☐ **pay attention to** ~에 주의하다

Pay attention to these instructions to keep your hair looking great!
당신의 머리카락을 계속 좋아 보이게 하기 위해서 이 사항들에 주의하세요!

☐ **break one's word** 약속을 어기다

Of course no one is powerful enough to break his word.
물론 어느 누구도 그의 약속을 어길 만큼 강하지 않다.

☐ **give in** ~을 제출하다(=hand in, submit), 항복하다(=surrender)

If he hasn't decided yet, give in and tell him that maybe he is right.
그가 아직 결정하지 않았다면, 포기하고 그가 옳을지도 모른다고 그에게 말하세요.

☐ **bring about** ~를 불러일으키다(=cause to happen)

Humid weather brought about a plague of mosquitoes.
습기가 많은 날씨가 모기라는 귀찮은 존재들을 불러왔다.

☐ **except for** ~를 제외하고

It is good except for a few scratches.
약간의 스크래치를 제외하면 그것은 좋다.

☐ **be accustomed to** ~에 익숙하다(=be used to -ing)

I was accustomed to using public transportation.
나는 대중 교통을 이용하는 데 익숙해져 있다.

031	· **drop in** for a visit	잠깐 들러보다
032	· **suffer from** financial trouble	경제 위기로 고생하다
033	· **call for** help	도움을 요청하다
034	· **furnish** me with the time	나에게 시간을 주다
035	· **do without** this car	이 자동차 없이 지내다
036	· walk **on and on**	계속해서 걷다

☐ drop in   들르다(=drop by, stop by)

I always drop in his shop.

나는 언제나 그의 상점에 들른다.

☐ suffer from   ~로 고생하다

The soccer player still suffers considerable discomfort from his injury.

그 축구 선수는 아직도 부상으로 상당한 불편을 겪고 있다.

☐ call for   ~을 요구하다(=demand, require)

This ad. is to call for people to conserve energy.

이 광고는 사람들에게 에너지를 절약하도록 요구한다.

☐ furnish A with B   A에게 B를 공급하다(=supply[provide] A with B)

They furnished the refugees with food.

그들은 난민들에게 음식을 제공했다.

☐ do without   ~없이 지내다(=dispense with)

We had to do without fresh vegetables.

우리는 신선한 채소 없이 지내야 했다.

☐ on and on   계속하여

Her chat went on and on for four hours.

그녀의 잡담은 장장 네 시간이나 계속되었다.

037	· **be improving by degrees**	차차 나아지고 있는
038	· **be engaged in** farming	농업에 종사하다
039	· **make sure** you are okay	네가 괜찮은지 <u>확인하다</u>
040	· **be likely to** snow	<u>눈이 올 것 같다</u>
041	· **count on** him	그에게 <u>의지하다</u>
042	· **belong to** the union	노조에 <u>가입하다</u>

☐ **by degrees** 점차(=step by step)

The sculpture has been reassembled and restored by degrees.
그 조각품은 다시 모아져서 차차 복원되었다.

☐ **be engaged in** 참여하다, 종사하다

The museum is engaged in collecting the abundant literature relating to the subject.
그 박물관은 그 주제와 관련된 풍부한 문헌들을 모으는 데 참여하고 있다.

☐ **make sure** 확인하다, 확실히 하다(=see to)

When you go out, make sure you use an effective sunscreen.
외출할 때에는, 반드시 효과적인 자외선 차단제를 바르시오.

☐ **be likely to** ~할 것 같다

The proposed tax changes are likely to prove a distress for the government.
제안된 세금 개선안은 정부의 골칫거리가 될 것 같다.

☐ **count on** ~을 믿다, 의지하다(=rely on)

Don't count on a salary increase in the first half of next year.
내년 상반기에는 봉급 인상을 기대하지 마세요.

☐ **belong to** ~의 것이다

All three battles are fundamentally the same and belong to different periods.
세 개의 전투는 근본적으로 같고, 다른 시기에 속해 있다.

043	· **give away** nothing	아무것도 내주지 않다
044	· **fall short of** one's goal	목표에 못미치다
045	· **deprive** him **of** his livelihood	그로부터 그의 생계 수단을 박탈하다
046	· **give up** drinking	술을 끊다
047	· repent it **sooner or later**	조만간 그것을 후회하다
048	· **break into** computers	컴퓨터에 침입하다

☐ **give away**　~을 주다, 폭로하다(=disclose, reveal)

You cannot give away something that does not belong to you!
당신은 당신 소유가 아닌 어떤 것을 줄 수 없다!

☐ **fall short of**　~에 못미치다, 모자라다

The result fell short of our expectations.
그 결과는 우리의 기대에 미치지 못하였다.

☐ **deprive A of B**　A로부터 B를 빼앗다(=take away B from A)

We would hate to deprive you of your opportunity to learn.
우리는 당신에게 배울 수 있는 기회를 빼앗는 것을 유감으로 생각할 것이다.

☐ **give up**　~을 포기하다, 굴복하다

For some reason, he gave up his fantastic job.
몇몇 이유 때문에 그는 그의 환상적인 직장을 포기했다.

☐ **sooner or later**　조만간

The police will find him sooner or later.
경찰은 조만간 그를 찾을 것이다.

☐ **break into**　침입하다, 끼어들다

Burglars broke into the studio and trashed all the equipment.
도둑들이 스튜디오에 침입해서 모든 장비를 무차별로 파괴해 버렸다.

049 · **not that** I care	내가 신경쓰는 것은 아니다
050 · **a cut in** line	줄에 끼어들다[새치기하다]
051 · will see the light **before long**	머지않아 햇빛을 보다
052 · **in case of** rain	우천시에는
053 · discover it **by accident**	우연히 그것을 발견하다
054 · **break out** in a rash	두드러기가 나다

☐ **not that**   ~인 것은 아니다

The last dancer was the best − not that I'm any judge.
마지막 춤꾼이 최고였다. 비록 내가 전문가는 아니지만.

☐ **cut in**   끼어들다, 방해하다

The black car overtook me and then cut in on me.
그 검정색 차가 나를 추월하더니 끼어들었다.

☐ **before long**   곧, 머지않아(=soon)

Our guests will depart before long.
손님들이 머지않아 떠날 것이다.

☐ **in case of**   ~한 경우에(=in the event of)

In case of emergency, break the window and press the button.
비상시에는, 창문을 깨고 단추를 누르시오.

☐ **by accident**   우연히(=by chance)

Yet some people believe it just happened by accident.
하지만 몇몇 사람들은 그것이 단지 우연히 발생했다고 믿는다.

☐ **break out**   갑자기 발생하다(=occur suddenly)

There was a danger that earthquake would break out.
지진이 발생할 위험이 있었다.

055	· **far from** studying hard	열심히 공부하기는 커녕
056	· **deal with** complaints	불만을 처리하다
057	· **set up** a monument	기념물을 세우다
058	· **have done with** a person	연분을 끊다
059	· **have** nothing **in common**	공통점이 전혀 없다
060	· **take** it **for granted** that ~	~을 당연한 것으로 받아들이다

☐ **far from**   결코 ~이 아닌(=not at all)

My English is far from perfect.

나의 영어는 완벽하지 못하다.

☐ **deal with**   ~을 취급하다, 처리하다(=treat)

I just didn't want to deal with something more at the moment.

나는 그 당시 어떤 것을 더 처리하고 싶지 않았어요.

☐ **set up**   ~을 설립하다

Setting up shop here was a bit of a gamble.

이곳에 가게를 차리는 것은 약간 도박이었다.

☐ **have done with**   ~을 끝내다

Let's have done with this silly argument.

이 어리석은 논쟁을 끝냅시다.

☐ **have in common (with)**   ~와 공통점이 있다

Find out what you have in common with the other person.

당신이 다른 사람과 어떤 공통점이 있는지 알아내세요.

☐ **take for granted**   당연한 것으로 여기다

I take it for granted you've heard this song.

나는 당연히 당신이 이 노래를 들었을 거라고 생각한다.

061 · **be equal to** anything	어떤 것이든 **감당할 능력이 있다**
062 · they won't help **in the long run**	그들은 **결국** 돕지 않을 것이다
063 · **figure out** the new technology	신기술을 **파악하다**
064 · hear from him **now and then**	**가끔** 그에게서 연락이 온다
065 · **find fault with** me	내게서 **트집을 잡다**
066 · **end up** robbing banks	**결국** 은행을 털다

☐ **be equal to** ~을 감당할 능력이 있다

He is equal to any crisis situations.
그는 어떠한 위기 상황에서도 대처할 능력이 있다.

☐ **in the long run** 결국(=at last, in the end)

In the long run you can avoid looking so stupid that way.
결국 당신은 그런 식으로 정말 어리석게 보이는 것을 피할 수 있다.

☐ **figure out** 이해하다(=make out)

Can you figure out why it didn't work out before?
당신은 왜 그것이 전에 해결되지 않았는지를 이해할 수 있나요?

☐ **now and then** 때때로(=at times, time to time)

Our greed peeps out now and then.
우리의 욕심은 때때로 나타난다.

☐ **find fault with** ~을 비난하다(=criticize)

He is none of those who will find fault with other people.
그는 다른 사람의 흠을 들추어내는 사람은 아니다.

☐ **end up** 결국 ~하게 되다

Instead, they end up watching videos or sitting in front of their computers.
반면에, 그들은 결국 비디오를 보거나 컴퓨터 앞에 앉게 된다.

067	· **learn** a poem **by heart**	시를 암기하다
068	· **call off** the meeting	회의를 취소하다
069	· **burst into** a laugh	갑자기 웃음을 터뜨리다
070	· begin to **make sense**	이해되기 시작하다
071	· **hear from** him	그에게서 소식을 듣다
072	· **leave** a word **out**	말을 생략하다

☐ **learn ~ by heart** 외우다(=memorize)

It can be learned by heart in a few hours.
몇 시간이 지나면 암기될 수 있습니다.

☐ **call off** ~을 취소하다(=cancel)

The festival was called off on account of rain.
그 축제는 비 때문에 취소되었다.

☐ **burst into** 갑자기 ~하기 시작하다

The aircraft crashed and burst into flames.
그 항공기가 추락했고, 갑자기 화염에 휩싸였다.

☐ **make sense** 이치에 맞다, 말이 되다(=be sensible)

It doesn't make sense to buy such an expensive bag.
그렇게 비싼 가방을 구입하는 것은 현명하지 못하다.

☐ **hear from** ~로부터 연락을 받다

When are we supposed to hear from him?
그가 언제쯤 연락하기로 했나요?

☐ **leave out** ~을 생략하다

We tend to leave out the essential preface.
우리는 필수적인 서문을 생략하는 경향이 있다.

073	· **look for** a job	일거리를 찾다
074	· **in place of** praise	칭찬은 커녕
075	· **bring up** a child	아이를 기르다
076	· things **go from bad to worse**	사정이 악화되다
077	· **come to** one's senses	정신이 돌아오다
078	· **get used to** hard work	힘든 일에 익숙해지다

☐ **look for** ~을 찾다(=search for)

The only answer was to look for a house to let.
유일한 해결책은 전셋집을 구하는 것이었다.

☐ **in place of** ~대신에(=instead of)

Almonds can be used in place of the walnuts.
아몬드는 호두 대신 이용될 수 있다.

☐ **bring up** 기르다(=rear), 제기하다(=raise)

It was difficult for them to bring up that subject.
그들이 그 문제를 제기한 것은 어려운 일이었다.

☐ **go from bad to worse** 악화되다

I was hoping for an improvement but things have gone from bad to worse
나는 사태가 개선되기를 바랐지만 점점 더 악화되었다.

☐ **come to** 의식을 회복하다

The patient didn't come to for some time.
그 환자는 잠시 동안 의식이 돌아오지 않았다.

☐ **get used to** ~에 익숙해지다(=get accustomed to)

Maybe I'll get used to it if I ride it more frequently.
아마도 나는 그것을 좀더 자주 탄다면 익숙해질 거야.

079	· win **in the end**	**결국** 이기다
080	· **look down on** him	그를 **멸시하다**
081	· **get to** Seoul	서울**에 도착하다**
082	· **avail oneself of** a good opportunity	호기**를 이용하다**
083	· **depend on** several factors	몇 가지 요인**에 의존하다**
084	· **give rise to** a quarrel	불화**를 불러 일으키다**

☐ **in the end**   결국(=at last)

He tried various different jobs and in the end became an officer.
그는 여러 가지 다양한 직업을 해온 후 결국 공무원이 되었다.

☐ **look down on**   ~를 멸시하다

She tends to look down on people who haven't been to college.
그녀는 대학에 다니지 않은 사람들을 멸시하는 경향이 있다.

☐ **get to**   ~에 도착하다(=arrive at, reach)

The train had left when I got to the station.
내가 역에 도착했을 때, 기차는 이미 떠나버리고 없었다.

☐ **avail oneself of**   ~을 이용하다(=take advantage of)

I will avail myself of your kind invitation and attend the party.
초대해 주신 후의에 감사하며 파티에 참석하겠습니다.

☐ **depend on**   ~에 의존하다(=count on, rely on), ~에 달려있다(=be up to)

The size of your desk will depend on what its function is.
당신 책상의 크기는 그것의 용도가 무엇인지에 달려있을 것입니다.

☐ **give rise to**   ~을 불러일으키다(=cause)

The issue gave rise to much controversy.
그 문제는 많은 논쟁을 불러일으켰다.

085	· **have nothing to do with** each other	서로 관계가 없다
086	· **look forward to** seeing you	당신을 만나기를 고대하다
087	· **in search of** food	먹을 것을 찾아서
088	· **get rid of** my pain	나의 고통을 없애다
089	· **keep up with** you	당신에게 뒤쳐지지 않다
090	· **by way of** example	예로서

☐ **have nothing to do with** ~와 관계가 없다

Their problems have nothing to do with you and you can't solve them.
그들의 문제들은 당신과 관계가 없고, 당신은 그것들을 해결할 수 없다.

☐ **look forward to -ing** ~하기를 매우 고대하다

We're really looking forward to seeing you here.
우리는 귀하를 이곳에서 뵙게 되기를 진정으로 고대합니다.

☐ **in search of** ~을 찾아서

He is now in search of other movies in which to act.
그는 현재 연기할 다른 영화들을 찾고 있다.

☐ **get rid of** ~을 제거하다

Many of women always wonder how to get rid of cellulite?
많은 여성들은 어떻게 셀룰라이트를 제거하는지를 항상 궁금해 한다.

☐ **keep up with** ~에 뒤쳐지지 않다, 따라가다

If you want to look younger, keep up with the trends.
젊어 보이고 싶다면, 유행에 뒤쳐지지 말아라.

☐ **by way of** ~을 경유하여, ~으로서

We went to Phuket by way of Singapore.
우리는 싱가포르를 경유해서 푸켓으로 갔다.

091	· **look up to** you	당신을 존경하다
092	· **help yourself to** anything	뭐든지 마음껏 드세요
093	· **get hold of** the secret	그 비밀을 알게 되다
094	· **carry out** repairs	수리를 행하다
095	· **get away** with this	이것을 모면하다
096	· **make up for** lost time	낭비한 시간을 만회하다

☐ **look up to** ~를 존경하다

All his life, Tim has looked up to his brother Sam.
평생, 팀은 그의 형인 샘을 존경했다.

☐ **help oneself (to)** (~을) 마음껏 먹다

Help yourself to some more pie.
파이를 좀 더 드세요.

☐ **get hold of** ~을 붙잡다(=grasp), ~와 연락이 닿다

Do you know where I can get hold of a second-hand sofa?
제가 어디서 중고 소파를 구할 수 있는지 아세요?

☐ **carry out** ~을 달성하다, 실행하다(=accomplish, execute)

The financial difficulty hindered him from carrying out the contract.
자금난 때문에 그는 계약을 실행할 수 없었다.

☐ **get away** 도망가다, 빠져나오다(=escape, flee)

I got away, but I got injured.
빠져 나왔는데, 나는 부상당했어.

☐ **make up for** ~을 보충하다, 보상하다(=compensate for)

To make up for losses, admission has been increased to 14 dollars for adults.
손실을 보충하기 위해, 입장료가 성인의 경우 14달러로 인상되었다.

097	· **out of order** again	다시 고장 난
098	· **at the mercy of** the wind	바람 부는 대로
099	· **leave behind** many tasks	많은 과제들을 남기다
100	· **look into** the possible effects	가능한 효과들을 조사하다
101	· **get the better of** the enemy	적을 제압하다
102	· **break up** a fight	싸움을 종식시키다

☐ **out of order** 고장 난

My car is out of order.
내 차는 고장났다.

☐ **at the mercy of** ~의 마음대로 되는

Citizens were also at the mercy of their rulers.
시민들 역시 그들의 통치자에게 좌지우지 됐다.

☐ **leave behind** 앞지르다, ~을 떠나다, 뒤에 남기다

Unfortunately, the woman had to leave behind her daughters, ages four and five.
불행하게도, 그 여자는 그녀의 4살과 5살된 딸들을 두고 떠나야만 했다.

☐ **look into** ~을 조사하다

He would look into the darker aspects of human nature, such as greed.
그는 탐욕과 같은 인간 본성의 어두운 면들을 조사할 것이다.

☐ **get the better of** ~을 이기다(=defeat ↔ get the worst of)

He always gets the better of me at chess.
그는 체스에서 항상 날 이긴다.

☐ **break up** 헤어지다, (관계를) 끝내다

Their relationship broke up after two years.
그들의 관계는 2년 뒤에 끝났다.

103	• **for lack of** fuel	연료 <u>부족으로</u>
104	• **give birth to** a child	아기를 <u>낳다</u>
105	• **look over** here	이쪽을 <u>살펴보다</u>
106	• **for the sake of** argument	논의를 <u>위하여</u>
107	• **take** her **for** her sister	그녀를 그녀의 언니<u>로 오인하다</u>
108	• **long for** my hometown	고향 <u>생각이 간절하다</u>

□ **for lack of**   ~이 부족하여(=for want of)

A hundred thousand children are still dying for lack of basic medical supplies every year.

10만 명의 아이들이 매년 기본적인 의료 공급의 부족으로 여전히 죽어가고 있다.

□ **give birth to**   ~을 낳다(=produce)

Subsequently, they give birth to healthier calves.

결과적으로, 그들은 좀더 건강한 송아지들을 낳는다.

□ **look over**   ~을 훑어보다, 살펴보다(=examine)

You may look over your notes, but try not to study intensely the day before.

당신의 노트를 훑어봐도 되지만, 그 날 전에 과하게 공부하려고 하지는 마세요.

□ **for the sake of**   ~을 위해(=for one's sake)

He wants to live in the country for the sake of his health.

그는 건강을 위해 시골에서 살고 싶어 한다.

□ **take A for B**   A를 B로 잘못 보다(=mistake A for B)

He took me for a fool.

그는 나를 바보로 여겼다.

□ **long for**   ~을 간절히 바라다(=yearn for, be anxious for)

He knows what you long for, and he knows what you fear most.

그는 당신이 무엇을 간절히 바라는지와, 무엇을 가장 무서워하는지를 알고 있다.

109 · **live on** her salary	그녀의 봉급으로 <u>먹고 살다</u>
110 · **make** a material **difference**	<u>중요한 차이를 만들다</u>
111 · **go on** working	일을 <u>계속하다</u>
112 · **carry on** their walk	그들의 행군을 <u>계속하다</u>
113 · get it **for nothing**	그것을 <u>공짜로</u> 얻다
114 · **manage to** accomplish the task	<u>어떻게 해서든</u> 그 일을 <u>해내다</u>

☐ **live on**   ~을 먹고 살다, 계속 살다

She has enough to live on without anything from him.
그녀는 그에게서 아무것도 얻지 않아도 충분히 먹고 살 것을 지니고 있다.

☐ **make a difference**   중요하다, 영향이 있다(=be of importance)

They may make a difference in your life or in the life of someone you know.
그들은 당신 삶이나, 당신이 알고 있는 누군가의 삶에 영향을 줄지도 모른다.

☐ **go on**   계속하다(=continue)

Don't stop here, go on, please.
여기서 멈추지 말고 계속 해라.

☐ **carry on**   ~을 계속하다, 버티다(=continue, manage)

Carry on the conversation and let him know how much you appreciate his help.
대화를 계속하면서 그에게 당신이 얼마나 그의 도움에 감사하는지 알게 하세요.

☐ **for nothing**   헛되이(=in vain), 이유 없이(=without reason), 공짜로(=for free)

All my pains were for nothing.
나의 수고는 모두가 허사였다.

☐ **manage to**   겨우 ~하다, 용케도 ~하다

How did people manage to do anything before anything was invented?
사람들은 어떤 것이든 발명되기 전에 어떻게 무엇이든 용케 했을까?

115	**look back on** a successful career	성공적인 이력을 돌아보다
116	**get along** with her	그녀와 잘 지내다
117	**catch sight of** a car	차 한대를 발견하다
118	**go off** at five	5시에 울리다
119	**get at** the root of a thing	근원을 이해하다
120	**watch out for** cars	차를 조심하다

☐ **look back on** ~을 회상하다(=recall, recollect)

He looked back on his time in England with a sense of nostalgia.
그는 향수에 젖어서 영국에서의 그의 생활을 회상했다.

☐ **get along** 진척되다(=make progress), 살아가다, 잘해 나가다

Some toddlers don't get along with other siblings.
일부의 아장아장 걷는 아기들은 다른 형제들과 잘 지내지 못한다.

☐ **catch sight of** ~을 발견하다(↔ lose sight of)

She caught sight of Charles, and shut her eyes again.
그녀는 찰스를 보자, 다시 눈을 감았다.

☐ **go off** 폭발하다(=explode), (기계가) 울리다

They positioned the bomb to go off when the first car reached the bridge.
그들은 첫 번째 차량이 그 다리에 이르렀을 때 폭발하도록 폭탄을 장치했다.

☐ **get at** 도달하다, 이해하다, 놀리다, 괴롭히다

I hope that the children cannot get at the important documents.
중요한 서류들을 아이들의 손이 닿지 않는 곳에 두었으면 좋겠어요.

☐ **watch out (for)** ~을 조심하다

You'd better watch out for the computer virus.
컴퓨터 바이러스를 조심하는 게 좋겠습니다.

121 ・ **make the best of** talent	재능을 잘 이용하다
122 ・ **catch up with** him	그를 따라잡다
123 ・ **look out for** pickpockets	소매치기를 조심하다
124 ・ **make a fool of** me	나를 놀리다
125 ・ **feel for** them	그들을 동정하다
126 ・ **gets on well with** her colleagues	그녀의 동료와 잘 지내다

☐ **make the best of**　~을 잘 활용하다(=make the most of, use well)

The best that can be hoped is to make the best of a bad situation.
희망할 수 있는 최선은 나쁜 상황을 잘 활용하는 것이다.

☐ **catch up with**　~을 따라잡다(=overtake)

You are afraid Greg might catch up with you.
너는 그레그가 너를 따라잡을까 봐 두려워한다.

☐ **look out (for)**　~을 조심하다(=be careful, watch out)

Look out for spelling mistakes in your report.
보고서를 낼 때 반드시 철자 오류를 주의해라.

☐ **make a fool of**　~을 놀리다(=scorn, scoff)

Thank you for the opportunity to make a fool of you again, Bob.
너를 다시 놀릴 기회를 줘서 고맙군, 밥.

☐ **feel for**　~을 동정하다(=sympathize with)

He has no feeling for the sufferings of others.
그는 다른 사람들의 고통에 대해 동정심이 없다.

☐ **get on**　잘 해나가다, 사이좋게 지내다

She is getting on well with her work.
그녀는 일을 잘 해내고 있다.

127	· **keep an eye on** my baby	나의 아이를 돌보다
128	· a predisposition to **lose one's temper**	성내기 잘하는 성질
129	· **give way** to temptation	유혹에 넘어가다
130	· **up to** you	당신에게 달려있는
131	· **stand for** justice	정의를 표방하다
132	· mankind and womankind **at large**	일반 남녀

☐ **keep an eye on** ~을 감시하다, 경계하다(=watch, guard)

Are you keeping an eye on your gaining weight?
당신은 자신의 증가하는 체중에 신경을 쓰고 있습니까?

☐ **lose one's temper** 화를 내다

In addition he usually seems to lose his temper quite easily around her.
게다가 그는 보통 그녀 주위에서 쉽게 화를 내는 것처럼 보인다.

☐ **give way** 물러나다, 양보하다, 무너지다(=break down)

We must not give way to his intimidation.
우리가 그의 협박에 굴복해서는 안 돼.

☐ **up to** ~까지, ~에 달려있는, ~을 하려고 하는

It's not up to you to tell me how to do my job.
나한테 내 일을 어떻게 하라고 말하는 건 당신에게 달려있지 않다.

☐ **stand for** ~를 대표하다, 상징하다, 지지하다

The party used to stand for progress.
그 당은 진보를 표방해 왔다.

☐ **at large** 일반적으로, 잡히지 않은

The criminal is still at large.
범인은 아직 잡히지 않았다.

133	· **come across** an old friend	옛 친구를 우연히 만나다
134	· **care for** poor people	가난한 사람들을 돌보다
135	· **in spite of** the rain	비가 옴에도 불구하고
136	· be still **in effect**	아직 효력이 있다
137	· well, **first of all**	글쎄요, 무엇보다도
138	· **let go of** that man	그 사람을 보내주다

☐ **come across**   ~을 우연히 만나다(=meet by chance)

I came across his mother yesterday.
나는 어제 그의 어머니를 우연히 만났다.

☐ **care for**   ~을 좋아하다, 돌보다(=look after)

She moved back home to care for her elderly parents.
그녀는 연로한 부모님을 보살피기 위해 다시 집으로 이사했다.

☐ **in spite of**   ~에도 불구하고(=despite, for all)

In spite of all his exertions, relations between them had become strained.
그의 온갖 노력에도 불구하고, 그들의 관계는 팽팽해졌다.

☐ **in effect**   사실상, 효력이 있는

The laws have remained in effect since 1970.
그 법률들은 1970년 이후로 계속 효력이 있다.

☐ **first of all**   무엇보다도, 첫 번째로(=above all)

First of all, thanks for taking the time to respond.
우선 대답하는 데 시간을 할애해 주신 것에 감사드립니다.

☐ **let go (of)**   (~을) 풀어주다, 놓다

I thought she was hiding something but I let it go.
나는 그녀가 뭔가를 감추고 있다고 생각했지만 그냥 두었다.

139	· expect you to **do your best**	최선을 다하길 기대하다
140	· **fall into** this category	이 범주에 속하다
141	· **keep on** smiling	계속 웃다
142	· **feel like** crying	울고 싶다
143	· **take in** a magazine	잡지를 받아보다
144	· **hold on** your positions	위치를 고수하다

☐ do one's best 최선을 다하다

Do your best not to antagonize them.
그들에게 반감을 사지 않도록 최선을 다하세요.

☐ fall into ~로 나뉘다, 분류되다(=be divided into)

This book clearly falls into the category of autobiography.
이 책은 분명 자서전의 범주에 속한다.

☐ keep on (-ing) 계속해서 ~을 하다(=continue)

If you keep on trying, you might get lucky.
계속해서 노력하면, 행운이 있을 것이다.

☐ feel like (-ing) ~하고 싶다(=be inclined to, have a mind to)

What do you feel like doing this evening?
오늘 저녁에 무엇을 하고 싶으십니까?

☐ take in 투숙시키다, 받아들이다, 속이다

He took me in completely with his story.
그는 자기 이야기로 나를 완전히 속였다.

☐ hold on 고정시키다, 버티다(=resist), 고수하다

They managed to hold on until the ambulance arrived.
그들은 구급차가 도착할 때까지 버티어 냈다.

145	· **lay off** employees	직원을 해고하다
146	· go **at once**	당장 가다
147	· **hold out** for years	몇 년 동안 버티다
148	· **in the face of** difficulties	어려움에도 불구하고
149	· **take over** the company	회사를 인수하다
150	· **get over** one's prejudice	편견을 극복하다

☐ **lay off** ~을 해고하다

They will restore laid-off workers to their old jobs.
그들은 일시 해고된 노동자들을 원래의 일자리로 복귀시킬 것이다.

☐ **at once** 즉시, 동시에(=at the same time)

We can do many things simultaneously but not everything at once.
우리는 많은 일들을 동시에 할 수 있지만, 모든 일을 동시에 할 수 있는 건 아니다.

☐ **hold out** 내밀다, 지속하다, 버티다

We can stay this region for as long as our supplies hold out.
우리의 보급품이 지탱되는 동안은 우리가 이 지역에 있을 수 있다.

☐ **in the face of** ~에 직면하여, ~에도 불구하고

I've been persistent, even in the face of great difficulties.
엄청난 어려움에도 불구하고 나는 버티고 있다.

☐ **take over** ~을 떠맡다, 장악하다

When the businessman retired, his children took over the business.
그 사업가가 은퇴했을 때, 그의 자식들이 사업을 물려받았다.

☐ **get over** 회복하다(=recover from), 극복하다

It took her ages to get over her weak point.
그녀가 그녀의 약점을 극복하는 데는 오랜 세월이 걸렸다.

151	· **go through** a operation	수술을 받다
152	· **hand** something **over** the desk	책상 너머로 물건을 건네주다
153	· **at great length**	아주 상세히
154	· **keep in touch with** me	나와 연락하다
155	· **happen to** meet	우연히 만나다
156	· **be subject to** damage	손해를 보기 쉽다

☐ go through   ~을 겪다(=suffer, experience), 통과되다

Teething is a natural process that all infants go through.
젖니가 나는 것은 모든 유아들이 겪어야 하는 자연스러운 과정이다.

☐ hand over   ~을 넘겨주다(=give control of)

They were stalling on handing over the data.
그들은 그 자료를 넘겨주는 것을 지체하고 있었다.

☐ at length   드디어, 상세히

He expounded his views on politics to me at great length.
그는 정치에 대한 자신의 견해를 내게 장황하게 설명했다.

☐ keep in touch (with)   (~와) 연락을 유지하다

You should keep in touch with current events by reading the newspapers.
신문을 읽어서 시사 문제에 대해 계속 알아야 한다.

☐ happen to   우연히 ~하다, 때마침 ~하다

Realistically, this is unlikely to happen to me.
현실적으로 말해서, 이런 일이 나에게 일어날 것 같지는 않다.

☐ be subject to   ~하기 쉽다, ~의 지배를 받다

Thus you will always be subject to control by someone else.
그래서 너는 항상 다른 누군가에 의해서 지배받기 쉽다.

157	· **go ahead** with the plan	그 계획을 <u>추진하다</u>
158	· **occur to** me to ask	질문 생각이 나에게 <u>문득 떠오르다</u>
159	· **keep off** the grass	잔디 <u>출입 금지</u>
160	· **consist of** several chapters	몇 개의 장으로 <u>구성되어 있다</u>
161	· **consists in** the country	그 나라에 <u>존재한다</u>
162	· be **handed down** by tradition	구전으로 <u>전해 내려오다</u>

☐ **go ahead**   계속하다, 먼저 가다

The building of the new road will go ahead as planned.
새 도로의 건설은 계획대로 진행될 것이다.

☐ **occur to**   문득 ~이 떠오르다(=strike)

It never occurred to me that she was his wife.
그녀가 그의 부인이라고는 생각지도 못했었다.

☐ **keep off**   ~을 피하다, 쫓아내다(=avoid)

I kept off the subject of her family to spare her feelings.
나는 그녀의 감정을 다치지 않게 하기 위해서 그녀의 가족에 관한 주제는 피했다.

☐ **consist of**   ~으로 구성되다(=be made up of)

All matter ultimately consists of atoms.
모든 물질은 근본적으로 원자로 이뤄져 있다.

☐ **consist in**   ~에 놓여있다(=lie in)

The beauty of the city consists in its magnificent buildings.
그 도시의 아름다움은 장엄한 빌딩들에 있다.

☐ **hand down**   물려주다(=pass down), 발표하다(=announce)

Small clothes are handed down from one child to the next.
작은 옷들은 한 아이에서 다음 아이에게 물려진다.

163	· **anything but** a scholar	결코 학자가 아닌
164	· **nothing but** complain	불평만할 뿐
165	· **cope with** difficulties	곤란을 극복하다
166	· problem doesn't **work out**	문제가 풀리지 않다
167	· **apply for** a visa	비자를 신청하다
168	· **apply to** everybody	모든 사람들에게 적용되다

□ **anything but**　결코 ~이 아닌(=never)

The problem is anything but difficult.
그 문제는 결코 어려운 것이 아니다.

□ **nothing but**　단지 ~일 뿐인(=only)

It costs nothing but the time to download and install.
단지 다운로드하고 설치하는 시간이 걸릴 뿐이다.

□ **cope with**　~에 대처하다, ~을 처리하다(=manage successfully)

It can be challenging to cope with difficult co-workers.
어려운 동료를 잘 대처하는 것은 해볼 만한 일이 될 수 있다.

□ **work out**　밝혀내다, 해결하다, 운동하다

There are concerns that no compromise can be worked out.
타협이 이루어지지 않을 수도 있다는 우려가 있다.

□ **apply for**　~에 지원하다

You can apply for membership, but a manager must approve your application.
당신은 회원 자격을 신청할 수는 있지만, 관리인이 당신의 신청을 승인해야 합니다.

□ **apply to**　~에 적용되다

The same principles don't apply to computer and video games.
똑같은 원리가 컴퓨터와 비디오게임에 적용되는 것이 아닙니다.

169	· **be involved in** the fight	싸움에 연루되다
170	· **be due to** illness	병 때문이다
171	· **be due to** be published in October	10월에 발간될 예정이다
172	· **keep from** talking	말하지 못하게 하다
173	· **make up** a story	이야기를 꾸며내다
174	· three days **on end**	3일 동안 계속하여

☐ **be involved in**   ~에 관련되어 있다, ~에 몰두하다

He reasserted that all summits should be involved in the negotiations.

그는 모든 정상들이 협상에 참여해야 한다고 거듭 밝혔다.

☐ **be due to + 명사**   ~때문이다

My mistake was due to circumstances beyond my control.

내가 실수한 것은 어쩔 수 없는 사정 때문이었다.

☐ **be due to + 동사**   ~할 예정이다

When is Tom due to arrive?

톰이 언제 도착하기로 되어 있죠?

☐ **keep from -ing**   ~을 삼가다, ~하지 못하게 하다

Stir slowly and constantly to keep from burning.

타지 않도록 천천히 계속 저으세요.

☐ **make up**   구성하다, 만들어 내다, 화해하다, 화장하다

He made up an excuse for being late.

그는 늦은 것에 대해 변명을 꾸며내었다.

☐ **on end**   곤두서서, 계속하여, 연속하여

The sound of gritting his teeth made my hair stand on end.

그의 이를 가는 소리를 듣자 나는 온몸의 털이 곤두섰다.

175	• **come by** a car	차가 한 대 **생기다**
176	• **make use of** every opportunity	모든 기회를 이용하다
177	• **take part in** a major conference	주요 회의에 **참가하다**
178	• **be anxious to** see him	그를 보기를 갈망하다
179	• **be anxious about** his health	그의 건강을 걱정하다
180	• **make for** efficiency	효율성에 기여한다

☐ **come by**   ~을 얻다, 받다(=obtain, receive)

His daughter came by a sufficient fortune.
그의 딸은 충분한 재산을 손에 넣었다.

☐ **make use of**   ~을 이용하다(=use, take advantage of, utilize)

I doubt the propriety of making use of the computer.
그 컴퓨터를 이용하는 것이 적당한지 어떤지 의문이다.

☐ **take part in**   ~에 참가하다(=participate in)

The project team will take part in the meeting.
기획팀이 회의에 참여할 것입니다.

☐ **be anxious to**   ~을 갈망하다(=be eager to)

His mother had died in 1980, and he was anxious to be with his father.
그의 어머니가 1980년에 죽자, 그는 그의 아버지와 살기를 갈망했다.

☐ **be anxious about + 명사**   ~을 걱정하다

Don't be anxious about your learning ability.
당신의 학습 능력에 대해 걱정할 필요는 없어요.

☐ **make for**   ~로 향하다, 기여하다

The large print makes for easy reading.
큰 활자체는 글읽기를 쉽게 해준다.

181 · **be familiar with** the subject	그 문제에 <u>정통하다</u>
182 · **be familiar to** us	우리들에게 잘 <u>알려져 있다</u>
183 · **keep away** from him	그를 <u>멀리하다</u>
184 · **lay out** the options	선택사항을 <u>제시하다</u>
185 · **hold up** the mirror	거울을 <u>들고 있다</u>
186 · **look on** her as a friend	그녀를 친구로 <u>생각하다</u>

☐ be familiar with + 사물   ~을 잘 안다

By now you will be familiar with the layout of your account online.
지금쯤이면 당신이 온라인 계좌 구조에 익숙할 것이다.

☐ be familiar to + 사람   ~에게 잘 알려져 있다

Your name is familiar to everyone.
댁의 성함은 모든 사람들이 잘 알고 있습니다.

☐ keep away   멀리하다, ~을 떼어놓다

Keep away from cabs if you are looking to save money.
저축을 하려고 한다면 택시를 멀리하세요.

☐ lay out   ~을 펼치다, 구성하다

The city is laid out on a grid pattern.
그 도시는 구획이 바둑판 모양으로 배치되어 있다.

☐ hold up   ~을 지탱하다(=support), 지연시키다(=delay)

The lift can hold up to 20 people.
그 승강기는 20인까지 태울 수 있다.

☐ look on   바라보다, 방관하다, 간주하다

Always look on the bright side of life.
항상 삶의 밝은 면을 바라보세요.

187	· **in behalf of** the homeless	노숙자들을 위하여
188	· **on behalf of** the students	학생들을 대표하여
189	· **take your time** eating them	그것들을 천천히 드세요
190	· **be through with** your work	당신 일이 끝나다
191	· **inquire into** the matter	그 사건을 조사하다
192	· **inquire after** a friend	친구의 안부를 묻다

☐ in behalf of ~을 위하여

Since retirement he has been active in behalf of human rights.
퇴직 후에 그는 인권을 위하여 활동하고 있다.

☐ on behalf of ~을 대표하여

On behalf of my family and myself I thank you.
저와 제 가족을 대신해서 감사드립니다.

☐ take one's time 서두르지 않다(=slow down)

Take your time and choose wisely.
서두르지 말고 신중하게 선택하세요.

☐ be through with ~을 끝내다, ~와 절교하다

I am through with my neighbor.
나는 나의 이웃과는 담쌓았다.

☐ inquire into ~을 조사하다

We must inquire further into the accident.
우리는 그 사고에 대하여 더 깊이 조사해야 한다.

☐ inquire after ~의 안부를 묻다

He inquired after my husband.
그는 나의 남편의 안부를 물었다.

193	· **abide by** his decision	그의 결정에 따르다
194	· **correspond to** facts	사실에 해당하다
195	· **correspond with** a schoolboy	한 남학생과 서신 교환하다
196	· **count** him **in**	그를 합류시키다
197	· **rely on** voluntary donations	자발적인 기부에 의존하다
198	· **reach out** my hand	나의 손을 뻗다

☐ **abide by**   ~을 지키다, ~의 결정을 따르다

If you join a staff, you have to abide by its rules.
당신이 스태프에 합류하면, 그 규칙을 지켜야 한다.

☐ **correspond to**   ~에 해당하다

The American apartment corresponds to the British flat.
미국의 apartment는 영국의 flat에 상응한다.

☐ **correspond with**   ~와 서신 교환하다

He continued to correspond with members of his family.
그는 그의 가족 구성원들과 계속해서 서신 교환을 했다.

☐ **count in**   ~을 합류시키다(=include)

If you're all going to the Jeju, you can count me in, too.
너희들 모두 제주에 간다면 나도 끼워줘.

☐ **rely on**   ~에 의존하다(=depend on, count on, rest on)

Rely on your own intuition
네 자신의 직관에 의지해라.

☐ **reach out**   다가가다(=approach), 팔을 뻗다

He reached out to achieve mutual understanding.
그는 상호 이해를 얻으려고 노력했다.

199	**be obliged to** others	다른 사람에게 감사하다
200	a **worn-out** coat	닳아빠진 코트
201	**get in contact with** experts	전문가와 연락하다
202	**be charged with** a serious offence	중범죄로 고발되다
203	**put off** leaving	출발을 연기하다
204	**hit upon** a plan	계획이 떠오르다

□ **be obliged to + 명사** 감사하다

I am much obliged to you for your help.
당신이 도와주셔서 정말 고맙습니다.

□ **wear out** 닳다, 녹초로 만들다(=exhaust)

It is better to wear out than to rust out.
묵혀 없애느니 써서 없애는 편이 낫다. (늙어서 무위도식하지 말라는 뜻) (속담)

□ **get in contact with** ~와 연락하다, 접촉하다(=get in touch with)

However, when she cannot get in contact with him, she worries.
하지만, 그녀는 그와 연락할 수 없을 때, 걱정한다.

□ **be charged with** ~로 고발되다, (책임을) 맡고 있다

Officers said they were likely to be charged with trespassing.
공무원들은 그들이 무단 침입으로 고발될 것 같다고 말했다.

□ **put off** ~을 연기하다(=postpone, delay)

This morning's meeting will have to be put off.
오늘 오전 회의는 연기되어야 할 것이다.

□ **hit upon** ~이 문득 생각나다(=come up with)

She hit upon the perfect title for her new song.
그녀는 새 노래를 위한 완벽한 제목을 생각해 냈다.

205	· **turn up** sooner or later	조만간 **나타나다**
206	· **turn out** to be true	사실로 **판명되다**
207	· **put an end to** terrorism	테러를 **종식시키다**
208	· **lay claim to** an estate	토지에 대해 <u>권리를 주장하다</u>
209	· **take** everything **into consideration**	모든 것을 <u>고려하다</u>
210	· **remind** me **of** my sons	내게 내 아들들을 **생각나게 하다**

☐ turn up   나타나다(=show up), 도착하다

The lost earrings have turned up.
없어졌던 귀걸이가 나왔다.

☐ turn out   결국 ~임이 밝혀지다, 모이다

Astonishingly, a crowd of 40,000 turned out to hear his speech.
놀랍게도 40,000의 군중들이 그의 연설을 들으려고 모여들었다.

☐ put an end to   ~을 끝내다

There are several reasons to put an end to these interventions.
이러한 개입들을 끝낼 여러 가지 이유가 있습니다.

☐ lay claim to   ~에 대한 권리를 주장하다

I lay no claim to being a financial specialist.
내가 금융 전문가라고 주장하는 것은 아니다.

☐ take into consideration   ~을 고려하다, 감안하다(=take into account)

Age is not a huge factor to take into consideration, but it is one.
나이는 고려해야 할 대단한 사항은 아니지만, 그래도 한 가지이긴 하다.

☐ remind A of B   A에게 B를 떠올리게 하다

I continually have to remind him of his appointment.
나는 계속해서 그에게 그의 약속 시간을 상기시켜 주어야 한다.

211	· **do away with** the department	그 부서를 없애다
212	· **refrain from** greasy food	기름진 음식을 삼가다
213	· **turn over** the page	페이지를 넘기다
214	· **put out** a candle	촛불을 끄다
215	· a matter **of no account**	별로 중요하지 않은 일
216	· **put together** a model aeroplane	모형 비행기를 조립하다

☐ **do away with** ~을 제거하다

The death penalty has been done away with in most European countries.
사형 제도는 대부분의 유럽 국가들에서 폐지가 되었다.

☐ **refrain from** ~을 삼가다(=abstain from)

Please refrain from smoking.
흡연을 삼가하세요.

☐ **turn over** 뒤집다, 뒤집히다(=overturn)

Grill the fish on one side, then turn it over and grill the other side.
생선을 한 쪽 면을 구운 다음 뒤집어서 다른 면을 구워라.

☐ **put out** ~을 끄다(=extinguish), 생산하다, 해고하다

The house burned for hours before the blaze was put out.
불길이 꺼지기 전에 그 집은 탔다.

☐ **of no account** 중요하지 않은

His past achievements were of no account
그의 과거 업적들은 중요하지 않았다.

☐ **put together** ~을 조립하다(=assemble), 모으다

After the release of her first album, she put together a band.
첫 번째 앨범이 출시된 후, 그녀는 밴드를 소집했다.

217	· **walk out** on one's family	가족을 저버리다
218	· **distinguish** right **from** wrong	선악을 구별하다
219	· **distinguish oneself** in war	전쟁에서 공로를 세우다
220	· **think** things **over**	상황을 심사숙고하다
221	· **refer to** the above	위에 적은 것을 참조하다
222	· **point out** a mistake	실수를 지적하다

☐ **walk out** 조업을 중단하다, ~을 저버리다

She walked out on her kids.
그녀는 그녀의 아이들을 버리고 떠났다.

☐ **distinguish A from B** A와 B를 구별하다

His copy was so accurate no one could distinguish it from the original work.
그의 복사본들은 너무 정교해서 아무도 그것들을 원작 작품과 구별하지 못했다.

☐ **distinguish oneself** 이름을 날리다

He distinguished himself in literature.
그는 문학에서 이름을 떨쳤다.

☐ **think over** ~을 심사숙고하다(=ponder, deliberate)

I'm thinking over what you've suggested.
제안하신 일은 잘 생각하고 있습니다.

☐ **refer to** ~을 가리키다, ~와 관련이 있다

He refers his failure to the shortage of labor.
그는 실패를 노력 부족의 탓이라고 생각한다.

☐ **point out** ~을 지적하다(=indicate)

He pointed out several defects in the first process.
그들은 첫 번째 과정의 결점 몇 개를 지적했다.

223	· be proven **beyond question**	틀림없이 판명되다
224	· **result from** poverty	빈곤의 결과로 생기다
225	· **result in** a huge loss	큰 손실을 초래하다
226	· **turn down** the proposal	제안을 거부하다
227	· **be obliged to** attend	참석해야만 하다
228	· **lean on** a table	탁자에 기대다

☐ **beyond question**   틀림없이

Her honesty is beyond question.
그녀의 정직함은 의심할 여지가 없다.

☐ **result from**   ~의 결과로 생겨나다

Her death resulted from a tropical disease.
그녀의 죽음은 열대성 질병에 의한 것이었다.

☐ **result in**   결국 ~이 되다

Stress and insomnia often result in a lack of concentration.
스트레스와 불면증은 흔히 집중력 결핍을 초래한다.

☐ **turn down**   ~을 거절하다(=reject)

Tim eventually turned down the offer.
팀은 최후에는 그 제안을 거절했다.

☐ **be obliged to**   ~하지 않을 수 없다(=be compelled to)

We were obliged to sell our house in order to pay our debts.
우리들은 빚을 갚기 위해 어쩔 수 없이 집을 팔아야 했다.

☐ **lean on**   ~에 의존하다, 기대다(=depend on, rely on)

You can lean on my arm.
당신은 제 팔에 기댈 수 있어요.

229	**turn to** God in one's trouble	어려울 때 신에게 의지하다
230	**work on** a farm	농장에서 일하다
231	**resort to** law	법에 호소하다
232	**try on** various helmets	다양한 헬멧들을 시험 삼아 착용하다
233	**set aside** money	돈을 따로 모아두다
234	quite **out of the question**	정말로 불가능한

☐ turn to　~에게 도움을 청하다

She has a friend she can turn to.
그녀는 의지할 친구가 있다.

☐ work on　~의 작업을 하다

He works on the supply line.
그는 공급 라인에서 일한다.

☐ resort to　~을 이용하다, 동원하다

The police resorted to compulsory measures to break up the angry crowd.
경찰은 성난 군중을 해산시키기 위해 강제 수단을 썼다.

☐ try on　~을 시험 삼아 착용하다

Can I try on the blue one?
제가 저 파란색을 입어 봐도 되나요?

☐ set aside　~을 치워두다, 배제하다

This is a room set aside for private lesson.
이곳은 개인 교습을 위해 따로 마련된 방이다.

☐ out of the question　불가능한

Another trip abroad this year is out of the question.
올해 또 다른 해외여행은 불가능하다.

235	· **succeed in** solving a problem	문제 해결에 성공하다
236	· **succeed to** the throne	왕위를 계승하다
237	· **run over** by a bus	버스에 치이다
238	· law **comes into effect**	법률이 시행되다
239	· **on no account** approve	아무래도 허가할 수 없는
240	· **pick out** a good one	좋은 것으로 골라내다

☐ **succeed in** ~에 성공하다

You did not succeed in proving your argument.
당신은 당신의 주장을 입증하는 데 성공하지 못했다.

☐ **succeed to** ~을 계승하다, 상속하다

She succeeded to her father's estate.
그녀는 아버지 재산을 상속했다.

☐ **run over** 훑어보다(=scan), 차로 치다

The cat all but run over by a car.
그 고양이는 하마터면 차에 치일 뻔했다.

☐ **come into effect** 사용되기 시작하다, 발효되다(=come into use)

New traffic regulations came into effect last week.
새 교통 법규가 지난주에 시행되었다.

☐ **on no account** 결코 ~가 아닌

On no account I will let you go on a trip by yourself.
결코 나는 너 혼자서 여행을 가게 내버려 두지 않을 것이다.

☐ **pick out** 신중히 고르다(=choose), 찾아내다

Read the play and pick out the major themes.
희곡을 읽고 주된 주제를 찾아보시오.

241	· **be concerned about** the pollution	환경오염에 대해 염려하다
242	· **be concerned with** people's living	국민의 생활과 관계되다
243	· **root out** corruption	부패를 척결하다
244	· **make much of** trivial matters	사소한 일을 중시 여기다
245	· **persist in** his project	그의 계획을 고집하다
246	· **take advantage of** you	너를 이용하다

☐ be concerned about ~에 대해 걱정하다

Many people are concerned about the destruction of the traditional framework.

많은 사람들이 전통 틀의 파괴에 대해 우려하고 있다.

☐ be concerned with ~와 관계가 있다

The right brain is concerned with imagination and intuition.

우뇌는 상상력과 직관에 관계한다.

☐ root out ~을 근절하다, 완전히 없애다(=get rid of, eradicate)

Their determination to root out corruption was firm.

부정부패를 근절하고자 하는 그들의 결단은 확고했다.

☐ make much of ~을 중요하게 여기다

He always makes much of his Dutch origin.

그는 항상 자신이 네덜란드 출신임을 강조한다.

☐ persist in 계속 ~하다, 고집스레 ~하다(=continue to)

The regime persists in the unwelcome foreign policy.

그 정권은 인기 없는 외교 정책을 고집하고 있다.

☐ take advantage of ~을 이용하다

Her friends took advantage of her honesty.

그녀의 친구들은 그녀의 정직함을 이용했다.

247	· **see** a friend **off**	친구를 배웅하다
248	· **rule out** the possibility	가능성을 배제하다
249	· **make light of** my problems	나의 문제들을 대수롭지 않게 여기다
250	· **run out of** options	선택의 여지가 없다
251	· **reflect on** a problem	문제에 대해 숙고하다
252	· the aspirins **take effect**	아스피린 **효력이 나타나다**

☐ **see off** ～을 배웅하다

We are assembled at the airport to see them off.
우리는 그들을 전송하기 위해 공항에 집합했다.

☐ **rule out** ～을 배제하다(=exclude)

He refused to rule out the possibility of an economic crisis.
그는 경제 위기 가능성을 배제하기를 거부했다.

☐ **make light of** ～을 대수롭지 않게 여기다

I was trying to make light of your own ignorance.
나는 당신의 무지를 대수롭지 않게 여기려고 애썼다.

☐ **run out of** ～이 다 떨어지다

They've run out of petrol.
그들은 기름이 다 떨어졌다.

☐ **reflect on** 곰곰히 생각하다(=think over, ponder, deliberate), 반성하다, 반영하다

Her way of talking reflects well on her upbringing.
그녀의 말투가 그녀의 가정교육을 잘 반영한다.

☐ **take effect** 효과를 발휘하다

The new law will take effect next year.
그 새 법률은 내년부터 발효될 것이다.

253	· the ceremony **takes place**	의식이 <u>거행되다</u>
254	· **take the place of** his father	그의 <u>아버지를 대신하다</u>
255	· **make-believe** sleep	<u>꾀잠</u>
256	· **run across** her	그녀와 <u>우연히 만나다</u>
257	· **think much of** her speech	그녀의 연설을 <u>대단하게 생각하다</u>
258	· the best way to **keep one's word**	<u>약속을 지키는</u> 가장 좋은 방법

☐ **take place**   발생하다, 벌어지다

We should check where the conference will take place.

우리는 어디서 회의가 열리는지 확인해야만 한다.

☐ **take the place of**   ~을 대신하다(=replace)

Nothing could take the place of her mother.

그 무엇도 그녀의 어머니를 대신할 수 없을 것이다.

☐ **make believe**   ~인 체하다(=pretend)

Let's make believe that we are in a mess.

우리들이 궁지에 빠져있는 것으로 합시다.

☐ **run across**   ~을 우연히 만나다, 발견하다(=meet by chance)

I ran across my old friend Tom in New York last week.

나는 지난주에 뉴욕에서 옛 친구인 톰을 우연히 만났다.

☐ **think much of**   ~을 중요하게 여기다

Most people don't think much of the idea, nor do I.

많은 사람들이 그 생각을 중요하게 생각하지 않고, 나 역시 그렇다.

☐ **keep one's word**   약속을 지키다

I hope you will keep your word.

나는 네가 약속을 지키길 희망한다.

259	· arrive **in time**	<u>제시간에</u> 도착하다
260	· **make up one's mind** easily	<u>쉽게 결심하다</u>
261	· **regard** himself **as** a comedian	<u>그 자신을 코미디언으로 여기다</u>
262	· **relieve** a person **from** fear	<u>남의 공포를 없애주다</u>
263	· **know better than to** behave like that	<u>그렇게 행동할 정도로 바보는 아니다</u>
264	· **take** it **for granted**	<u>~을 당연한 것으로 여기다</u>

☐ **in time** 제시간에, 조만간, 곧

A stitch in time saves nine.
제때의 한 바늘이 뒤의 아홉 바늘을 던다. 〈속담〉

☐ **make up one's mind** 결심하다(=decide, determine)

They gave me three days to make up my mind.
그들은 내게 마음을 정하도록 3일의 여유를 주었다.

☐ **regard A as B** A를 B로 간주하다(=consider A to be B)

They will regard radio as the poor relation of broadcasting.
그들은 라디오를 방송가의 천덕꾸러기로 여길 것이다.

☐ **relieve A from B** A로부터 B를 덜어주다, 빼앗다

The organization strives to relieve the poor from poverty.
그 단체는 빈민을 빈곤에서 구제하고자 애쓴다.

☐ **know better than to** ~할 만큼 바보는 아니다(=be not so foolish as to)

She should have known better than to accept the offer.
그녀는 그 제안을 거절할 정도의 현명함은 가졌어야 했다.

☐ **take ~ for granted** ~을 당연한 것으로 여기다

We tend to take various social phenomena for granted.
우리들은 다양한 사회 현상들을 당연한 것으로 생각하는 경향이 있다.

265	· **put up with** such behavior	그러한 행동을 참다
266	· **make it over** into a skirt	그것을 치마로 만들다
267	· **change hands** many times	주인이 여러 번 바뀌다
268	· **owes rent to** Sam	샘에게 집세를 빚지다
269	· **run into** trouble	곤란에 빠지다
270	· **owing to** careless driving	부주의한 운전 때문에

☐ put up with   ~을 참다, 견디다(=endure, bear, tolerate, stand)

Unfortunately, you may just have to put up with it.

불행하게도, 당신은 그것을 단지 참아야 할지도 모른다.

☐ make over   양도하다, 변경하다

They decided to make over the whole house when they moved in.

그들은 이사 들어올 때 그 집 전체를 변경하기로 결정했다.

☐ change hands   주인이 바뀌다, 소유권이 넘어가다

The shop has changed hands several times recently.

그 상점은 최근에 주인이 여러 번 바뀌었다.

☐ owe A to B   A는 B 덕분이다, B에게 A를 빚지다

She owes thirty dollars to the grocer.

그녀는 식료품점에 30달러의 외상이 있다.

☐ run into   ~와 충돌하다(=crash into, collide with), 우연히 만나다

She ran her car into a wall while reversing.

그녀는 자동차로 후진을 하다가 벽을 들이받았다.

☐ owing to   ~ 때문에, ~ 덕분에

The shop was forced to close owing to financial difficulty.

가게는 자금난으로 인해 문을 닫아야 했다.

271	· **take** a person **by surprise**	남을 기습하다
272	· **run low** on fuel	연료가 줄어들다
273	· **take up** a new fashion	신형을 채택하다
274	· **see to** it	그것을 처리하다
275	· **take turns** of one-hour shift	한 시간 교대로 하다
276	· **think better of** her	그녀를 다시 보다

☐ take by surprise ~을 놀라게 하다, 급습하다

His sudden death took everyone by surprise.
그의 갑작스런 죽음으로 모두가 깜짝 놀랐다.

☐ run low 거의 없어지다, 떨어져 가다(=run short)

Money supplies are running low.
통화 공급량이 줄어들고 있다.

☐ take up ~을 시작하다, 차지하다

After retirement many people take up interesting hobbies.
은퇴 후에 많은 사람들은 흥미로운 취미를 시작한다.

☐ see to ~을 처리하다(=deal with), 확인하다(=make sure)

Will you see to the arrangements for the next meeting?
다음 모임을 위한 준비를 해주겠니?

☐ take turns 번갈아 하다

We take turns driving each hour.
우리는 매 시간마다 교대로 운전합니다.

☐ think better of 다시 생각하다, 고쳐 생각하다(=reconsider)

She was about to give up but thought better of it.
그녀는 막 포기하려다가 생각을 고쳐먹었다.

277	· **pass out** with the pain	고통으로 기절하다
278	· **make a point of** taking a walk	산보를 반드시 하다
279	· **tend to** live longer	오래 사는 경향이 있다
280	· **serve him right**	그는 <u>그래도 싸다</u>
281	· **tell one from** the other	<u>양자를 구별하다</u>
282	· **take care of** a baby	아기를 돌보다

☐ **pass out**   기절하다, 정신을 잃다(=faint)

He passed out after the traffic accident.

그는 교통사고 후에 의식을 잃었다.

☐ **make a point of -ing**   ~을 반드시 하다(=make it a rule to)

I make a point of checking that all the doors are shut whenever I go out.

나는 외출할 때마다 반드시 모든 문들이 닫혔는지 확인한다.

☐ **tend to**   ~하는 경향이 있다

I tend to get up earlier during the summer.

나는 여름에는 더 일찍 잠자리에서 일어나는 경향이 있다.

☐ **serve A right**   모두 A의 잘못이다, A는 ~해도 싸다

"It serves him right," she thought vindictively.

"그는 그걸 당해도 싸." 라고 그녀는 원한에 사무쳐 그렇게 생각했다.

☐ **tell A from B**   A와 B를 구별하다

Can you tell Jane from her twin sister?

넌 제인과 그녀의 쌍둥이 동생을 구분할 수 있니?

☐ **take care of**   ~을 돌보다(=look after)

Please take care of the boy for my sake.

나를 대신해서 그 소년을 보살펴 주세요.

283	· **make fun of** his accent	그의 말씨를 놀리다
284	· **make yourself at home**	당신은 편히 하십시오
285	· **keep** this **in mind**	이것을 명심하다
286	· a little **on edge**	약간 초조한
287	· **detract from** the merit	장점을 감소시키다
288	· be **helped along** by the flow of the landscape	풍경의 흐름에 의해 촉진되다

☐ **make fun of**   ~을 조롱하다 (=scorn, ridicule)

It's just fun to make fun of them.
그들을 놀리는 것은 단지 재미있다.

☐ **make oneself at home**   편안하게 있다 (=make oneself comfortable)

Use them whatever you need – just make yourself at home!
필요한 건 뭐든지 쓰세요, 그냥 편히 하세요!

☐ **keep ~ in mind**   명심하다 (=bear in mind, remember)

When you leave home, keep your family in mind.
집을 떠날 때는, 가족들을 잊지 말고 계세요.

☐ **on edge**   흥분한, 안절부절한

She was on edge till she heard he had passed the exam.
그가 시험에 합격했다는 소식을 들을 때까지 그녀는 약간 초조했다.

☐ **detract from**   ~을 손상시키다

That ruin detracts from the beauty of the view.
그 폐허는 미관을 손상시킨다.

☐ **help along**   (사람을) 도와서 나아가게 하다

These can help us along enormously.
이것들은 우리를 엄청나게 진척하게 할 수 있다.

289	• **place an order** for a car	차를 한 대 <u>주문하다</u>
290	• **be supposed to** be here	이곳에 있<u>기로 되어 있다</u>
291	• **turn in** your resume	당신의 이력서<u>를 제출하다</u>
292	• **on one's way to** Paris	파리<u>로 가는 길에</u>
293	• **cheer** him **on** in competition	경기에서 그를 <u>응원하다</u>
294	• **come down with** a cold	감기<u>에 걸리다</u>

☐ place an order   주문을 하다

They have placed an order with us for three hundred pants.
그들이 우리에게 바지 300장을 주문했다.

☐ be supposed to   ~하기로 되어 있다

You were supposed to meet me here at seven.
너는 7시에 여기서 나를 만나기로 되어 있었다.

☐ turn in   ~을 돌려주다[반납하다]

You must turn in your key equipment before you leave the team.
당신은 팀을 떠나기 전에 핵심 장비를 반납해야 한다.

☐ on one's way to   ~로 가는 도중에

I'm on my way to the market.
나는 시장으로 가는 길입니다.

☐ cheer ~ on   ~를 응원하다

She shouted herself hoarse cheering on her hero.
그녀는 그녀의 영웅을 응원하느라고 목이 쉬었다.

☐ come down with   ~ 병에 걸리다

I came down with the flu and was unable to go to school.
나는 독감이 걸려서 학교에 갈 수가 없었다.

295	• **be up and running** by then	그쯤이면 회복하여 돌아다니다
296	• **cave in to** lack of goods	물자 부족에 굴복하다
297	• **pull over** now	당장 차를 세우다
298	• **tip over** a chair	의자를 넘어뜨리다
299	• do it **for your own sake**	자신을 위해 그것을 하다
300	• **get the idea across** to the audience	청중에 생각을 이해시키다

☐ **be up and running** 건강 상태가 나아져 돌아다니다

By that time the new system should be up and running.
그때면 새로운 시스템은 상태가 좋아져야만 한다.

☐ **cave in to** ~에 응하다, ~에 굴복하다

She finally caved in to my demands.
그녀는 마침내 나의 요구에 굴복했다.

☐ **pull over** 차를 세우다

She saw the fire engine coming up behind her and pulled her car over.
그녀는 소방차가 자기 뒤를 바짝 따라오는 것을 보고 자기 차를 길옆으로 비켜 주었다.

☐ **tip over** 쓰러트리다, 뒤집어엎다

The glass bottle tipped over and crashed to the floor.
유리병이 넘어져 바닥에 떨어져 산산이 부서졌다.

☐ **for one's own sake** 자신을 위해

For your own sake, please remember it.
당신을 위해서, 그것을 기억하세요.

☐ **get the(one's) idea across** 생각을 이해시키다

She's not very good at getting her ideas across to the class.
그녀는 학급에 그녀의 생각을 이해시키는 데 능숙하지 않다.

INdex

INdex

ascend	216	background	160	bloom	78
ascribe	237	backward	156	blunder	224
ash	177	baggage	90	board	217
ashamed	19	bait	24	boast	317
aspect	158	bald	219	bold	219
aspire	179	ban	300	bomb	145
assemble	295	barbaric	263	bond	282
assertion	281	bare	84	book	233
assign	325	barely	82	boom	99
assignment	140	bargain	69	booth	279
assist	97	barley	14	border	58
associate	81	barn	28	borrow	46
assume	140	barren	285	botany	269
astonishing	290	barrier	296	bough	51
astray	282	barter	299	boundary	141
astrology	176	basement	304	bow	130
astronaut	162	basin	226	brand new	102
astronomer	330	battle	333	bravery	155
astronomy	170	beam	51	breakdown	11
athletic	39	beard	131	breakthrough	178
Atlantic	304	beast	127	breath	332
atmosphere	113	beat	328	breed	79
attach	222	beforehand	52	bride	87
attack	55	behalf	62	bridegroom	87
attempt	51	behave	82	brief	72
attitude	27	belong	338	brilliant	38
attorney	301	belonging	71	broad	217
attract	327	beneficial	125	broadcast	322
auction	264	benefit	179	broker	187
audible	56	beside	203	broom	309
audience	198	besides	203	bruise	129
auditorium	198	betray	324	brutal	147
author	15	beverage	133	bubble	337
authority	315	bias	341	bud	174
autobiography	144	bid	94	budget	271
autograph	88	bill	335	bug	338
available	160	billion	193	bulb	141
avenge	286	biography	88	bull	171
avenue	335	biology	200	bulletin	101
average	14	blame	20	bump	43
avoid	163	blaze	343	burden	67
award	124	bleed	173	burglary	113
aware	96	bless	336	bury	313
awfully	133	blind	336	business	325
awkward	325	blink	269	bystander	175

eliminate	253	ethics	136	facility	62
embark	240	evaluate	86	factor	110
embarrass	91	evaporate	273	faint	316
embassy	191	even	17	fair	56
embrace	303	eventually	151	fairy	86
emergency	36	evergreen	165	faith	135
emigrant	97	evidence	120	fame	33
eminent	291	evil	145	familiar	45
emotion	136	evolve	209	famine	224
emotional	184	exaggerate	178	fancy	89
emphasize	177	examine	326	fantasy	121
employ	58	exceed	228	fare	95
enchant	276	excel	85	fascinate	43
enclose	197	exclude	23	fashionable	16
encounter	292	execute	251	fatal	131
encourage	333	exhaust	10	fate	183
endeavor	92	exhausted	130	fatigue	193
endow	66	exhibit	56	faucet	326
endurance	315	exist	176	feast	319
endure	111	exotic	254	feature	102
enemy	345	expedition	284	fee	173
engage	54	expel	274	female	41
enhance	113	expense	14	fertilizer	289
enormous	37	experiment	319	festive	15
ensure	215	expertise	146	fiber	102
enterprise	235	expire	308	fiction	52
entertain	30	explanation	148	fierce	93
enthusiasm	320	explode	221	figure	128
entire	12	exploit	284	filter	103
equator	249	explore	221	finance	101
equip	324	explosion	177	financial	324
equipment	100	export	117	firm	135
equivalent	178	expose	283	fist	328
era	267	express	43	fit	30
erect	213	exquisite	287	flame	37
erection	128	extend	101	flammable	308
errand	312	extent	165	flat	147
erupt	308	exterior	147	flattery	235
escape	153	exterminate	277	flavor	150
essence	178	external	285	flaw	302
establish	109	extinct	259	fleet	187
estate	107	extinguish	288	flesh	318
esteem	236	extraordinary	288	flexible	266
estimation	252	extreme	60	float	30
eternal	72	fable	40	flood	57

mistrust	57	negotiation	339	opponent	330
misunderstand	45	nerve	188	opportunity	11
mobile	120	nervous	136	oppose	155
mock	237	nightmare	46	opposite	340
mode	255	noble	69	oppress	45
moderately	291	nominate	305	optimist	68
modern	30	notable	63	option	189
modesty	37	notice	15	oral	127
modify	283	noticeable	319	orbit	237
moisture	153	notify	304	orchard	344
mole	161	notion	75	ordeal	290
molecule	185	nourish	143	order	81
monarchy	234	novel	117	ordinary	103
monk	280	nuclear	331	organ	112
monologue	234	nuisance	179	organization	89
monotonous	241	nursery	268	origin	14
monster	39	nurture	276	ornament	312
monument	246	nutrition	75	outcast	233
moral	210	oak	143	outcome	184
morale	210	obedience	174	outer	123
motivate	54	object	202	outlook	236
motto	141	objective	202	outstanding	233
mount	76	oblige	151	outward	171
mud	104	obscure	300	overcome	36
multiply	326	observance	211	overhead	15
mummy	278	observation	211	overhear	317
murder	32	observe	103	overlook	150
muscle	61	obsolete	301	overseas	31
mustache	130	obstacle	298	overtake	33
mutual	183	obstruct	286	overthrow	187
myth	298	obtain	108	overwhelm	49
naked	155	obvious	315	owe	123
nap	100	occasional	151	pale	85
narrate	137	occupant	200	panel	53
narrow	316	occupation	200	panic	233
nationality	68	occupy	160	parachute	76
native	168	occur	139	paradox	305
navigation	12	odd	15	paragraph	91
neat	70	offend	333	parallel	152
needle	152	offense	209	paralyze	114
negative	93	official	83	parcel	344
neglect	113	offspring	246	parliament	317
negligent	203	omit	191	partial	84
negligible	203	operate	76	participate	40
negotiate	292	operation	100	particle	33